니체와
악순환

NIETZSCHE ET LE CERCLE VICIEUX

by Pierre Klossowski

Copyright © Editions Mercvre de France, 1969

Korean Translation Copyright © Greenbee Publishing Company, 2009

This edition published by arrangement through Imprima Korea Agency.

All right reserved.

니체와 악순환

초판1쇄 발행 2009년 5월 25일
초판4쇄 발행 2018년 9월 20일

지은이 피에르 클로소프스키 · **옮긴이** 조성천
펴낸이 유재건 · **펴낸곳** (주)그린비출판사 · **주소** 서울시 마포구 와우산로 180, 4층
전화 02-702-2717 · **이메일** editor@greenbee.co.kr · **신고번호** 제2017-000094호

ISBN 978-89-7682-324-3 03160
이 도서의 국립중앙도서관 출판예정도서목록(CIP)은 서지정보유통지원시스템 홈페이지(http://seoji.nl.go.kr)와
국가자료공동목록시스템(http://www.nl.go.kr/kolisnet)에서 이용하실 수 있습니다.(CIP제어번호: CIP2009001434)

이 책의 한국어판 저작권은 Imprima Korea Agency를 통해 Editions Mecvre de France와 계약한 (주)그린비출판사
에 있습니다. 저작권법에 의하여 한국 내에서 보호를 받는 저작물이므로 무단전재와 무단복제를 금합니다.
책값은 뒤표지에 있습니다. 잘못 만들어진 책은 서점에서 바꿔 드립니다.

철학이 있는 삶 **그린비출판사** www.greenbee.co.kr

그린비 크리티컬 컬렉션 10

니체와 악순환

영원회귀의 체험에 대하여

피에르 클로소프스키 지음
조성천 옮김

응B
그린비

질 들뢰즈에게

| 일러두기 |

1 이 책은 피에르 클로소프스키(Pierre Klossowski)의 *Nietzsche et le cercle vicieux*(Mercvre de France, 1969)를 완역한 것이다.

2 각주는 대부분 옮긴이 주이며, 지은이 주는 각주 끝에 '—지은이'라고 명기하여 옮긴이 주와 구분했다.

3 각주의 니체 저작 인용출처 표기는 영어판을 참고로 하여 옮긴이가 정리한 것이며, 독일어 서지의 경우 대부분 약자를 사용하여 표기했다. 약자로 표기된 저작들의 자세한 서지사항은 다음과 같다.

KSA : Friedrich Nietzsche, *Sämtliche Werke: Kritische Studienausgabe*, 15 vols, ed. Giorgio Colli and Mazzino Montinari, Berlin: Walter de Gruyter, 1980.

GS : Friedrich Nietzsche, *Gesammelte Schriften: Musarion-Ausgabe*, Munich: Musarion, 1920~9.

Schlechta : Friedrich Nietzsche, *Werke in drei Bänden*, ed. Karl Schlechta, Munich: Carl Hanser, 1960.

4 니체 저작의 인용문 중 국역된 『니체전집』(책세상)에 해당 인용 부분이 있을 경우, 각주의 원서지 뒤에 '[『전집』 권호, 쪽수]' 식으로 명기했다. 단 인용문은 클로소프스키의 인용을 기준으로 번역한 것으로 국역본의 번역을 그대로 따르지는 않았다.

5 본문 중 대괄호([ ]) 안의 내용은 독자들의 이해를 돕기 위해 옮긴이가 추가한 부분이다.

6 외국의 인명이나 지명, 그리고 작품명은 〈국립국어원〉에서 2002년에 펴낸 '외래어 표기법'에 근거해 표기했다.

7 단행본·전집·정기간행물 등에는 겹낫표(『 』)를, 논문·단편 등에는 낫표(「 」)를 사용했다.

서문

여기 흔치 않은 무지를 보여 줄 한 권의 책이 있다. 니체 이후에 말해진 모든 것에 대한 총결산 없이 어떻게 '니체의 사상'만을 말할 수 있는가? 그것은 한 번 이상 지나간 발자취들에, 수많은 뚜렷한 발자국들에, 다시 발을 들여놓는 위험을 감수하는 것은 아닐까? 이미 넘어선 질문들을 경솔하게 다시 던지는 것은 아닐까? 그리고 그렇게 함으로써 최근까지 시도된 치밀한 주석에 대한 태만을, 배려의 완전한 결여를 보여 주는 것은 아닐까? 그 주석은 우리 세기[20세기]의 여명으로부터 하나의 숙명이 우리에게 끊임없이 보내오는 마른 번개들éclairs de chaleur을 그만큼의 징후들로 해석하기 위한 작업이었다.

그럼에도 우리가 할 말이 있다면, 그 말은 무엇인가? 우리가 **잘못된** 연구서를 썼다고 해보자. 우리가 텍스트 안에서 니체를 읽기 때문에, 니체가 말하는 것을 듣기 때문에, 우리는 '우리 자신'을 위해 우리에게 니체가 말하도록 하는 것은 아닐까? 독일어로 쓰여 더 마음을 파고드는, 그래서 더 사람을 자극하는 이 산문의 속삭임을, 숨결을, 분노와 웃음의 폭발을 우리가 이용하고 있는 것은 아닐까? 니체를 들을 수 있는 자에게 그의 말은 충격적이다. 이 충격은 니체가 지금부터 80여 년 전에 제기한 문제들에 현대사·사건들·세계가 다소 횡설수설하며 대답하기 시작한 만큼 더 강력하다. 이제는 우리의 일상(그 일상을 니체는 우리의 경련들 자체 안에서 그의 사유를 희화화戲畵化할 정도로까지 경련적일 것이라고 예견했다)이 된 가깝거나 먼 미래를 니체가 묻는 방식, 니체의 물음, 그것이 우리의 현재의 삶을 어떤 의미로 묘사하고 있는지를 우리는 이해하려고 노력할 것이다.

우리는 니체 사상의 연구에서 지금까지 충분히 밝혀지지 않았거나 묵과되어 온 두 가지 본질적인 점에 주목하려고 한다. 첫번째는, 그의 사상은 전개될수록 특유한 사변적인 세계를 버리고 음모complot의 예비요소들을, 위장하지는 않더라도, 받아들인다는 것이다. 그렇게 함으로써 니체의 사상은 오늘날 암묵적 단죄의 대상이 되었다. 이러한 비난을 한 것은 마르크스주의 비평으로, 부르주아적 기원을 가진 모든 개인적 사상은 필연적으로 계급의 '음모'라고 주장했으므로, 마르크스주의 비평은 최소한 음모의 **의도**를 분명히 밝힌 것이다. 확실히 니체적인 음모라고 하는 것이 있다. 하지만 그것은 한 계급의 음모가 아니라, 그 계급의 모든 수단을 가지고 자신의 계급뿐만 아니라 인류 전체의 기존형식들에 대항하는 고립된 개인(사드와 같은)의 음모이다.

두번째는 첫번째와 밀접하게 연관된 것으로, 니체의 사유가 체험된 것을 체계적인 선先고찰préméditation로까지 전도시키는 것을 볼 때, '사유하는 자의 책임'을 그만큼 덜어 줄 해석적 착란에 따라 그렇게 하는 것을 볼 때, 사람들은 그 사유에 대해 말하자면 '정상참작'을 부여한다는 것이다. 이것은 마르크스주의적 비난보다도 더 나쁘다. 무엇을 참작한다는 것인가? **그것은 이 사유가 자신의 축을 도는 것처럼 착란의 주위를 돈다는 사실이다.** 그런데 니체는 초기 저작부터 이미 자기 안에 있는 이러한 성향을 두려워해서, 카오스(더 정확히는 '벌어진 틈'béance, 자서전에 따르면 그가 어린 시절부터 메우고 넘어서려고 노력한 **간극**hiatus)가 그에게 불러일으키는 거부할 수 없는 매력에 맞서 싸우기 위해 그의 모든 노력을 기울였다. 그가 **사유라는 현상**과 그로부터 파생하는 다양한 **행동들**을 **탐구**할수록, 근대세계의 구조들이 야기한 개인적 반응들을 연구할수록(그 연구는 항상 **고대세계**에 대한 그의 표상과 관련된다), 그는 더욱더 이 벌어진 틈에 접근하게 된다.

니체에게 있어 명석함·착란·음모는 분리될 수 없는 전체를 형성한다. 분리될 수 없다는 것, 이것이 이제부터 무엇이 중요하고 무엇이 중요하지 않은지에 대한 모든 것의 판단기준이 된다. 니체의 사유가 착란을 내포한다고 해서 그것이 '병리학적'인 것은 결코 아니다. 오히려 그의 사유가 대단히 명석하기 때문에 착란적인 해석의 양상을 취하는 것이다. 그것은 근대세계에서 실험적인 모든 행동의 필연적 운명이다. 이후 그 행동의 성패를 판단할 권한은 근대성에 있다. 하지만 세계 자체가 니체의 행동에 관련되어 있기 때문에, 근대세계가 자신의 실패의 위협을 증대할수록 니체의 사유는 더 위대해진다. 근대적 파국들은 언제나(그것은 시간문제인데) '거짓 예언자'의 **'복음'**과 혼동된다.

사유하는 행위 자체는 도대체 무엇인가? 이것이 바로 초기의 저작들 안에서 은밀하게 배회하며 『인간적인 너무나 인간적인』과, 특히 『즐거운 학문』과 동시기의 미발표 단편들fragments 안에서 조금씩 악의적인 방식으로 모습을 드러내는 물음이다. 우리의 사유 안에서, 우리의 행위들 안에서 무엇이 명석한 것이고 무엇이 무의식적인가. 수면 아래 감춰진 이 물음은 겉으로는 문화비평으로 **가장해서** 그의 시대의 사변적·역사적 논의들에 아직은 통합될 수 있는 형태로 의도적으로 말해진다. 그렇게 니체의 사유는 방향이 다른 두 개의 운동을 완벽하게 동시적으로simultanée 묘사한다. 명석함이란 개념은 칠흑 같은 어둠을 끊임없이 직시하고, 따라서 그것을 끊임없이 긍정하는 한에서만 가치가 있는 것이다.

우리의 정신 속에서 카오스는 매순간 쉬지 않고 일하고 있다. 개념, 이미지, 감정들이 **우연히** 서로 함께 연결되고, **우연히** 뒤죽박죽된다. 그렇게 정신을 **놀라게 하는** 이웃 관계가 형성된다. 정신은 유사한 것을 기억하기 때문이다. 이때 정신은 **취향**을 지각하고, 경우에 따라 예술이 되거나 지식이 되는 두 가지에 매달려 작업을 한다. 여기가 바로 새로운 무엇이 조합되고, 적어도 거기까지는 인간의 눈이 다다르는 세계의 마지막 작은 조각이다. 결국 그것은 새로운 화학적 결합이 되기도 할 것인데, 이 화학적 결합은 실제로 세계의 생성 속에서는 아직 자신과 비슷한 것을 가지지 못한 상태이다.[1]

하나의 사유는 하강하면서 비로소 상승하고, 후퇴하면서 비로소 진보한다. 상상할 수 없는 나선. 그것에 대한 '쓸데없는' 묘사는 혐오감을 일으켜서, 우리는 이어지는 세대들의 고유한 운동이 이 나선을 따른다고 인정하는 것을 경계할 정도가 된다. 하나의 정신이 문화와 협력하여 역사의 상승운동을 따르는 것처럼 보이는 한에서, 정신의 상승에 집착하더라도 말이다. 그리고 그 나머지에 대해서, 우리는 이 나선형 사유의 하강운동을 사유하고 살아가는 기능으로부터 생겨난 실패·찌꺼기·쓰레기를 다루는 전문가들의 손에 맡긴다. 이 편리한 분업체계에 따라서 이 전문가들은 명석과 혼미 사이의 긴장을 걱정할 필요가 거의 없을 것이다. 단지 이들은 명석과 혼미가 **서로를 바꿔** 부르는 날, 이 둘이 모두 착란의 어조를 띠고 있다고 인증하기만 하면 되는 것이다.

---

1) KSA, Vol. 9, p. 484, 11[121], 1881[『전집』 12권, 475쪽].

니체의 사유 안에서 그러한 착란의 어조를 찾아내려고만 하는 작업은 결국 그의 사유가 재검토한 심급들을 처음부터 참조하게 될 것이다. 니체의 사유는 이 심급들을 공격하려고 한다는 점에서 처음부터 착란적인 것인가, 아니면 통찰력을 구사하며 명석함이라는 **개념** 전체를 직접적으로 공격하는 것인가? 니체의 사유가 그 고유한 전개의 각 단계에서 다음과 같이 제한되는 것은 이런 까닭이다.

내부에서는 : **현실원칙**에 따라서 **언어**(일상적 기호의 코드)가 근거하는 **동일성의 원칙**에 의해서.

외부에서는 : 기성의 권위들(철학사가들)에 의해. **그러나 또한 그리고 무엇보다도** 무의식의 측량사이자, 생각하고 활동하는 인간이 보여 주는 현실원칙의 다양한 범위를 관리하는 정신과 의사들에 의해서.

최후에는, 양쪽에서 **안과 밖 사이**의 경계선을 어떤 때는 후퇴시키고, 어떤 때는 〔경계선에〕 접근해서 그 위치를 옮겨 구분선들을 '수정'하는 학문과 그 실험행위들에 의해서.

연구의 관점에서 다양하게 한정된 영역들을 준수하며, 니체의 지성은 두 개의 원칙을 따르는 것처럼 보인다. 그 하나는 **현실원칙**이다. 이 원칙을 그가 따르는 것은 현실을 **역사적으로** 기술하고 분석하여 재구성하는 한에서, 그리하여 자신의 연구결과를 타인에게 전달하는 한에서이다. 다른 하나는 동일성의 원칙이다. 그것을 그가 따르는 것은 그가 교육하는 내용과의 관계에서 자신을 **교육자**로서 규정하는 한에서이다.

논증(이것은 현실의 교육에 있어서 제도적 언어가 요구하는 것이다)이 **선언적 기분의 운동으로 변환되어** 전염력을 가진 것으로서의 기분이나 영혼의 음조tonalité가 논증보다 우위에 서면, 그 순간에 그의 고유한 담론의 기반이라고 여겨진 **심급들에 의거하는** 현실원칙과 동일성의 원칙이 니체에게서 한계를 드러낸다. 지식(철학)의 전달을 책임지는 어떠한 권위도 결코 교육할 생각을 못한 것을 니체는 교육 안에 도입한다. 하지만 니체는 그것을 은밀하게 도입하고, 그의 언어는 반대로 의사전달이 요구하는 규칙들을 극단적으로 엄격하게 적용한다. 영혼의 음조가 사유로 전환되고 자신에 대한 연구로 전개되면서, 그 연구의 어휘가 **침묵으로 재구성**되기에 이른다. 이 사유는 교육하려는 **의도**가 처음에 맞닥뜨리게 되는 **장애물**에 대해 스스로에게 말한다.

자신의 침묵 안에서 강도intensité로서 그리고 저항으로서 느껴진 이 장애물은 교육하려는 의도 자체를 저지한다. 그런데 자신의 침묵 안에 있는 장애물의 저항이란 동일성과 **현실의 심급들이 행사하는** 잠재적 반작용일 따름이다. 내부의 침묵은 **외부의 말**일 뿐이다. 사유가 이 외부의 말에 부여하는 동의는 **기분이나 침묵하는 음조의 원한**ressentiment일 뿐이다. 기분이 **외부문화**(요컨대 대학, 학자, 전문가, 정당, 성직자, 의사들의 말)의 저항을 감지하는 한에서, 니체의 **발언**은 **기분**의 침묵을 사유의 탓으로 돌린다.

기분에 대한 **이 침묵의 장애물을 사유하기 위해 그것과 자신을 동일시하면서**, '니체 교수'는 자신의 고유한 동일성/정체성뿐만 아니라 **말하는 심급들의 동일성도 파괴한다. 그 결과 그는 자신의 고유한 담론 안에서 그것들의 현전**을 제거한다. 그리고 그 현전과 함께 **현실원칙** 자체도. 그의 발언은 그가 자신의 고유한 기분의 **침묵으로 환원한 하나의 외부**를 대상으로 한다.

그러나 그의 발언 안에서 침묵으로 환원된 **말하는 심급들**은 그의 기분의 **외형**에 다름이 아니었다. 영혼의 음조의 침묵하는 강도가 유지되는 것은 외부에서 하나의 **저항**이, 즉 문화가 아직 말하고 있는 한에서이다.

문화(지식의 총체, 즉 가르치고 배우려는 의도)는 영혼의 음조의, 그 강도의 반대물이다. 이 강도는 가르쳐질 수도 배워질 수도 없는 것이다. 그렇지만 문화는 더 많이 축적될수록, 더 스스로에게 예속된다. 그리고 그것의 반대물인 영혼의 음조의 **말없는** **강도**도 함께 증대된다. 그래서 최후에는 영혼의 음조가 교육자를 기습해서 결국 교육하려는 의도를 꺾어 버린다. 이렇게 문화의 예속성은 니체의 담론의 침묵과 부딪히는 순간에 폭발한다.

니체 교수의 **최후의 말**ultima verba이 실어증으로 변하는 것을 본 의사들은 그들의 **현실원칙**이 확인됐다고 생각할 것이다. 즉 니체는 경계를 뛰어넘었다, 그는 모순에 빠져 더 이상 말을 안 한다, 그는 울부짖거나 침묵한다고.

그러나 누구도 보지 못하는 것은 학문 자체가 실어증이라는 것이다. 단지 학문이 자신의 근거의 부재를 발언하기만 한다면, 모든 현실은 사라질 것이다. 이로부터 하나의 힘이 생겨나 학문에게 계산하는 것을 결심하도록 부추긴다. 현실을 만들어 내는 것은 이 결심이다. 학문이 계산하는 것은 말하지 않기 위해서이다. 허무néant로 다시 추락하고 싶지 않으므로.

NIETZSCHE ET LE CERCLE VICIEUX

CONTENTS

니체와 **악순환**

1장_문화에 대항하는 투쟁

1. 오늘날에도 '철학자'가 아직 가능한가? 알려진 것의 범위가 너무나 광대한 것인가? 그가 더 꼼꼼할수록 그의 시야 안으로 모든 것을 그만큼 덜 포용하게 되는 것인가? 아니면 전성기가 지나서, **너무 늦은** 것인가? 혹은 손상되고, 타락하고, 변질되어, 그의 **가치판단**은 더 이상 의미가 없는 것인가? 그 반대의 경우에 그는 천 개의 촉수를 가진 **딜레탕트**가 되어, 위대한 정열이나 자기 자신에 대한 존엄을, 또는 섬세한 양심을 잃어버린다. 이제 충분하다. 그는 더 이상 사람들을 지도하지도 명령하지도 않는다. 그가 그러한 것을 원한다면, 그는 위대한 배우가, 일종의 **칼리오스트로**[1]와 같은 철학자가 되어야만 할 것인가.

2. 오늘날 철학적 실존은 우리에게 어떤 의미가 있는가? 그것은 궁지에서 빠져나오기 위한 수단이 아닐까? 일종의 도피가 아닐까? 그와 같이 세속을 떠나 소박하게 살고 있는 사람은, 자신의 인식이 따라야 할 최상의 길을 보여 준 셈일까? 삶의 가치에 대해 말할 수 있기 위해, 그는 무수히 많은 다른 삶의 방식들을 미리 체험했어야 하지 않을까? 요컨대,

---

1) 칼리오스트로(Alessandro di Cagliostro, 1743~1795)는 18세기 말에 암약한 이탈리아 출신의 모험가이자 사기꾼, 신비주의자이자 연금술사이다. 본명은 주세페 발사모(Giuseppe Balssamo)이고, 자칭인 칼리오스트로 백작(Count Cagliostro)으로 유명하다.

지금까지의 의견에 따르면 삶의 체험에서 나온 큰 문제들을 판단하기 위해서는 어떤 사람이 완전히 '반철학적인' 방식으로, 무엇보다도 홀로 고결한 처사處士와는 전혀 다르게 살아 봤어야 한다고 우리는 생각한다. 아주 폭넓은 체험을 하고, 그 체험을 보편적인 결론으로 농축하는 인간이 가장 강한 인간이 되어야만 하는 것은 아닐까? 사람들은 현자賢者를 너무나 오랫동안 학자와, 그리고 더 오랫동안 종교적으로 고양된 인간과 혼동해 왔다.[2]

이제서야 인간들에게 음악이 정서Affekt들의 기호학적 언어라는 생각이 떠오르고 있다. 그리고 나중에는 어떤 음악가의 충동체계를 그의 음악에서 명료하게 인식할 수 있게 될 것이다. 사실 음악가는 **그렇게[자신의 음악으로] 자신을 드러냈다고** 전혀 생각하지 않았다. 모든 문학작품과는 반대로, 이것이 이러한 **자기 고백**의 순진함이다.

그러나 위대한 철학자들에게도 이런 순진함이 있다. 그들은 자신이 스스로에 대해 말하고 있다는 것을 의식하지 못하고 있다. 그들은 문제가 되고 있는 것이 '진리'라고 주장한다. 그러나, 근본적으로, 문제가 되고 있는 것은 그들이다. 아니면 오히려, 그들 속에 있는 가장 강력한 충동impulsion이 스스로를 밝히는 것이며, 이럴 때 근본 충동은 매우 파렴치하고 순진무구하다. 그 충동은 주인이 되고자 하며 가능하다면 모든 사물, 모든 사건의 목적이 되고자 한다! 철학자는 **충동이 마침내 한 번 말하도록** 하는 일종의 계기이자 기회일 뿐이다.

사람들이 생각하는 것보다 훨씬 많은 언어들이 있다. 그리고 인간은 자신이 원하는 것보다 훨씬 자주 자신을 드러낸다. 얼마나 많은 것들이 말을 하는가! 그러나 듣는 자는 언제나 거의 없어서, 인간이 자기의 고백

---

2) KSA, Vol. 11, pp. 518~19, 35[24], 1885 [『전집』 18권, 316~7쪽].

을 하자면 허공에 대고 떠드는 것과 같을 뿐이다. 태양이 자신의 빛을 낭비하듯, 인간은 자신의 '진리들'을 낭비한다. 허공에 귀가 없다는 것이 애석하지 않은가?

"이것이 오직 참되고 옳으며, 진정으로 인간적이다. 다르게 생각하는 자는 오류를 범하는 것이다"라고 느끼도록 만드는 견해들이 있다. 사람들은 이것을 종교적이고 도덕적인 견해라고 부른다. 여기서 인간보다 강한 주권적 충동이 말하고 있다는 것은 분명하다. 여기서 충동은 매번 **진리와 '인간'이라는 최상위 개념**을 가지고 있다고 믿는다.

충동이 **주권적이 되지 않는** 인간들도 물론 많이 있다. 이러한 인간들에게는 확신이 없다. 그러므로 이것이 첫번째 특징이다. 한 철학자의 일관된 체계는 **하나의 충동**이 그를 이끌고 하나의 **확고한 위계질서가 거기에 존재함**을 증명한다. 그때 그것이 '진리'라고 일컬어진다. 그리고 그때의 느낌은 다음과 같이 발언될 수 있다. "이 진리와 함께 나는 '인간'(의) 높이에 도달했다. 타자는 적어도 인식하는 자로서는 **나보다 낮은 종류의 사람**이다."

조야하고 소박한 인간들은 그들의 풍습에 대해서도, 아니 그들의 취향에 대해서도, 그것들이 **가능한 최선의 것**이라는 확신의 지배를 받고 있다. 문화민족의 경우에는 어떤 관용이 지배하고 있다. 그러나 **그만큼 더욱 엄격하게 선과 악에 대한** 자신의 고유한 척도를 고수한다. 거기서 사람들은 가장 **세련된** 취향을 가지려고 할 뿐만 아니라, **유일하게 정당한 취향**도 가지려고 한다.

도덕이 **취향 문제**라는 것을 사람들이 아직 알지 못한다는 것이 보편적으로 **지배하고 있는 야만의 형태**이다.

게다가 이 영역에서는 **사기와 거짓말**이 가장 많이 행해진다. **도덕적인 문헌**과 **종교적인 문헌**이 가장 허위적인 문헌이다. 지배적인 충동은, 그것이 무엇이든, 다른 충동들보다 우위에 서기 위해서 **간계와 거짓말**을 구사한다.

종교전쟁과 병행하여 **도덕전쟁**이 지속적으로 벌어진다. 즉, **하나의 충동**이 인류를 자신에게 예속시키려고 한다. 그리고 더 많은 종교들이 사멸할수록, 이 싸움은 더 **유혈이 낭자해지고** 더 **가시적**이 될 것이다. 우리는 아직 그 시작에 있을 뿐이다!³⁾

* * *

그렇다면 철학자의 행동은 이제 무엇으로 귀착되는 것일까? 그는 사건들의 명석하지만 무기력한 구경꾼이 될 것인가? 아니면 모든 논평은 쓸데없으므로, 그는 사건에 직접 개입할 것인가? 직접개입은 어떻게 실행될 수 있는가? 분석, 선언, 경고 또는 선동에 의해서? 하나의 '사건'(**인류의 역사를 둘로 쪼개는 것**)을 유발하기 위해서 인간의 의식을 정복해야 하는가? 아니면 철학자가 두려워하는 이 사건(동일성을 보증하는 유일신의 소멸로 인한 결과들, 그리고 **무수한 신들**의 회귀)을 철학자는 예언자와 선지자들의 몸짓 기호론에 따라서 즉시 **모방해야** 하지 않을까?

우리는 도덕의 고전적인 규칙과 절연해야 한다. 그것은 인간적인 수준을 실현한다는 구실로 **결정적인 한 번으로**une fois pour toutes 채택된 관습들에 인간을 종속시킨다. 그 대신에, 우리는 쉼 없는 성찰/반성으로부터 나오는 근원적 요구들에 따라서 행동해야 한다. 사유의 요구가 매 순간 예견할 수 없는 방식으로 제기될 수 있다면, 그 요구는 행동 자체로부터 발생할 수 있기 때문이다. 그로 인해서 이 행동은 모순적인 태도라는 비

---

3) KSA, Vol. 10, p. 262, 7[62], 1883 [『전집』 16권, 343~5쪽].

난을 받을 수 있다. 그렇다고 행동이 규칙적인 반복에 의해 한정될 수는 결코 없을 것이며, 그러므로 사유 자체를 제한할 수도 없을 것이다. 행동을 가두는 사유나 사유를 가두는 행동은 아주 유용한 자동운동automatisme을 따른다. 이 자동운동은 **안전**을 보장한다. 실제로 이런 임시 상태에 불편함을 느끼게 되는 모든 사유는 피로감을 드러낸다. 이에 반해서 내부나 외부의 사건에서 출발하여 문제 제기에 전력을 다하는 모든 사유는 재시작recommencement의 능력을 보여 준다. 사유는 한쪽으로 물러서거나, 또는 도중에 행해진 발언들을 무시한다. 니체가 과거의 철학자들에 대하여 평가를 내린 것은 이러한 피로감·재시작의 능력·물러섬·넘어감에 의해서이다.

만일 데카르트도, 스피노자도, 칸트도, 헤겔도 그들의 고유한 체험으로부터 출발하여 실존에 대해 말하기 위해서 교육가능한enseignable 일관성을 우연히 포기했다면, 그들은 결코 자신들의 체계를 구축할 수는 없었을 것이다. (데카르트는 거의 그렇게 할 뻔했는데, 그러한 의도를 감춘 것처럼 보인다.) 그래도 니체는 그들이 자신들의 고유한 기분의 운동을 말하고 싶은 은밀한 근심을 따랐을 뿐이라고 말한다. "그들은 문제가 되고 있는 것이 '진리'라고 주장한다. 그러나, 근본적으로, 문제가 되고 있는 것은 그들이다. …… 그들 속에 있는 가장 강력한 충동이 스스로를 밝히는 것이며, 이럴 때 근본 충동은 매우 파렴치하고 순진무구하다. 그 충동은 주인이 되고자 하며 가능하다면 모든 사물, 모든 사건의 목적이 되고자 한다! **철학자는 충동이 마침내 한 번 말하도록 하는 일종의 계기이자 기회일 뿐이다.**" 그렇다면 스피노자는, 칸트는 무엇을 한 것일까? 그들은 단지 그들의 지고至高한 충동을 해석했을 따름이다. 하지만 그들이 구축한 이론들에서 표현된 것은 단지 그들 행동의 **전달가능한** 부분일 뿐이었다.

이것이 의미하는 바는 니체가 교육하는 철학자라는 태도를 무조건

거부한다는 것이다. 철학자가 인간의 조건에 대한 **근심**으로 사유하고 교육하는 사상가라는 의미로 이해된다면, 니체는 자신이 철학자가 아니라도 상관없다고 생각한다. 그가 엄격하고 전복적인 것은 이 지점에서인데, 말하자면 그는 '기존 질서를 파괴하는' casse la baraque 것이다.

　니체는 **사유의 기능**에 통합된 모든 사유들을 가장 비효율적인 것이라며 거부한다. 철학자의 사유와 체험이 그가 태어난 사회를 **보증**하는 역할을 할 때 그 사유와 체험은 무슨 가치가 있겠는가! 한 사회는 그 안에 존재하는 학자와 예술가들에 의해 도덕적으로 정당화된다고 믿는다. 하지만 그들이 존재한다는 단순한 그 사실과 그들이 창조한 것 안에서 그 사회의 붕괴에 대한 불안이 드러나는 것이다. 그리고 그들이 자신들의 활동을 심각하게 받아들인다 해도, 그들이 사회를 재구성할 자들인지는 확실치 않다.

　아직 견고한 부르주아 사회(최초의 붕괴의 전조로부터 3~40년전)에서 니체가 사유하고 살아가고 있기 때문에, 그가 사물을 보는 방식과 이 사회 자체가 유지하고 있는 주도권들intiatives은 아직은 혼동되는 것처럼 보인다. 오늘날에 와서야 우리는 그의 말과 그의 거부가 초래한 효과를 헤아릴 수 있게 됐다. '부르주아' 사회는 더 이상 존재하지 않지만, 훨씬 더 복잡한 무언가가 그것을 대체했다. 산업조직은 부르주아적 구조의 겉모습을 유지한 채, 점차 세분화되는 욕구들의 증감에 따라 사회계층들을 재편성·다양화하고, 그 자동운동에 의해 개인들의 감성까지도 혼란에 빠뜨렸다.

　니체가 **체계에 대한** 자신의 고유한 **거부**를 통해 의미하는 것은, 철학의 과제가 '문제들'의 전달에 있다면, 어떤 일정한 사회상태가 자신의 고유한 '문화'에 대해 부여하는 일반적 해석을 철학이 넘어서지 못할 것이라는 점이다. 니체가 서구문화에 대해 제기하는 총결산은 언제나 다음과 같은 방식으로 자문하는 것이었다. 우리가 지금까지 획득한 지식·관습·풍습·습관에서 출발하여 아직도 우리는 **무엇을 할 수 있는가**? 어느 정도로 나는 이 관습의 **수혜자**인가 아니면 **희생자**나 **피해자**인가? 이 다양한 물음들에 대한 대답이 그가 살아가고 글을 쓰는 방식이었고, 그가 자신의 동시대인들에 대해서 사유하는 방식이었다.

　니체에게 있어서 무엇이 **참이고 거짓이며**, 무엇이 **정당하고 부당한가**를 알고자 하는 도덕적 물음은 이제 다음과 같은 말들로 제기된다. "무엇이 **병들었고** 무엇이 **건강한가**? 무엇이 **무리적**grégaire이고 무엇이 **특이적**singulier인가?"

　　건강의 기호로서 활력과 저항을 약속하는 것으로서의 풍요로운 최초의 싹들은 처음엔 **질병**의 성격을 갖고 있다. **자기결정**의 힘과 의지의 이 최초의 폭발은 인간을 파괴할 수 있는 질병이다. 그리고 그보다 더 병적인 것은 정신이 자신의 권위로 세계를 자기에게 적합하게 만드는 최초의 기묘하고 야만스런 시도들이다.[4)]

　온갖 병들로 시달렸던 니체는 자신의 고유한 사유가 자신의 우울한 상태로부터 영향을 받지 않을까 늘 염려했으므로, 그로서는 자신 이전의 사상가들이 사유의 형태로 제출했던 것, 곧 그들이 삶과 살아 있는 사람에 대해 유지했던 관계를 위와 같은 관점에서 탐구하는 것도 흥미롭겠다고 생각했다. 사상가들이 삶과 살아 있는 사람에 대해 유지하는 관계, 그것은 달리 말하면 시대의 혼란 한가운데서 적의·관용·위협·불안과 고독의 필요성, 또는 반대로 자기의 망각이라는 모든 형태들로 표현된 **강도**

---

4) cf. KSA, Vol. 11, p. 665, 40[65], and Vol. 2, p. 16.

의 상승과 하강의 다양한 정도들degrés이었다.

그 이후로 니체는 모든 도덕을 사유와 학문을 더럽히는 주요한 **'형이상학적 병균'**으로 판단하고, 다윈이 교육하는 것과는 반대로 자연선택의 현실 앞에 "철학자들이, 학문이 무릎 꿇는" 것을 도처에서 보게 된다. "…… 삶을, 삶의 가치를 깎아내리는 것들만이 존속하고 우위를 차지하는 것을 나는 도처에서 본다."[5] 열등한 자들만이 과잉의 인간들을 몰아낸다. 넘치는 생명력으로 종족의 안전을 위협하는 인간들을 말이다. 그러므로 두 개의 세력이 존재한다. 그 중 하나는 무리적 사유를 하는 **평등주의적**niveleuse 세력이고, 다른 하나는 독특한particulier 사례들의 **위계적**érective 세력이다.

무리적 규범과 본능의 지배를 영속화하는 것만을 목표로 삼는 도덕들에 의해 명령된 형이상학들이 이렇게 드러난다. 무리의 동의를 얻지 못한 어떤 체계도 받아들여지지 않는다. 사실상, 대다수의 사람들은 실행할 수 없는, 독특한 사례를 신성시하는 체계들이 있다. 예를 들어 헤라클레이토스와 스피노자의 경우이다. 또는 한정된 집단에게만 엄격하게 적용되는 코드를 만들어 내는 체계들이 있다. 라로슈푸코La Rochefoucauld가 그 경우이다. 반면에 칸트와 같은 철학자의 형이상학은 니체가 다음과 같은 이미지로 요약하는 태도를 감추고 있다. **부수고 나간 우리 안으로 다시 돌아오는 여우.**

체계를 구축하는 것은(학문이 시작되고 있음을 사람들이 파악하고 있는 이 세기에) 순전히 유치한 짓이다. 그것과 달리, **여러 세기에 걸친**, 방법에 대한 장구한 결의! 왜냐하면 **인간 미래의 선도**가 언젠가는 필히 우리의 손

---

5) KSA, Vol. 13, p. 304, 14[123], 1888(『전집』 21권, 124쪽).

에 주어져야 하기 때문이다!

그러나 우리의 본능에서 저절로 유래하는 방법들은, **목적의 배제**가 예가 되겠는데, 이미 존재하고 있는 관습들을 규제해 왔다.[6]

그러나 실제로 이런 방법들은 니체의 정신 안에서 그의 세계관을 형성하고 육성한 고유의 조건들을 재생산하는 것으로, 따라서 그가 느끼고 사유하는 방식의 도래에 길을 열어 주는 것으로 귀결된다.

어느 날, 그런 특수한 사례들은 인간의 미래를 '선도하는' 고유한 **방법들**을 획득하게 될 것이다. 니체는 이런 방법들의 유효성을 믿었을까, 아니면 그는 단지 **자신의 심정들만을 전달해서** 아주 힘겨운 조건에서도 다른 사람들이 반응하고 활동할 수 있는, 그래서 **스스로를 지켜 낼 뿐만 아니라 반격할 수 있도록 해주는 그런 수단들**을 그들에게 제공하는 것만을 꿈꾸었을까.

이 최초의 고찰의 끝에서 지금까지의 모든 사색과는 완전히 다른 어조로 하나의 새로운 물음이 제기된다. 즉 **적**은 누구이고, **타도해야 할 상대**는 누구인가라는 것이다. 왜냐하면 적을 잘 확정할수록 사유는 힘을 더 집중할 수 있기 때문이다. 적을 확정한다는 것은 자신의 고유한 공간을 만드는 것, 그 공간을 확장하는 것, 숨을 쉬는 것이다. 적이란 단지 기독교만도 아니고, 그 자체로서의 도덕도 아니다. 오히려 이 양자로부터 생겨난 혼합물(속물근성이란 용어는 너무 약하다)이 바로 적이다. 부르주아주의라는 말은 이 기괴한 히드라를 제대로 담아내지 못한다. 왜냐하면 이 괴물을 만들어 내는 것은 아주 다양한 경향들과 속으로 감추어진 실천들이기 때문이다. 이 괴물은 우리 모두 안에, 그리고 우리 각자 안에 살고

---

6) KSA, Vol. 11, p. 49, 25[135], 1884[『전집』 17권, 62~3쪽].

있다. 그래서 니체 자신도 이 괴물로부터 도망치기 위해서 대대로 물려받은 죄악처럼 자신 안에 지니고 있던 모든 싹들을 근절해야만 했다. 그것이 그의 첫번째 작업이었다.

* * *

서양문화를, 특히 '부르주아' 문화를 깊이 연구해서 그것을 받아들일 수 있는 것으로 만든다는 구실로 그 토대를 탐구하는 시도는 항상 이 문화를 인간적으로 정당화하는 것으로 끝난다. 하지만 니체가 사회가 필연적으로 행사하는 외적인 강제에 대한 **이데올로기적 부인** 위에 세워진 모든 사회를 고발한 이래로 모든 정당화의 가능성은 처음부터 파기됐다. 강제에 대한 이데올로기적 부인은 문화의 개념에 의해 표현된다. 따라서 하나의 개념으로부터 출발한 **문화의 잘못된 해석**에 의해 표현된다. 문화의 개념이 근대사회 안에서만 형성되었다는 것은 체험된 문화가 소멸했다는 증거이다.

청년 니체가 그리스 국가에 대해서 품었던 표상은 문화의 개념과는 양립할 수 없을 만큼 더욱 강박적인 환영phantasme이 된다. **"노예제도는 한 문화의 본질에 속한다. 이것은 이러한 사실이 있다는 것의 절대적 가치에 관해 어떠한 의심도 허용하지 않는 하나의 진리이다. 이 진리는 문화의 프로메테우스적 선동자에게는 그의 간을 쪼아 먹는 독수리이다."**[7]

체험된 문화는 니체에 따르면 무리적grégaire 기반을 가질 수 없다. 문화의 부르주아적 개념에 의하면 그것은 독특한 사례이고, 따라서 괴물과 같은 기괴함이다. 니체 자신도 이 개념의 영향 아래 있기는 하지만, 그는

---

7) KSA, Vol. 1, p. 767.

이것을 파괴할 것이다. 그런데 문화의 개념도 자유의 개념도 마찬가지이다. 이 양자는 모두 특별히 근대적인 사실, **실험**이라는 사실을 포함하고 있다. 우리는 문화의 개념이 은폐하는 **예속성**을 이 실험이 어떻게 재정립하는지는 나중에 볼 것이다. 니체에게 이것은 다음과 같이 요약된다. 한 개인 안에 현전하는 **힘**force**들이란** 투쟁들이며 **외면화될 수 있는 강제들**이다. 여기서 무엇이 그 힘들을 주인으로 만들고 노예로 만드는가? 그것은 바로 **실험**이다. 발명가와 실험대상, **실패**와 **성공**, **희생물**과 제사장을 항상 포함하는 그런 **실험**이다.

자신의 사유의 모든 단계들을 편력하며, 연속적인 서양문화들의 의미를 포착하는 자신만의 방식들을 완전히 변경하기 훨씬 전인 1871년에, **파리코뮌 치하에서의 튈르리 궁전**[8] 화재소식을 들은 니체는 거기에서 전통 문화의 참을 수 없는 논법을 분명하게 본다. 그는 게르스도르프Carl von Gersdorff에게 보낸 편지에서 이렇게 쓴다 :

······ 우리의 현대생활에서 나타난 이 현상이, 더 정확하게 말하자면 기독교적 유럽과 그 국가가, 무엇보다도 현재 모든 곳에서 지배적인 로망스어권 '문명'이 어떤 의미에서는 우리의 세계를 해치는 거대한 결함을 드러냈다는 데 자네도 동의할 것이네. 어떤 의미에서는 우리 모두가 우리의 모든 과거와 함께 백일하에 드러난 이와 같은 끔찍한 일에 **책임이 있다는**[**죄가 있다는**sommes coupables] 사실 말이네. 그러므로 우리는 우리

---

8) 튈르리 궁전은 앙리 2세의 왕비 카트린 드 메디시스가 건축가 들로름을 시켜 1564~72년에 걸쳐 세웠다고 한다. 여러 번의 증축을 거쳐 대혁명 후에도 국무원으로 사용되었다가 파리 코뮌의 시가전에서 태반이 불타 없어졌다. 현재는 일부가 루브르 미술관의 부속 건물로 남아 있고, 나머지 부지의 대부분은 공원이 되었다.

자신의 감정 높은 곳에서 내려다보며 문화에 대항하는 투쟁의 범죄를
이 불행한 자들만의 책임으로 돌려서는 안 된다네. **문화에 대항하는 투쟁,
이것이 어떤 의미를 갖는지를 나는 알고 있다네.** 파리의 화재소식을 들었을
때, 나는 며칠 동안 완전히 망연자실한 상태로 눈물과 의문의 범벅에 빠
져 지냈지. 최고의 걸작들, 예술의 전 시대를 통틀어 가장 위대한 작품들
이 단 하루 만에 소멸됐다는 것을 알았을 때, 내게는 우리의 학문적·철
학적·예술적 실존 전체가 하나의 부조리처럼 보였다네. 나는 대단한 확
신을 갖고서 예술의 형이상학적 가치에 집착해 왔지. 예술은 가난한 사
람들 때문에 존재하는 것이 아니므로 더 숭고한 사명들을 완수해야 한
다고 나는 생각했다네. 그러나 나는 극심한 고통에도 불구하고 이 신성
모독자들에게 한 개의 돌도 던질 기분이 아니라네. 내가 보기에 그들은
보편적 죄의식의 앞잡이들suppôts에 불과하므로, 그 죄의식에 대해서는
생각해 볼 것이 많다네!⁹⁾

1871년 당시에 이 젊은 문헌학 교수는 아직 '부르주아적' 지식인으
로서 반응하고 의견을 개진한다. 그렇지만 "예술은 가난한 사람들 때문에
존재하는 것은 아니다"라고 말하는 것과 같은 문장에서 읽어 낼 수 있는
것은, 그 단락 전체를 일관하는 그 자신에 대한 비평적 아이러니화이자
그의 자기단죄이다. 즉 예술은 "가난한 사람들"을 위해 존재하는 것이 아
닌데도, 그들은 예술을 파괴했다는 **죄의식**을 떠맡는다. 하지만 그들은 문
화의 표면 아래에서 우리의 불공정함을 은폐하고 있는 보편적인 '우리의
죄의식'을 드러내고 있을 뿐이다. **문화에 대항하는 투쟁의 범죄를 떠맡는
것,** 이것이 바로 젊은 니체의 아직은 그리스 연구자적인hellénisante 사유의

---

9) Schlechta, Vol. 3, p. 1043, 21 June 1871. 강조는 인용자.

잠재된 주제이다. 이러한 죄의 수용은 이후의 시기를 통해 점차 선명하게 떠오르는 주제의 이면일 뿐이다. **기존의 비참함에 대한 문화의 '범죄'를 떠맡는 것**, 이는 결국 문화 자체를 문제로 삼는 것, 곧 **죄인으로서의 문화** culture criminelle 를 생각하는 것이다.

하지만 처음부터 시각은 완전히 잘못된 것이었다. 코뮌의 투사들은 결코 사회적 비참함이라는 이름으로 예술을 공격한다는 꿈조차 꾸지 않았다. 잘못된 소식을 들은 니체가 여기에서 문제를 제기하는 방식은 그 자신이 고백하는 것, 즉 **부르주아적 죄책감**을 정확하게 보여 준다. 하지만 그가 **진정한** 문제를 제기하는 것은 여기에서부터. **빈곤계층은 박탈당한 그 문화를 향유하고 있는 나는 유죄인가 아닌가?**

방화범들의 행위에 의해서 떠맡겨진 **우리의 죄의식**이라는 말로 니체가 의미하는 것은 **기독교와 탈기독교** post-chrétienne 의 도덕이 혼동되는 것을 우리가 방치했다는 것이다. 즉 사회적인 불평등(그러나 문화를 유일하게 가능한 것으로 만드는 것은 이 **불평등**이다)이 존재하는 것을 인정하지 않으려 하는 문화의 환상과 위선. (서로 다른 정서 집단들 사이의) 불평등과 투쟁.

쏜살같이 지나간 그의 경력의 마지막 자락에서, 니체는 범죄자를 배제하는 사물의 질서보다 잠재적으로 우위에 서 있는, **돌이킬 수 없는 힘으로서의 '범죄자'** 편에 가담한다. **"보편적인 죄의식의 앞잡이들"**에게, 코뮌의 "불행한 패거리들에게 돌을 던지는 것"에 대한 **거부**는 본능적인 연대감(아직 고백하지는 않은)을 드러내는 동시에 젊은 니체가 해결할 수 없었던 하나의 문제를 드러낸다. 그것은 다음과 같은 단어들로 제기되는 것이다. '문화' · '사회적 비참함' · '범죄' · '문화에 대항하는 투쟁'.

훗날 일어난 일은, 나에게 본래 여전히 전적으로 결여된 것, 즉 **정의**를 알아냈다는 것이다. "정의란 무엇인가? 이는 가능한 것인가? 이것이 가능하지 않다면, 어떻게 삶을 견뎌 낼 수 있는 것일까?" 이렇게 나는 끊임없이 물었다. 내가 나 자신을 파고들었던 그 모든 곳에서 마주쳤던 것이 열정, 구석의 시각, 정의의 전제조건들을 이미 빼앗긴 모든 것에 대한 무반성일 뿐이라는 사실에 나는 몹시 괴로웠다. 하지만 그때 반성은 어디에 있었는가? 폭넓은 통찰에서 시작하는 반성은. 나 자신의 것이라 할 수 있는 유일한 것은, 오랜 자기지배의 열매인 용기와 그 어떤 **단단함**이었다.[10]

문화가 노예제도를 내포하고 (누구도 말하지 않는) 노예제도로부터 생겨난 열매인 한, **죄의식**의 문제는 여전히 남는다.

문화 안에서 산다는 것은 노예제도를 원한다는 것인가? 만약 노예제도가 없어진다면, 문화는 어떻게 될까? 문화를 모두에게로 그리고 각자에게로 확장해야 하는가? 그렇게 하면 우리는 노예들의 문화를 갖게 되는 것일까? 이것은 잘못된 문제처럼 보인다. 문화는 노예의 생산물이다. 그리고 그것을 생산했으므로 노예는 이제 그 사실을 의식하는 주인이 된다. 이렇게 헤겔이 증명했다.[11] 니체는 이 이론의 확고한 수혜자이다. 니체에게 있어 문화의 주인이 되어 버린 노예는 **기독교도덕**에 다름 아니다. 그리고 니체가 보기에 이 기독교도덕은 처음에는 '부르주아적 문화'의 형태로, 그 다음에는 산업화라는 사회화의 형태로, '공동화' mis en commun 안에서 연장된다. 그래서 니체는 자신의 **무지**[12]를 무기삼아 헤겔의 변증법을 그 뿌리까지 공격한다. 헤겔의 변증법은 의식의 불행과 **자율적 의식**

---

10) KSA, Vol. 11, pp. 663~4, 40[65], 1885[『전집』 18권, 506~7쪽].
11) 우리는 여기서 코제브(Alexandre Kojève)가 『정신현상학』의 이 부분에 대해 행한 탁월한 해석을 의도적으로 따른다.―지은이

(주인의 경우)에 대한 분석을 통해서, '원초적 욕망' (힘에의 의지Wille zur Macht)을 왜곡시킬 뿐이다. 여기서 자율적 의식은 자신의 자율성 안에서 또 다른 자율적 의식을 통해 자기를 재인식해야 한다는 사실에 절망하는 반면에, 노예의 **종속하는 의식**은 그 자율적 의식을 필연적으로 구성한다.

니체에게는 이 **상호작용의 필요성**이 존재하지 않는다(변증법의 이러한 이행(이 대목)에 관한 그의 '무지'는 바로 이것이다). 정반대로 **전달할 수 없는 감정의 지고함**이라는 그 자신의 **특이성**으로 인해 니체는 '**다른 의식에 의해 매개된 대자의식**'에는 무관심하다.

적대적인 저항으로 풍요로워지거나 공범자의 감정으로 고양되는 실존을 느끼는 자의적 방식 안의 지고함. 노예는 자신의 감정을 포기하고, 그 대신에 **노동**을 선택한다. 이 **노동**은 노예를 감정으로부터 멀어지게 하고, 자의성에 대하여 노예 자신을 정당화해 준다. 그가 **특이성을 포기**하는 한에서, 자신의 광기의 **등가물**을 구하지 않는 자의 내부에서는 (감정으로부터 해방시켜 주는) 객체화가 증대된다. 예속적 의식이 **자율적 의식**의 강제 아래 문화적·역사적·인간적인 이 모든 세계를 건설하기 시작했고, 그것에 의해서 이번에는 **예속적 의식** 자신이 **자율적**이 되어 주인의 의식에 승리를 거둔다. 이 **문화**의 세계, 니체가 반란을 기도하는 것은 니체 자신이 그 산물이고 수혜자인 바로 이 세계, 이 문화에 대해서이다. 예속적 의식으로부터 문화적 세계로의 이 **객체화**, 니체는 그것을 그 근원까지 끌고 간다.

그렇지만 **정서들의 세계의 예술에 의한 재생산/복제**reproduction는 예속적 의식에 의해 건설된 이 역사적·문화적 세계 덕분에 가능해졌다. 예술

---

12) 『도덕의 계보학』에 있어서 이 무지를 강조한 것은 조르주 바타유의 겁먹은 천재성이다. (『내적 체험』 참조) 니체와 헤겔의 관계에 대해서는 질 들뢰즈의 권위 있는 연구서인 『니체와 철학』을 참조하라.―지은이

은 예속적 의식이 **자율적** 의식으로 변모한다는 증거가 아닌가? 하지만 이로부터 이제 **새로운 예속성**이 지배한다. 왜냐하면 역사적·인간적 세계는 **정서들을 침묵시키는 데** 실패했기 때문이다. 새로이 자율적이 된 **의식**이 원초적 욕망(**주인의 한가함에 의해 표상되는**)에 완전히 승리하려면, 예술이 소멸하고(장래의 산업계획화 안에서 예술이 소멸되는 것을 니체가 얼마나 두려워했는지는 나중에 보게 될 것이다), **정서들이** 교환 가능한 상품의 생산과정 안으로 완전히 흡수될 필요가 있었다. 정서들이 존속하고, 그것들이 **여가**를 전제하는 한, 그 여가는 대다수 사람들의 예속성을 요구해야 하는가? 하지만 거기서 문제가 치환된다. **정서들 자체가 다른 정서들을 예속시킨다.** 처음에는 다른 개인들이 아니라 **한** 개인 안에서 그렇게 한다. 정서들의 행동이 그 개인이 무리적인가 특이적인가를 결정한다. 그리고 니체에게 있어 **무리적인** 것은 **예속적인** 것을 의미한다. 니체는 **의식과 그 범주**들을 정서들의 세계의 이름으로 의문에 부치는 날이 올 때까지 **유죄의 문화**라는 시각 안에 머무를 것이다. 그 날이 올 때까지 부르주아 도덕의 이율배반들을 가리는 문화의 "**보편적 죄의식의 앞잡이들**"이 활약할 것이다. 니체는 자신의 환영 속에서 **루브르의 걸작들이 불타는 것**을 본다. 중요한 것은 그 걸작들이 아니라, 그것들을 만들어 낸 감정들이다. 그런데 이 감정들은 **불평등**의 지배를 옹호한다. 이 불평등이 삶을 견딜 수 없게 만든다면, 그 삶을 지탱하기 위해선 '용기와 단단함'이 필요하다.

> 사람들에게 그들의 자연적인 충동을 지닐 용기를 되돌려 주어라.
> 그들이 **자신들에 대해 자기비하하는 것**을 억제하게 하라(개인으로서의 자기비하가 아니라 **자연**으로서의 자기비하……).
> 사물로부터 **반대물들**을 **추출하게 하라**, 단 그것들을 그곳에 집어 넣은 것이 우리라는 것을 **이해한 후에**.

실존의 일반적 방식으로부터 **사회적 특이성**(죄책감, 벌, 정의, 명예, 자유, 사랑 등)을 추출하게 하라.[13]

* * *

이렇게 니체는 이번에는 그 자신이 정서들의 문화의 이름으로 **문화에 대항하는 투쟁**을 전개한다. 의식과 그 이율배반들은 의식의 **스스로에 대한 죄의식**으로부터 생겨나는 만큼, 이 정서들의 문화는 의식과 그 이율배반들이라는 실체들hypostases의 폐허 위에 세워질 것이다. 그런데 니체는 이 죄의식에 의해 **정신**의 전체성에 도달하게 될 것이다. 이러한 **정서들**의 문화가 가능해지는 것은 언어를 기반으로 만들어진 **하부구조들**이 점진적으로 해체된 후일 것이다. 1880년에서 1888년 시기의 중반쯤에 니체는 그 자신이 밟아 온 도덕적 여정의 단계들을 다음과 같이 간결하게 서술하고 있다.

얼마나 오래전부터 나는 내 자신에게서 생성의 완벽한 무죄를 증명하려고 노력하였는가! 그리고 그렇게 하며 나는 이미 얼마나 많은 특이한 길들을 지나왔던가! 처음에는, 다음과 같이 선포하는 것이 내게는 올바른 해결책처럼 보였다. "일종의 예술작품과 같은 것으로서의 실존은 전혀 도덕의 영역에 속하지 않는다. 오히려, 도덕 자체가 현상 영역에 속하는 것이다." 그 다음에, 나는 이렇게 말했다. "죄의식의 모든 개념에는 객관적으로 어떤 가치도 없다. 그러나 주관적으로 모든 삶이란 필연적으로 부당하고 비논리적이다." 그리고 마침내, 세번째에 나는 모든 인과관계

---

13) KSA, Vol. 12, p. 406, 9[121], 1887[『전집』 20권, 87~8쪽].

를 인식할 수 없다는 사실로부터 모든 목적을 부정했다. 그런데 이 모든 것은 무엇을 위해서였는가? 그것은 내게는 어떤 책임도 없다는 감정을 위해서가 아니었는가? 모든 찬사와 비난의 밖에 나를 위치시켜, 과거와도 현재와도 무관하게 내 방식대로 내 목적을 추구하게 하기 위해서가 아니었는가?[14]

---

14) KSA, Vol. 11, p. 553, 36[10], 1885[『전집』 18권, 362쪽].

2장_충동의 기호론의 기원으로서의 병적 상태들

니체는 1877년부터 1881년까지의 기간 동안, 발작 후에 매번 행복감에 빠졌다. 그것은 그의 신체의 동요를 관통하며 발언된 힘들을 탐구하도록 그를 조금씩 유혹했다. 자신의 수첩을 찾아 손에 쥐고 있는 동안 니체는 그 힘들이 자유롭게 흘러가도록 방치하며, 그들을 자신의 어휘에 굴복시켰다. 하나의 연쇄가 형성된다. 즉, 역사의 양상과 학자·사상가·예술가의 논의들과 정치인의 몸짓들이 재현하는 다양한 수준들에 따라서, 이 힘들을 수동적으로 또는 능동적으로 증언하고 있는 것처럼 보이므로, 이것들[양상·논의들·몸짓들]에 대한 일군의 성찰이 형성된다. 그곳에 존재하는 것은 **동일한 힘들**이다. 그 힘들이 니체의 두뇌와 신체에 한때의 휴식을 주는 것이다. 그 힘들은 기존의 용어들에 의해 의미가 이미 정해진 동기들motifs과 상황들의 맥락 안에서 생기는데, 말하자면 분노·온순·초조·평온이다. 말·이미지·논증·반론으로 번역된 이 힘들의 압박과 완화, 밀물과 썰물은 거기에서 단지 표면적인 출구만을 가질 뿐이다. 그러나 이 힘들이 서로 섞이고, 서로에게 침투하고, 서로를 불투명하게 만드는 때가 온다. 이 힘들은 하나의 **목적**으로부터 멀어지고 벗어난다. 역사도, 과학도, 학문연구도, 예술의 형태들조차도, 이 **목적**으로 수렴되지 않는다. 집필은 중단되고 단어들은 사라진다. 그리고 새로운 가공할 만한 공격이 니체의 두뇌를 엄습한다.

차례로 쓰인 니체의 텍스트들을 마치 언어로 전도된 **'두통'** 인 것처럼 제시하는 것은 터무니없는 것일 수 있다. 그러나 니체가 자신의 의식상태의 다양한 단계들을 기술하려고 애쓰는 방식은 그러한 전도의 메커니즘을 필연적으로 상정할 수밖에 없도록 만든다.

오래전부터, 그리고 『인간적인 너무나 인간적인』에서의 실증주의적 비판 훨씬 전부터, 니체는 그 **자체로서 가지적인 것**intelligible en soi을 축출했다. 하지만 그는 그것을 의식 안에서 공격할 수도 없었고 비-언어non-parole의 이름으로 말할 수도 없다. 그가 **비극적 그리스**라는 그의 비전을 출발점으로 문화의 문제들에 오랫동안 매달린 것은 이 때문이다. 『비극의 탄생』(**음악의 정신**으로부터)은 그의 비밀스런 환영의 **그리스 연구자적** 측면을 놀라운 방식으로 선명하게 부각시킨다. 그 환영은 곧 비-언어의 힘들에 따른 '문화'의 탐구이다. 이 환영을 그는 이러한 탐구에 포함되는 모든 애매함으로 정신들에 작용하기 위해서도 사용하고, 관성의 힘들에 맞서 자신을 지키기 위해서도 사용한다.

주위 사람들과의 논의의 차원에서, 니체의 '고대 그리스 국가'의 비전은 바그너를 전율케 했다. 그리고 로데[1]도 마찬가지였다. 니체에게 비신화화의 경향을 부추긴 것은 각성한 정신의 소유자인 레Paul Rée와의 만남이었다. 하지만 곧 병의 격렬한 공격으로 그는 고립의 시기로 다시 빠져든다. 이 시기 동안 명상상태는 깊어지고 그는 이전보다 더 영혼의 음조에 기꺼이 몸을 맡긴다. 질스-마리아에서 '영원회귀'의 황홀이 그를 엄습했던 것은 1881년 8월의 이러한 시기 동안이었다.

---

1) 에르빈 로데(Erwin Rohde, 1845~1898). 독일의 고전학자. 니체와는 본과 라이프치히에서 함께 문헌학을 공부했다.

가스트에게[2]

…… 나의 서른다섯번째 해도 끝나가고 있다네. 이 나이에 대해서 천오백년 동안 사람들은 '인생의 중반'이라고 말해 왔지. 단테는 이 나이에 이미 자신의 비전을 가졌고, 그 사실을 자신의 시편 앞부분에서 말하고 있다네. 그런데 이 '인생의 중반'에 이르러 보니, 난 너무나 "죽음에 둘러싸여서" 죽음이 언제라도 나를 덮쳐 올 수 있다는 생각이 든다네. 내가 겪는 고통은 돌발적인, 경련적인 죽음의 상념으로 나를 유혹하지(나는 더 고통스럽더라도 친구들과의 마지막 대화를 허락해 주는, 명료한 의식을 가진 채 천천히 찾아오는 죽음을 더 원하지만). 이런 의미에서 나는 이제 노인들 중에서도 가장 늙은 노인인 것처럼 느껴진다네. 하지만 그와 동시에 내가 내 삶의 임무를 완수했다는 느낌도 들지. 좋은 기름 한 방울이 나에 의해 부어졌다는 것, 그것을 난 알고 있고, 사람들도 그것을 잊지는 않을 것이네. 결국, 나는 인생에 대한 나의 고찰을 이미 **증명**한 셈이네. 앞으로도 많은 사람들이 같은 일을 하겠지. 이 순간까지도 내 영혼은 집요한 고통에 굴복하지 않았으므로, 지난 삶의 어느 때보다도 더 고요하고 호의적으로 고통을 느끼고 있다는 생각이 드네. 나를 강화시키고 개선시킨 이 작용은 누구 덕분일까? 나와 동시대 사람들 덕분은 아니라는 것은 확실하다네. 왜냐하면 소수의 예외를 제외하면 모두 내 주제에 눈살을 찌푸렸고, 내가 그 사실을 직접 느끼는 것에도 개의치 않았기 때문이지. 친애하는 벗이여, 이 마지막 초고를 통독해 주게나. 그리고 여기에 고통과 압박의 흔적이 남아 있는지 살펴 주게. **그런 게 있다고는 생각하지 않네만.** 그리고 이 믿음은 이미 이 고찰들이 필연적으로 다양한

---

2) 페터 가스트(Peter Gast, 1854~1918). 음악가. 본명은 하인리히 쾨젤리츠(Heinrich Köselitz). 니체의 오랜 친구로 페터 가스트라는 가명은 니체가 지어 준 것이다. 니체의 말년부터 니체의 미발표 작품들을 모으는 작업에 관여했다.

힘들을 내포하고 있고, 나에게 적대적인 자들이 찾아내려는 무력함과 피로감을 숨기고 있지는 않다는 징후라네.

…… 오버베크[3]와 내 누이가 권하는 데도 불구하고, 난 자네를 만나러 가지는 않을 걸세. 내 어머니, 태어난 고향 그리고 어린 시절의 추억 가까이에 머무르는 것이 더 적합한 것 같아서라네. 하지만 이것이 결정적이고 번복할 수 없다고는 여기지 말게. 희망이 솟아오르고 가라앉는 것에 따라 병자는 자신의 계획을 만들기도 수정하기도 할 수 있는 거니까. 올여름의 내 일정은 방금 다 마쳤네. 평균고도에서(초원에서) 3주, 엥가딘에서 3개월, 그 중 마지막 달엔 생-모리츠 호숫가. 그 최고효과는 겨울에만 느낄 수 있는 곳들이지. 이 일정을 소화한 것은 내게 유익했네. 하지만 조금도 쉽지 않았지! 모든 걸 포기해야 했으니까. 친구들이 없었고, 어떤 만남도 없었네. 책도 읽을 수 없었고, 예술을 접할 기회도 없었지. 침대 하나가 딸린 작은 방과 수도승과 같은 식사뿐이었네(그래도 내 몸엔 좋은 것이었다네. 여름 내내 소화불량은 없었으니까!). 이 금욕은 완벽한 것이었지. 내가 내 사유에 집착했던 것만 제외한다면 말이야. 달리 무엇을 해야만 했겠는가! 분명 내 머리엔 **아주 해로운 것**이었지. 하지만 그것을 **어떻게 피할** 수 있는지를 난 모르겠네. 이제 이것으로 충분하네. 올 겨울 일정은 내 자신의 긴장을 풀고, 내 사유로부터 벗어나 나 자신을 **쉬게 하는** 것이라네. 이는 최근 몇 년간은 내게 없었던 일이지.

— 생-모리츠, 1879년 9월 11일[4]

---

3) 프란츠 오버베크(Franz Overbeck, 1837~1905). 독일의 프로테스탄트 신학자. 바젤대학의 신학교수였으며, 니체의 가장 친한 친구로 잘 알려져 있다. 1870년부터 5년간 니체와 한 집에서 살기도 했다.

4) Schlechta, Vol. 3, p. 1156, 11 September 1879.

가스트에게

…… 내가 얼마나 충실하게 사유부재의 프로그램을 철저히 수행했는지를 자네는 상상할 수 없을 걸세. 내게는 그것에 충실해야 할 이유가 있네. 왜냐하면 '사유의 이면에는' 두려운 고통의 발작이라는 '악마가 도사리고 있기' 때문이라네. 생-모리츠로부터 자네에게 보낸 초고는 아주 비싸게, 고통스럽게 대가를 지불하고 쓴 것이라서, 만약 피할 수 있다면 이런 대가를 지불하고 쓰려는 사람은 아마 누구도 없을 걸세. 이제 그것을 다시 읽는 것은 너무나 긴 단락과 괴로웠던 기억 때문에 나에게 종종 공포를 불러일으킨다네. 몇 줄을 제외하면, 전부 걸으면서 구상하여 여섯 권의 작은 수첩들에 연필로 갈겨 쓴 것이라네. 이걸 정서할 때마다 나는 매번 욕지기를 느꼈다네. 20여 개의 단장들은 더 길어졌어야 했던 것들이라네. 그것들은 유감스럽게도 가장 중요한 것들인데, 연필로 괴발개발 끔찍하게 갈겨써서 제대로 정서할 시간이 충분하지 못했지. 그렇게 한 게 벌써 지난 여름의 일이라네. 쓰기를 마친 후에 사유들의 연관성은 내 기억에서 사라졌다네. 사실 내게는 자네가 말하는 '두뇌의 에너지'를 몇 분, 몇 십 분 동안 사용해 고통스러워하는 두뇌로부터 그 사유를 뽑아내는 것이 필요하지. 하지만 때때로 내가 그런 일을 두 번 다시 하지 않을 것 같은 생각이 든다네. 지금 자네가 보내 준 정서된 원고를 읽고 있는데, 내가 내 자신을 이해하는 것이 너무나 힘들어서 머리가 피곤하다네.

—1879년 10월 5일[5]

---

5) Schlechta, Vol. 3, p. 1158, 5 October 1879.

말비다 폰 마이젠부크에게[6)]

쓴다는 것이 저에겐 엄격하게 금지된 열매지만 제가 누님으로 경애하는 당신에게는 그래도 한 통의 편지를 쓰지 않을 수 없습니다. 그리고 아마도 마지막 편지가 될 것입니다! 왜냐하면 내 삶의 두렵고 거의 끊이지 않는 수난으로 인해 나는 그 삶의 종결을 갈망하고 있으며, 몇 가지 징후들에 따르면 그 종결을 기대하게 하는, 내 고통의 해방자인 뇌출혈이 곧 나를 찾아올 것이기 때문입니다. 고통과 체념에 관해 말하자면, 최근 몇 년간의 내 삶은 어느 시대의 고행승의 삶과도 비교할 수 있다고 생각합니다. 그러나 나는 영혼의 정화와 투명함을 얻었다는 의미에서(이를 위해선 종교도, 예술도 필요하지 않았습니다) 이 몇 년간으로부터 커다란 은혜를 입었습니다. (제가 그것을 자랑스러워한다는 것을 알게 되실 겁니다. 실제로 완전한 정신적 유기상태 덕분에 처음으로 나는 내 자신의 고유한 구원의 원천을 발견할 수 있었습니다.) 저는 그때까지 쉼 없이 움직인 자였으므로, 내 삶의 과업을 완수했다고 생각했습니다. 많은 사람들을 위해서 좋은 기름 한 방울을 떨어뜨렸고, 그들에게 자기의 고양과 평온한 정신과 공정함의 감각의 표상을 부여했다고 생각합니다. 이런 것을 당신에게 쓰는 것은 일종의 부가사항입니다. 이런 것은 정말로 나의 '인간성'이 완성된 시점에 말해져야 할 사항입니다. 어떠한 고통도 내가 알고 있는 삶을 거슬러 거짓증언으로 나를 이끌 수 없었고 앞으로도 그러지 못할 것입니다.

—1880년 1월 14일[7)]

---

6) 말비다 폰 마이젠부크(Malwida von Meysenbug, 1816~1903). 독일의 작가. 니체와 바그너와 친분을 유지했으며, 파울 레(Paul Rée)를 니체에게 소개하기도 했다.
7) Schlechta, Vol. 3, p. 1160, 14 January 1880.

O. 아이저 박사에게

…… 한 통의 편지를 쓰기 위해서, 견딜 만한 시간이 오기까지 나는 평균 4주를 기다려야 합니다. 그리고 그 후엔 그 대가를 치러야지요!……

내 실존은 **끔찍한 짐**입니다. 만약에 내가 그러한 고통과 거의 완벽한 체념의 상태 동안에 지적이고 도덕적인 영역 안에서 아주 유익한 실험을 하지 않았다면, 나는 오래전에 그것을 던져 버렸을 것입니다. 알고자 하는 의욕에 불타는 이 즐거운 기분, 그것이 나를 모든 고문과 모든 절망을 이겨 낼 수 있는 저 높은 곳으로 이끌었습니다. 전체적으로 보면 나는 내 삶의 어느 때보다 정말로 행복했습니다! 끊이지 않는 고통, 뱃멀미와 유사한 느낌, 몇 시간 동안 말하는 것이 곤란해지는 반마비상태, 이런 것들이 격렬한 발작과 서로 번갈아 가며 엄습했습니다(최근의 발작은 삼일 밤낮을 토하게 해서 나는 죽고 싶을 정도였습니다!). 읽지도 못합니다! 가끔 쓸 뿐입니다! 누구도 만나지 못합니다! 음악을 들을 수도 없습니다! 홀로 지내며 산책하고, 고원의 공기를 마시고, 달걀과 우유만을 먹는 생활입니다. 고통을 완화시키는 모든 약이 쓸모없는 것으로 밝혀졌습니다. 추위는 제겐 아주 해롭습니다.

다가오는 몇 주간은 남쪽으로 내려가서 산책자의 생활을 시작해 볼까 합니다.

내 사유와 내 전망들이 내게 위로가 됩니다. 산책하는 도중, 이곳저곳에서 나는 무언가를 종이에 적습니다. 책상에선 아무것도 쓰지 않지요. 친구들이 제가 갈겨쓴 글씨를 해독해 줍니다. 최근의 작품(친구들이 정서를 마친 것입니다)을 곧 보내겠습니다. 그것이 선생님의 사유방식과 맞지 않더라도, 너그러운 마음으로 받아주시기 바랍니다. (저는 '신도'를 모집하는 것이 결코 아닙니다. 믿어주시기 바랍니다! 저는 자유를 즐기고 있고, 정신의 자유를 지닐 권리가 있는 모든 사람들이 이 기쁨을 맛보길 원할 뿐입니다.)

…… 이미 여러 번 오랫동안 의식을 잃은 적이 있었습니다. 작년 봄에는 바젤에서 최후통첩을 받았습니다. 마지막 진료 이후로는 시력이 눈에 띄게 나빠졌습니다.

—1880년 1월[8]

오버베크에게

…… 지금 나의 모든 창조성과 노력은 다락방의 고독을 실현하려는 것이라네. 그 고독 안에서는 고통들이 나에게 보여 주는 내 본성의 필연적이고 가장 단순한 요구들이 정당하게 만족될 수 있는 가능성이 있다네. 그리고 틀림없이 나는 그것에 성공할 거야! 두통과의 일상적 싸움과 내 고뇌상태의 우스꽝스런 다양성은 세심한 주의를 요구해서, 나는 그 때문에 한없이 **초라한 남자**가 되는 두려움과 마주하지. 그런데 그것은 아주 보편적이고 아주 숭고한 충동들과 균형을 맞추는 것이라네. 이 충동들은 너무나 강력하게 나를 지배하고 있어서 강력한 균형추가 없다면 나는 미쳐 버릴 정도라네. 나는 극심한 발작으로부터 방금 회복했네. 그런데 이틀간 지속된 우울증을 떨쳐 버리자마자, 나의 광기가 눈을 떠서 감각할 수 없는 사물들을 또다시 뒤쫓기 시작한다네. 여명의 빛이 다락방의 다른 거주자에게 이보다 사랑스럽고 이보다 매혹적인 것들을 비춘적이 있었는지를 난 모르겠네 …….

—제노바, 1880년 11월[9]

---

8) Schlechta, Vol. 3, p. 1161, January 1880. 이 편지의 수신자인 오토 아이저(O. Eiser)는 니체의 주치의이다.
9) Schlechta, Vol. 3, p. 1167~8, November 1880.

어머니에게

…… 저의 신경조직은 그것이 작동시키는 거대한 활동의 측면에서 볼 때 그 정교함과 대단한 내성耐性으로 저를 놀라게 합니다. 오래된 극심한 고통도, 맞지 않는 직업도, 잘못된 치료조차도 그 본질적인 부분을 손상 시킬 수는 없었지요. 작년에는 오히려 튼튼해져서 덕분에 저는 그때까지 인간의 두뇌와 마음이 생산한 것들 중에서도 가장 대담하고 가장 숭고하고 가장 심사숙고하게 쓴 책 하나를 세상에 내놓을 수 있었습니다. 만약 내가 레코아로에서 죽음을 맞이했더라도, 거기에서 죽은 것은 한 절망한 남자가 아니라, 가장 강인하고 가장 세심한 남자들 중 하나였을 거예요. 제 두통은 진단을 내리기가 아주 어려운 것이라서 이를 위해 필요한 과학적 재료들에 관해서는 제가 어떤 의사보다도 더 잘 알고 있습니다. 그래요, 어머니께서 제게 새로운 치료법을 제안하시며 제가 "병이 도지도록 방치하고 있다"고 생각하시는 것 같은 모습을 보이셨을 때, 제 과학적 자존심은 상처를 입었습니다. 이 점에 대해서도 저를 믿어 주세요! 지금의 치료를 받은 지는 일 년밖에 되지 않았고, 이전에 제가 실수한 것은 다른 사람들이 열성적으로 조언해 준 것을 시도해 봤기 때문이었어요. 나움부르크와 마리엔바트 등지에 머물렀던 것은 이런 사정이었습니다. 게다가 저를 이해하는 의사들은 모두 치료에는 다소 시간이 걸려, 여러 해가 소요될 것이고, 그 전에 무엇보다도 이제까지 장기간 받아온 치료법으로 인한 악영향에서 벗어나야 한다는 것을 넌지시 알려주었습니다. …… 이제부터 저는 제 자신의 의사가 될 겁니다. 그리고 제가 (단지 자신만을 치료하는 의사가 아니라) **좋은** 의사였다라고 사람들이 말하는 것을 듣고 싶어요. 이제부터 다가올 길고 긴 고통의 시기에 대해서 저는 항상 마음의 준비를 하고 있어요. 그러니 어머니가 너무 심려마시기를 진심으로 부탁드립니다! 이런 일이 저의 고통보다 더 저를 괴롭게

만듭니다. 왜냐하면 가장 가까운 혈육이 저를 신뢰하지 못한다는 것을 보여 주는 것이니까요.

자신의 막중한 과업에 적합한 조건들을 유지하면서 제가 치유를 위해 어떤 정성을 기울였는지를 남몰래 관찰한 사람이 있다면, 그 사람은 제게 찬사를 아끼지 않을 것입니다.

—질스-마리아, 1881년 7월 중순[10]

* * *

니체의 **두통**의 원인이 무엇이었든지 간에(니체 자신이 때때로 믿었듯 유전성이거나 또는 이후의 다양한 증언들이 증명하듯 우발적인 매독에 의한 것이거나. 그로부터 야스퍼스Karl Jaspers는 니체의 착란이 전신마비에 의한 것이라는 결론을 내린다) 처음부터 통증이 니체의 두뇌를 정기적으로 엄습했다는 사실에는 변함이 없다.

니체는 걸어서 긴 산책을 한다. 발걸음을 내딛을 때마다 사유가 찾아온다. 그리고 집으로 돌아와 밖에서 수첩에 연필로 쓴 사유를 전개하기 시작한다. 그 순간 편두통이 일어난다. 두통은 때로 눈으로까지 번진다. 어떤 때는 자신이 쓴 글을 다시 읽지 못해 몇몇 친구들에게 그 일을 맡긴다. 가스트가 니체의 읽을 수 없는 필적을 해독하는 습관이 든 것은 이런 까닭이다. 니체는 종종 읽는 것, 쓰는 것, 사색하는 것, 이 모두를 중단해야 했다. 그는 치료를 받고 식이요법을 실행한다. 그는 전지요양을 한다. 그렇지만 그는 기존의 치료법을 불신한다. 그는 자신을 관찰하면서 자신만의 치료법을 조금씩 만들어 낸다. 자신의 능력을 되찾자마자 그는 이

---

10) Schlechta, Vol. 3, p. 1170, mid-July 1881.

사유의 중단상태를 기술하려고 한다. 그리고 그는 다른 신체기능과 비교해 보면서 두뇌의 기능을 성찰하며, 두뇌를 경계하려고 한다.

사유하는 행위는 고통과 동의어가 되고, 고통은 사유와 동의어가 된다. 이 사실로부터 니체는 **사유와 고통의 일치**를 말하게 되고, 고통 없는 사유라는 것이 어떤 것인지를 말하게 된다. 그 다음에는 고통을 사유하는 것, 지나간 고통(**사유하는 것의 불가능성**으로서)에 대해 숙고하는 것이 최고의 즐거움처럼 느껴진다. 하지만 고통을 재건하며, 고통 없이 **실현될 수 있음**을 즐기는 것은 정말로 사유일까? 자신을 실현할 수 없음을 고통스러워한 것이 사유가 아니었을까? 대체 무엇이 고통스러워하고 무엇이 즐기는가? 두뇌인가? 두뇌기관이 자신이 그것의 한 기능인 신체의 고통을 즐기는 것일까? 신체는 자신의 최고기관의 고통을 즐길 수 있는가?

* * *

그가 자신을 가장 건강하고 튼튼하다고 느꼈을 때, 자신의 창조능력의 힘이 최고조에 이르렀다고 느꼈을 때, 그때 그는 자신의 병에 가장 가까이 있었다. 그리고 그를 다시 회복시켜 재앙을 연기시킨 것은 강제된 휴식과 무위였다.[11] —루 A. 살로메.

* * *

만약 신체가 가장 직접적인 힘들, 그리고 동시에 **가장 멀리 있는 힘들**

---

11) Lou Andreas-Salomé, *Friedrich Nietzsche in seinen Werken*, Dresden : Carl Reißner Verlag, 1924, p. 83.

에 관련된다면, 신체가 **말하는** 모든 것(편안과 불편)은 우리의 운명에 대해 가장 좋은 정보를 제공한다. 이렇게 니체는 직접적인 것을 이해하기 위해 자신 안의 가장 멀리 있는 것을 향해 거슬러 올라가려고 한다.

"어떻게 사람은 자신의 모습이 되는가?"를 기술하기 전에, 그는 먼저 자신의 모습이 되는 것을 재검토한다. 그는 자신의 어떤 저작이 어떤 건강상태에서 쓰였다는 것, 예를 들어 최저라고 느끼는 상태에서 쓰였다고 말하는 것을 결코 잊지 않는다.

사유를 중단시키는 공격으로서 그를 정기적으로 엄습하는 격렬한 두통, 그것은 외부의 공격이 아니다. 고통의 뿌리는 니체 안에, 그의 신체 안에 있었다. 그의 고유한 신체적 자아가 해체로부터 **스스로를 지키기 위해 공격하는** 것이다. 하지만 **무엇이** 해체를 하려 하는가? 니체 자신의 두뇌이다. 두뇌로부터 해방되어 있는 동안, 니체는 **휴식상태를 이용해 이 해체를 하려 한다.** 그러나 이 해체가 해체로서 판단되는 것은 오로지 두뇌에 의해서이고, 그 두뇌에게 있어 신체적 자아와 정신적 자아는 명확하게 일치한다. 그 자체로서의 신체 안에는 전혀 다른 시각이 존재한다. 그래서 작용하는 힘들은 신체적 기능으로서, 따라서 예속된 기능으로서, 이 예속성을 파괴하려 한다. 힘들이 예속성을 파괴하기 위해선 이 의지가 **두뇌를 경유해야** 한다. 반면에 두뇌는 이 의지를 단지 해체하는 힘들에 대한 예속으로만 느낄 뿐이다. 해체하는 힘들의 위협으로 **사유**는 불가능해진다.

신체적·정신적 힘들의 해체를 향한 이 경합을 니체는 오랫동안 겪고 열심히 관찰한다. 신체에 귀를 기울일수록, 그는 **신체가 지탱하는 인격**을 더욱더 불신한다. 매서운 두통으로부터 결코 쾌유하지 못하리라는 절망 속에서 자살에 대한 강박관념이 쇠약해진 인격의 이름으로 신체를 부인하곤 한다. 하지만 항상 자신의 임무를 완수하지 못했다는 생각이 그에게 **신체의 편**에 설 힘을 준다. 신체가 이렇게 고통스럽다면, 두뇌가 고통의 신호만을 보낸다면, 여기서 문제가 되는 것은 이성을 희생해서 스스로를 이해시키려는 **언어활동**이다. 의식 있고 합리적이라는 고유한 인격에 대한 의혹·증오·분노가 이로부터 생겨난다. 니체가 지키려는 것은 이 인격(이것은 한 가정환경의 품안에서, 한 시대의 뜻에 따라 만들어진 것으로, 니체는 이 둘〔가정환경과 한 시대의 뜻〕을 점차 혐오하게 된다)이 아니다. 자신이 지니고 있음을 알고 동시에 **자랑스럽게 여기는 신경조직**, 이 신경조직에 대한 사랑으로 니체는 인격을 파괴할 것이다. 신경조직의 반응을 많이 연구한 덕에 니체는 자기 자신을 지금까지 알려진 자신과는 다른 사람으로, 사람들이 결코 알아보지 못할 그런 사람으로 고안한다. 그는 그렇게 오직 신체적 기준에만 복종하는 하나의 지성을 단련한다. 니체는 고통을 단지 에너지로만 해석하지 않고 그것 자체를 바란다. 신체적 고통은 오로지 그것이 즐거움과 밀접하게 연결되고 기쁨이 넘치는 명석함을 발생시키는 한에서만 견딜 만하다. 고통은 모든 사유의 불을 끄거나, 또는 사유의 착란에 도달한다.

그러나 그는 평온함 안에서도 새로운 함정을 눈치챈다. 모든 신체적 압박으로부터 해방된 사유는 현실적인 것인가? 아니다, 거기에는 다른 충동들이 한껏 즐기고 있다. 그리고 그런 희열은 대부분 **고통들의 표면적 극복의 부재증명**과 다름없으므로, 곧 고통의 재현을 나타내는 것이다! 평온함이란 화해시킬 수 없는 충동들 간의 일종의 휴전상태일 뿐이다.

인체가 고통의 현상을 자신의 내부에 거주하게 된 외부의 힘의 공격으로 느끼는 것과 두뇌[12]가 형성되는 생물학적인 과정 사이에는 밀접한

---

12) 동물 생물학의 분야에서 두부(頭部)형성에 전제가 되는 것은 **탐사행위를 하는 전진운동**이고, **두뇌**는 그것의 도구가 된다. 도구라는 것이 탐사되고 획득된 것을 자신의 한정된 기능적 목적에 종속시킨다는 한에서, 니체에게는 **탐사행위**를 이 **도구**로부터 해방시키려는 경향이 있다. 니체가 탈중심화를 (따라서 **편재성**ubiquité을) 갈망하는 것은 이 때문이다. 또한 그가 '사유체계'를 거부하는 것도 이 때문이다.—지은이

관계가 있는 것처럼 보인다. 두뇌는 모든 반응을 공격에 집중함으로써 **외부에서 부과된** 고통을 고통과 쾌락 사이를 왕복하는 흥분의 정도로 표상할 수 있게 된다. 두뇌가 표상을 갖는 것은 다만 고통의 **위험**과 쾌락의 **기회**(이것이 흥분으로 인한 에너지 방출이든 아니든) 앞에서 처음 맛본 기본적인 흥분들을 정련하는 한에서이다. 그러나 고통스러운 흥분도 만족을 줄 수 있다. 이런 만족은 신체가 일시적으로 획득한 평형상태를, 신체가 이전에는 즐거움으로 느낄 수 있었던 평형상태를 교란하는 한에서만 오로지 고통스럽게 느껴지는 만족이다. 이 흥분 이전의 만족은 두뇌 안에 강도의 흔적을 남기므로 두뇌는 이제부터 그 흔적을 표상하는 행위에 의해 그것을 (재-흥분의) 즐거움으로서 재활성화할 수 있다. 그러나 그때 두뇌는 이 재활성화된 흥분이 **다른** '자아'에 대해 작동된다고 상상한다.

신체는 언어를 매개로 자신을 이해시키려고 하지만, 의식은 그 언어의 기호들을 잘못 해독한다. 의식은 신체를 통해 표현되는 것을 뒤집고, 왜곡하고, 여과하는 **기호들의 코드를 만든다.**

의식 자체는 충동들이 전달하는 메시지의 암호화에 다름 아니다. 암호의 해독은 그 자체로 개인이 획득한 메시지의 전도이다. 왜냐하면 모든 것은 '머리'(직립자세)로 수렴되고, 메시지의 해독도 이 '수직의' 자세를 유지하기 위한 것이기 때문이다. 만일 이 자세가 인간에게 습관적인 것도 고유한 것도 아니라면, **메시지라고 부를 만한 것은 존재하지 않을 것이다.** 의미/방향sens은 직립자세로부터 출발하여 **상·하·전·후**라는 기준들에 의해서 형성된다.

니체는 이성에 의해 확립된 신체의 '위생학'을 위해 말하는 것이 아니다. 그는 신체적 상태들, 의식이 개인적 의식이 되기 위해 은폐하지 않을 수 없는 진정한 소여로서의 신체적 **상태들**을 위해 말하는 것이다. 이러한 관점은 삶에 대한 순수한 '생리학적' 개념화를 훨씬 넘어서는 것이다.

신체는 우연의 산물이다. 신체는 충동들 전체가 만나는 **장소일 뿐이며,** 그 충동들은 한 **인간의 삶**을 위해 개인화되었으므로 **오로지 탈개인화되기만을 갈망한다.** 이러한 충동들의 우연한 결합으로부터 탁월하게 사람을 기만하는 원리가 탄생하는데, 그것이 바로 충동들이 상황에 따라 조합해 내는 개인과 함께 잠에서 서서히 깨어나는 두뇌활동이다. 의식은 비몽사몽과 불면 사이에서 쉼 없이 진동해야만 하는 것처럼 보이며, **각성상태**라고 불리는 것은 이 양자를 비교하고 거울놀이처럼 양자를 상호반영하는 것에 다름이 아니다. 하지만 거울의 뒷면이 없인 거울도 존재하지 않는다. '이성'의 토대를 형성하는 것은 이 거울의 뒷면이다. 망각이 가능한 것은 충동들의 불투명함 덕분이다. 망각이 없으면 의식도 없다. 그러나 의식이 거울의 뒷면을 '긁자' 마자, 의식 자체는 자신의 투명함 안에서 충동들의 밀물과 썰물에 섞여 버린다.

신체는 의식에 잡혀 있는 한에서 충동들로부터 **분리된다.** 신체를 관류하는 충동들, 신체를 단지 우연히 형성했으며 똑같은 우연적 방식으로 신체를 유지해 나가는 충동들로부터. 다만 충동들이 신체의 '우월한' 극점에서 발달시킨 기관은 이런 우연하고 표면적인 균형유지가 자신의 보존에 필요하다고 생각한다. 신체의 '두뇌적' 활동이 선별하는 힘들은 이제부터 신체를 보존하지 않고, 오히려 **이 활동을 신체와 동일시한다.** 신체는 이 **두뇌활동을 위해서만 신체를 유지하는 반사적 행동들**을 받아들이고, 마찬가지로 이 **두뇌활동**은 이제부터 **자신의 생산물로서 신체를 받아들인다.**

니체를 이해하기 위해서는 여기에서 신체가 도달하는 **전도**를 살펴보는 것이 중요하다. 즉 신체가 **발달시킨 가장 취약한 기관**이, 말하자면, 그 취약성으로 인해 신체를 지배하는 것이다.

인체는 두뇌활동 덕분에 **직립자세**를 취하고, 이 활동은 결국 인체의 현전을 일종의 자동운동으로 환원하게 된다. 그 자체로서의 신체는 더이상 자기 자신의 동의어가 아니다. 그것은 의식의 **도구**이자 정확히 '**인격**'의 동음이의어가 된다. 두뇌활동이 저하되자마자, 신체만이 현전한다. 하지만 그것은 실제로 **아무에게도** 속하는 것이 아니며, **하나의 동일한** 인물을 재구성할 수 있는 모든 반사적 행동들을 간직했다고 하더라도 그곳에 '인격'은 부재한다. 순수하게 신체적인 것의 발현이 강해질수록 '인격'의 회귀는 더 늦어지는 것 같다. '인격'은 잠자고 꿈꾸고 웃고 떨지만, 그것을 드러내는 것은 오직 신체뿐이다. **인격**이 할 수 있는 것은 오직 신체적 감각의 해석일 뿐인 동기들을 상기시켜, 자신이 웃고 떨고 고통스러워하고 즐긴다는 것을 상상하는 것이다.

'인격'은 자기 자신이나 타자와의 대화 속에서 **이 징후들을 자신의 것이라고 주장**하는데, 그것은 징후들이 생기기 전 또는 그 후에만 가능하다. 인격은 **의식적으로** 자신이 그들의 주체였다는 것을 **부정**할 수 있고, 자신이 정상상태라고 생각하는 것(즉, 신체의 **직립자세**나, 또는 자신의 '**결정들**'과 자신의 **표상작용들**에 의해서 취해지는 다른 모든 자세와 일치하는 모든 것)에 합치하는 것처럼 보이는 징후들만을 **자신의 것들**이라고 동의한다. 인격은 웃는 것을 또는 웃음의 반사에 몸을 맡기는 것을 **결정할** 수 있다. 그것은 고통이나 피로의 반사에 몸을 맡기는 것과 같다. 그러나 어떠한 경우에도 그런 결정들은 자극된 또는 자극가능한 상태로부터 발생하는 것이고, 그러므로 자극에 선행하는 대신에 자극을 따라가는 것이다. 강렬한 고통이나 기쁨의 강도 안에서, 특히 관능적 쾌락volupté 안에서, '인격'은 한 순간 사라진다. 그리고 그때 의식에 남아 있는 것은 신체적 징후라는 것으로 너무나 좁게 한정되어, 구조 자체가 전도된다. **무의식**이란 개념은 여기에서 **망각의 이미지**일 뿐이다. 즉, **직립자세의 기원이 되는 것의 망각이다.**

모든 인간은 누울 수 있다. 하지만 인간이 눕는 것은 항상 다시 일어서거나 자세를 바꿀 수도 있다는 확신이 있기 때문이다. 인간은 언제나 **자신의 고유한 신체** 안에 있다고 믿는다. 그러나 이 고유한 신체라는 것은 모순적이고, 일시적으로 화해를 한 충동들의 **우연한 마주침**에 지나지 않는다.

나는 나에게 속하지 않는 신체 안에서 병들어 있다. **나의** 고통은 기능들의 투쟁, 신체에 예속되어 서로 적대적이 된 충동들(내게 속하는 것들과 내게서 빠져나가는 것들)의 투쟁에 대한 해석일 뿐이다. 역으로, 내 자신의 신체적 작인作因, suppôt은 그것에 일관성을 보증하지 않는 내 사유들을 배제하는 것 같다. 신체적 작인이 요구하는 것과는 **이질적인** 상태 또는 그것에 **대립하는 상태**로부터 생겨나는 사유들을 말이다. 어쨌든 신체적 작인이란 나 자신과 동일한 것이다.

하지만 자아의 **동일성**이란 무엇인가? 그것은 신체의 **비가역적인 역사**, 즉 인과들의 연쇄에 귀속되는 것처럼 보인다. 그러나 이 연쇄는 단순한 겉모습에 지나지 않는다. 신체는 오직 하나의 동일한 용모를 형성하기 위해 변모한다. 인격이 고정되고 **'성격'**이 굳어지는 것은 신체의 갱신능력이 빈약해질 때이다.

그러나 신체의 다양한 연령들은 신체의 서로 다른 상태들, 즉 한 상태가 다른 상태를 낳는 식으로 이어지는 신체의 상태들이다. 그리고 신체가 **동일한** 신체로 남아 있는 것은, 단지 동일한 **자아**가 다양한 변화를 일으키는 신체와 자신을 혼동할 수 있고, 또한 그것을 원하는 한에서이다. 요컨대, 신체의 일관성은 자아의 일관성이다. 신체는 이 자아를 생산하고, 또한 그렇게 해서 자신만의 일관성을 생산한다. 그러나 이 신체 자체는 죽음과 재생에 의해 여러 번 **죽고 되살아난다**. 그런데 자아는 일관성의 환상에 빠져 이 죽음과 재생의 과정을 관통하며 살아남은 것처럼 행세한다. 신체의 연령들은 사실상 이 **신체를 형성하고**, 변형하고, 그 다음에는 버리는, **충동의 운동들**일 뿐이다. 하지만 충동들이 처음에는 신체의 원동력인 만큼, 이것들은 신체의 일관성에 위협이 된다. 자아의 동일성에 봉사한다는 점에서 순수하게 기능적인 신체의 일관성은 이런 의미에서 비가역적이다. 자아의 **연령들**은 그 일관성의 연령들이다. 달리 말하면, 이 자아가 신체 안에서 신체와 함께 나이가 들어갈수록, 자아는 일관성을 점점 더 갈망하고 점점 더 자신의 출발점을 되찾으려고(따라서 자신을 **회고하려고**) 한다. 신체적 해체에 대한 불안이 고유한 일관성에 대한 회고적 시선을 요구한다. 이렇게 신체의 생산물인 **자아**는 이 신체를 **자신의 것**으로 삼고, 다른 자아를 만들지는 **못하므로**, 이 자아 또한 자신의 **비가역적인** 역사를 갖는다.

자아의 동일성은 '고유한 신체'의 동일성과 함께 인간 삶의 이 **비가역적** 흐름이 만드는 의미/방향과 불가분의 관계가 된다. 이렇게 의미/방향은 자아의 동일성의 최종형태로서, 그 동일성 이후에도 존속하는 것이다. 이로부터 **결정적인 한 번으로 정해진 의미/방향의 영원성**이 발생한다.

니체에게는 숙명의 최초 개념이 있는데, 그것은 자아가 조금도 벗어날 수 없는 것으로서의 이 비가역적인 흐름을 암시한다. 그리고 언뜻 보기에 니체의 최초의 요청으로 보이는 것은 또한 이 **운명**fatum에 대한 사랑, 즉 비가역적인 것에 대한 사랑이다.

그런데 **결정적인 한 번으로 정해진 비가역적인 것**의 파괴로서 표현되는 **영원회귀**의 체험에서 출발하여, 운명의 새로운 판본도 발전된다. 즉 **악순환**의 판본으로, 엄밀히 말하자면 이것은 시작과 끝이 항상 서로 뒤섞이는 가운데, 목적과 방향을 없애 버린다.

이 순간부터 고려의 대상이 되는 것은 **자아의 소유물〔고유성〕**propriété로서의 신체가 아니라, 충동들의 장소로서의, 그것들의 마주침의 장소로서의 신체이다. 충동들의 산물인 신체는 **우연한 것**이 된다. 그것은 비가역적이지도 가역적이지도 않다. 왜냐하면 그 신체는 충동들의 역사 이외의 다른 역사는 갖지 않기 때문이다. 충동들은 정확히 말해서 **갔다가 되돌아온다**. 그것들이 묘사하는 원환운동은 사유 안에서만이 아니라 기분의 여러 상태들 안에서도, 신체적 우울증들(이 우울증들이 **정신적인** 것은 자아의 발언들과 판단들이, 그 자체로서 불안정하고 그러므로 실체가 없는 하나의 특성을 언어 안에서 재창조하는 한에서일 뿐이다) 안에서만이 아니라 영혼의 음조 안에서도 드러난다.

그러나 그렇다고 해서 니체가 **일관성**을 포기하는 것은 아니다. 그는 갔다가 오는 충동들과 투쟁하는 동시에, 그의 사유의 **새로운 일관성**을 위해, 신체화하는corporante 사유로서의 신체와도 투쟁한다. 이 투쟁은 그가 여러 번 **신체를 인도하는 실**이라고 이름 붙인 것을 따른다. 말하자면 니체는 자신의 병적 상태들의 주기적 변화에 따라서 충동들이 그리는 미로 안에서 아리아드네의 실을 잡으려 한다.

병적 상태로부터의 회복은 '**사유하는 나 니체**'에 대한 '신체'(재사유된 신체)의 새로운 공격신호이다. 이렇게 새로운 [병의] 재발이 준비된다. 니체에게 있어, 최후의 재발까지, 이 재발들은 매번 충동의 세계에 대한 새로운 탐사와 새로운 포위에 의해 알려지고, 이 탐사와 포위에 대한 대가로 병은 그때마다 점점 더 심해진다. 신체가 자신의 고유한 작인으로부터 조금 더 해방될 때마다, **이 작인**은 더욱 쇠약해진다. 그러므로 두뇌 안의 자아의 각성이 **더 느리게** 실행됨에 따라서, **두뇌**는 신체적 힘들과 **자신을 분리하는 경계선들**이 점차로 다가오는 것을 본다. 하지만 **자아의 각성이 실행될** 때, 기능적 메커니즘을 점령하는 것은 무수한 **힘들**이다. 그때 자아는 **더 크고 더 간명한 명석함** 안에서 해체된다. 기능들 사이의 균형은 무너진다. 말들 안에서, 기호들의 고정성 안에서 **자아는 잠들어 있다**. 그러나

힘들은 더 많이 침묵할수록 더 **깨어 있다.** 기억은 마침내 두뇌적인 자아로부터 벗어난다. 기억은 자신의 **가장 멀리 떨어진** 동기들에 의해서만 **자신을 가리킬** 뿐이다.

신체는 어떻게 자아라고 불리는 것으로부터 두뇌활동을 뺏어올 수 있는가? 그리고 무엇보다도 자아는 어떻게 두뇌에 의해서 복원되는 것일까? 그것은 다름 아닌, **각성상태** 안에서 그리고 **각성상태**에 의해서 **끊임없이 다시 그어지는 경계선**에 의해서이다. 그러나 각성상태는 단지 **몇 초간만 지속된다.** 매순간 두뇌에는 다소 강렬한 자극이 유입되므로, 그중 수용한도를 넘어서는 것은 끊임없이 걸러져야 한다. (예를 들어 새로운 자극은 이미 흡수된 옛 자극들에 의해서) 걸러져야 한다. 새로운 자극은 선택적 동화에 의해서만, 즉 낯선 것과 '습관적인 것'과의 비교에 의해서만 과거의 자극과 조정될 수 있다. 그 결과 **경계선**은 지워지지 않을 수 없다. 몇 초 후 두뇌의 주요부분이 잠든다. 모든 **결심,** 행위를 **실행할** 수 있기 위해 행위를 **더 이상** 사유하지 **않기로** 한 모든 결단, 이런 것들이 암시하는 바는 과거의 자극의 흔적만이 용인되며, 그것이 자아의 동일성의 영속을 보증한다는 것이다. **신체의 침묵 덕분에, 우리는 신체를 소유하여 그것이 직립을 유지하도록 하고,** 그로부터 우리는 사유와 행동 안에서 우리가 추구하는 의미/방향과 목적의 이미지를, 즉 우리가 그렇다고 믿고 있는 것과 **같은 것**이라는 이미지를 만들 수 있다.

'**신체화하는**' 힘들에(충동들에) 사유를 돌려주는 것은, 작인, 즉 자아로부터 그 사유의 소유권을 빼앗는 것이었다. 그럼에도 니체가 그 소유권의 탈취와 반환을 실행하는 것은 **그의 두뇌** 덕분이다. 그는 이렇게 자신의 명석함을 어둠의 세계를 탐구하기 위해 행사한다. 하지만 명석함의 중심, 즉 자아가 파괴된다면, 사람은 어떻게 명석함을 유지할 수 있는가? 작인이 무너진 이 의식은 무엇이 될 것인가? 더 이상 자아가 아닌 모든 것들로 이 의식이 귀착돼야 한다면, **기억은 어떻게 존속할 것인가?** 자기 자신 이외의 모든 것을 기억하고 있는 어떤 인간이라는 사실만을 기억하는 것일까?

니체에게 있어서 생리학적·생물학적 질서에 대한 탐구는 이중의 관심에 답하는 것이다. 첫번째는 자신의 병적 상태와 유사한 행동양식을 생물계와 무생물계에서도 발견하는 것. 두번째는 이 행동양식을 바탕으로 자신의 고유한 자아 너머에서 자신을 재창조하게 해주는 논리와 방법을 발견하는 것. 그러므로 니체가 이해하는 바의 생리학이란 힘들로부터의 해방이라는 개념을 제공해야 한다. 즉, 니체 자신의 고유한 조건뿐만 아니라, 그의 시대의 사회적 맥락 안에서 체험된 다양한 상황들에도 내재하는, 그가 두려워하는 힘들로부터의 해방을. 과학을 연구하는 니체의 시선은 예술 또는 과거와 당대의 정치적 사건들에 던지는 시선과 동일하다. 그런 이유로 그는 다양한 전문 용어들을 사용하고, 거기에 점차 모호한 표현을 부여한다. 왜냐하면 여러 학문분야들로부터 그 전문용어들을 차용하면서 니체는 거기에 자신의 어조를 첨가하는데, 그 어조는 본래 체험에 근거하므로, 그 학문분야들을 일탈하고, 모든 '객관적인' 고찰을 일탈하는 하나의 비전을 추구하기 때문이다.

신체는 **자기**|Soi[13]이므로, **자기**는 신체의 품안에 거주하고 신체를 통해 자신을 표현한다. 이것이 이미 니체에게는 중심적 입장이었다. 그의 두뇌가 그에게 거부하는 모든 것은 지성의 **자리**[두뇌]보다 더 커다란 지성인 신체적 삶 안에 감추어져 있었다. 모든 통증, 모든 고통은 무수한 막연한

---

13) 니체에게 *Selbst*(자기)는 이중의 의미를 갖는다. 한편으로 그것은 도덕적인 의미에서 *Selbstsucht*(자기에 대한 갈망인데, 사람들이 '에고이즘'으로 잘못 번역했다)이고, 다른 한편으로는 감춰진 이성에 복종하는, 두뇌적 의식에는 무의식적인 힘이다. —지은이

충동들을 아우르는 신체의 복수성과 두뇌적 감각의 의미해석의 집요함이 다툰 결과물이다. 창조적 힘들과 가치평가들은 신체로부터, **자기**로부터 솟아오른다. 자유의지를 가진 자아, **'자기를 빼앗긴'** 정신이라는 환상을 필두로 죽어야 할 유령들이 태어나는 것은 이 힘들이 **두뇌에 의해 전도된** 결과이다. 마찬가지로 타자라든지, 이웃이라든지 하는 것은 정신에 의해 전도된 **자기**의 투영된 그림자일 뿐이다. **너도, 나와** 마찬가지로 **자기**의 순수한 **변형**으로서가 아니라면 현실성을 갖지 않는다. 결국 **자기**라는 것은 **카오스**의 **연장된** 한 극단으로서만 신체 안에 존재한다. 충동들은 **카오스**에 의해 파견되어야만 개인화된 신체적 형태를 가지는 것이다. 이 파견단은 니체의 대화자가 된다. 두뇌라는 성채의 저 높은 곳으로부터 그렇게 포위된 그것의 이름은 **광기**이다.

신체가 (예속되고, 조직되고, 위계화된) 충동들의 산물로서 인지되자, 자아와의 일관성은 우연한 것이 된다. 충동들은 **새로운 신체에 봉사할 수** 있으며, 그 신체의 새로운 조건을 탐구한다고 전제된다. 충동들로부터 출발해서, 니체는 (두뇌의) 지성 저 편에서 우리의 의식과 혼동되는 지성보다 무한히 더 넓은 하나의 지성을 어렴풋이 느낀다.

아마도 정신의 모든 발달과정에서 문제가 되는 것은 오직 신체일 것이다. 즉 그것은 **더 우월한 신체가 형성된다고 하는** 것에 대해 **예민해져 가는 역사**이다. 유기적인 것은 더 나은 단계들로 상승해 간다. 자연을 인식하려는 우리의 열망은 신체가 스스로를 완성하기 위해 사용하는 수단이다. 또는 오히려 다음과 같이 말해야 할 것이다. 육체의 영양섭취, 거주방식, 생활방식을 바꾸기 위해 수십만 번의 실험들이 행해진다고. 육체 안에서 의식과 가치평가, 모든 종류의 쾌감과 불쾌감은 이런 **변화와 실험**

들의 표지이다. 결국 문제는 전혀 인간이 아니다. 인간은 극복되어야 한다.[14]

내부세계를 비우는 것! 거기에는 아직 많은 그릇된 것들이 존재한다! 감각과 사유는 내게 충분하다. 제3의 현실로서의 '의지'는 일종의 상상이다. 모든 충동, 욕망, 혐오 등은 '통일체'가 아니며, **외관상** '단순한 상태'이다. 배고픔. 그것은 하나의 불쾌감이며, 그것을 없애는 수단에 대해 아는 것이다. 마찬가지로 비록 알지 못한다고 해도 배고픔을 없애는 데 적합한 유기체의 일련의 운동은 형성될 수 있었다. 배고픔에서 이러한 메커니즘의 **자극이 함께 느껴진다.**[15]

피부에서 뇌와 신경조직이 형성되는 것처럼, 여러 기관들은 단 하나의 기관에서 다양하게 형성된다. 이와 마찬가지로 모든 감각, 표상, 사유도 애초에는 **하나였음**에 틀림없다. 따라서 감각은 **나중에 생긴** 개별적 현상이다. 비유기적인 것에는 틀림없이 이러한 **통일**이 존재한다. 왜냐하면 유기적인 것은 **분리**로 시작하기 때문이다. 비유기적인 것과 유기적인 것 사이의 상호작용을 연구하지 않으면 안 된다. 그것은 항상 **멀리 있는 것에 대한 작용**(장기간에 걸친)이고, 따라서 '인식'은 필연적으로 일체의 작용에 앞선다. 멀리 있는 것이 지각되어야만 한다. 촉각과 근육의 감각은 그것과 유사한 것을 가져야 한다.[16]

의식은 두개골의 표면에 위치한다. 각각의 '체험'은 멈출 수 없는 기계적·화학적 사실이지만, 그것은 **살아 있는** 사실이다. 단지 우리가 그것에

---

14) KSA, Vol. 10, pp. 655~6, 24[16], 1883~1884[『전집』16권, 881쪽].
15) KSA, Vol. 10, p. 404, 12[25], 1883[『전집』16권, 531쪽].
16) KSA, Vol. 10, pp. 404~5, 12[27], 1883[『전집』16권, 531~2쪽].

대해 아무것도 **알지 못할 뿐이다!**[17]

생명이 있는 곳에 우리는 '정신'을 전제한다. 하지만 우리가 알고 있는
정신은 전혀 아무것도 할 수 없다. 의식의 모든 표상은 얼마나 빈곤한
가! 아마 의식의 표상 자체가 다음의 변화(행동)를 유발하는 하나의 변
화의 **작용**에 지나지 않을 것이다. 우리가 **'원하는'** 모든 행동은 전적으로
현상의 가상 Schein der Erscheinung으로서 우리에 의해 표상된 것에 불과하
다. 모든 의식, 그것은 지성의 **주변적**Marginale **표현**에 지나지 않는다(!).
우리가 의식하는 것은 **어떤 것의 원인도 밝혀낼 수 없을 것이다.**
단지 **소화**와 그것에 대해서 우리가 느끼는 것을 비교해 보라![18]

우리의 지성은 예를 들면 소화 과정의 교묘한 공동작용에서 보이는 다
양성을 전혀 파악할 수 없다. 그것을 초래한다는 것은 더군다나 불가능
하다. 그것은 **수많은 지성들**의 공동작용이다! 생명을 발견하는 도처에서
나는 이 공동작용을 발견한다! 그리고 이 수많은 지성들 안에는 하나의
지배자가 존재한다! 그러나 우리가 유기적인 행동을 수많은 지성들의
도움과 함께 실행되는 것으로서 생각하자마자, 그것은 우리가 전혀 이
해할 수 없는 것이 된다. 오히려 우리는 지성 자체를 이 유기적인 것의
최종적인 귀결로 사유해야만 한다.[19]

유전의 본질은 우리에게 전혀 알려져 있지 않다. 왜 하나의 행동은 두번
째 할 때 더 '쉬워지는' 것일까? 그리고 '누가' 그것이 쉽다고 느끼는 것

인가? 그리고 이 감각은 두번째에는 행동이 같은 방식으로 실행된다는 사실과 관계가 있는가? 그렇다면 여러 **가능한** 행동들의 감각이 행동에 앞서 **표상되어야** 할 것이다.[20]

무기물을 쉽게 섭취한다는 바로 그 점에서, 강력한 유기적인 원리는 나의 관심을 크게 끈다. 나는 이 목적성이 단순히 **강화**라는 것으로 어떻게 설명될 수 있는지 알지 못한다. 오히려 나는 영원한 유기적인 존재가 있다고 믿을 것이다.[21]

여기에 우리의 불평등한 방식이 있다. 당신의 정신은 자기를 갖고 있지 않다. 반면에 나의 정신은 전체가 자기이고, 말하자면 정신만이 있을 뿐이다.
이렇게 나는 예전에 말했다. 감각과 정신은 도구이자 장난감이고, 그 배후에는 여전히 자기가 있다고.
그러나 내가 당신들이라는 다른 정신들의 배후에서 자기를 찾고 있었을 때, 나는 단지 자기를 결여한 정신이 있다는 것을 알게 되었다! ……[22]

오 차라투스트라여, 잠시 내 말을 들어 주시오. 어느 날 한 제자가 그에게 말했다. 무언가가 내 머리 안에서 돌고 있습니다. 아니 오히려 내 머리가 무언가의 주위를 돌고 있다고, 즉 원을 그리고 있다고 거의 믿고 싶습니다.
우리의 이웃, 그것은 대체 무엇입니까? 우리 안의 무엇, 우리가 의식하

---

20) KSA, Vol. 10, pp. 407~8, 12[38], 1883[『전집』 16권, 535쪽].
21) KSA, Vol. 10, p. 408, 12[39], 1883[『전집』 16권, 535쪽].
22) cf. GS, Vol. 4, p. 40.

게 된 우리의 몇몇 변화들, 하나의 상, 그것이 우리 이웃의 정체입니다.

그러나 우리 자신은 무엇입니까? 우리 자신 또한 하나의 상에 불과한 것입니까? 우리 안의 무엇, 우리가 의식하게 된 우리의 변화들이 아닙니까?

우리가 알고 있는 우리의 자기, 그것 또한 단지 하나의 상이고, 우리의 밖에 있는 것이고, 외관이고, 피상적인 것에 지나지 않는 것이 아닙니까? 우리는 항상 상을 접할 뿐, 우리 자신, 우리의 자기를 접하지는 않습니다.

우리는 우리 이웃에게처럼 우리 자신에게 그렇게 낯설고 그렇게 가깝지 않습니까?

정녕, 우리에겐 인간에 대한 하나의 상이 있습니다. 우리는 그것을 우리 자신으로부터 만들었습니다. 그리고 이제 그것을 우리 자신에게 적용합니다. **우리를** 이해하기 위해서! 아! 그렇습니다. 이해하기 위해서지요! 우리의 자기이해는 점점 더 악화됩니다!

가장 강력한 우리의 감정들, 그것들이 감정인 한 그것들은 외부의 것이고 외적인 것이며 상과 같은 것입니다. 그것들은 비유들입니다.

그리고 우리가 보통 내부세계라고 불렀던 것. 아아, 그것은 대부분 빈약하고, 기만적이며 공허하고 허구적입니다![23]

* * *

사유와 의지의 관계들, 이런저런 발언들에 담긴 의미형성의 관계들, 이것들에 관한 니체의 생리적인 통찰들을 그대로 받아들이자. 그리고 또

---

23) KSA, Vol. 10, pp. 408~9, 12[40], 1883[『전집』 16권, 536~7쪽].

한 강도들의 변동에 종속된 의식적 삶이라는 관념에서 출발하여, 니체가 어떻게 **의식의 수준에서 의도와 목적**이라고 불리는 것을 설명하는지, 그리고 어떻게 이 의식적 삶이라는 용어가 **무의식**이라는 용어에 대하여 갖는 의미를 설명하는지를 이해하려고 노력하자. 이 용어들은 니체에게 있어서 무엇을 내포하는가? 프로이트가 **'빙산'**의 비유로 언급한 **의식과 무의식**과는 아주 다른 것인가? **의식**도 **무의식**도, **의지**도 **무의지**도, 결코 존재하지 않는 것 같고, 작인 안에 존재하는 것은 단지 지시작용을 갖는 파동들의 체계에 따라 갈마드는 **침묵과 발언**의 비연속성일 뿐인 것처럼 보인다. 일상적 기호의 코드에 의해 외부가 작인 안에 자리 잡는 만큼, 작인이 발언하거나 스스로에게 발언하고, 사유하거나 사유할 수 없고, 침묵하거나 침묵할 수 없는 것은 이 코드에 따라서이다. 사유하는 작인 자체가 이 코드의 산물이다. 그런데 작인이 그러한 **사유하는 작인**인 것은 충동의 힘들의 **크고 작은 저항**에 의해서이다. 이 충동의 힘들이 일상적 기호의 코드를 앞에 두고 작인을 (신체적) **동일성**을 지닌 것으로서 구성하는 것이다. 작인이 말하지 않고, 침묵하고, 활동하거나 하지 않고, 결단하거나 결단하지 않은 채로 있는 자신을 **'의식한다는'** 것은 어떤 경우인가? 그것은 작인 안에서 충동들과 일상적 코드의 기호들 간에 **다소 불평등한 교환**이 작동되는 한에서이다. 하지만 그때 작인은 이 충동들이 그 자체로 원하는 것을 의식하지 못하는 것일까? 이로써 교환은 불평등해지고, 이 교환에서 충동들은 약화된다. 기호들은 하나의 **의도**를 형성한다. 그렇지만 기호들의 충동의 강도는 그만큼 형성되지 않는다. 충동의 강도는 사유가 사유로서 형성되는 동안에는 불확실하게 흔들리다가, 발언이 생산될 때는 기호들의 관성 안으로 떨어진다. 그런데 강도는 무엇을 향해 역류하는가? 강도는 기호들의 고정성을 넘어서 이를테면 기호와 기호의 간극에서 작용을 계속한다. 그렇게 각각의 간극은 (그러므로 각각의 침묵은) 충동의 강도의 파동들에 (기호들의 연쇄의 바깥에) 귀속한다. 이것이 '무의식'인가? 하지만 이 호칭은 일상적 코드에 의해 사후에 부여된 것일 뿐이다. 가장 명석한 작인도 자신의 바로 앞에서 작용하고 있는 것에 관해서는 무의식적이다. 무엇이 그렇게 만드는 것일까? 예를 들어, 니체는 충동에 관하여 기록하는 동안 이 충동이 자신 안에서 활동하는 것을 **알았지만**, 자신이 옮겨 적는 **관찰**과 자신에게 그것을 쓰게 하는 충동 사이에는 어떠한 대응관계도 없다는 것을 **알고 있었다**. 그러나 니체라는 이름의 작인으로서 자신이 무엇을 쓰고 있는지를 의식할 수 있다는 것은, 바로 그 순간에, 그가 **쓰기 위해서** 방금 전에 쓰여진 것을 자신이 모르고 있을 뿐만 아니라, (만약에 그가 쓰기와 **사유하기**를 원한다면) 그것을 **몰라야 한다는 것**을, 그리고 후에 그가 **충동들 사이의 투쟁**이라고 이름붙일 것을 **그 순간에는 정말 필연적으로 모른다는 것**을 그가 **알기** 때문이다. 그렇다면 그가 쓰기를 그만두는 것과 그리고 **아무런 생각도 하지 않으려** 애쓰는 것을 그가 **무의식 상태**에 (과도한 몽상이라는 형태로) 스스로를 내맡기는 것이라고 말할 수 있을까?

이것이 니체로 하여금 '의식적' 작인과, 이 작인과 관련한 충동의 이른바 무의식적 활동(작인이 이 '지하' 활동에 대해 무의식적이므로)과의 관계를 탐구하도록 이끈 현상의 한 측면이다. 그리고 이렇게 시작된 탐구는 모든 학문연구의 기원에 있는 도덕이 그 자신의 토대를 무너뜨릴 때까지는 멈추지 않을 것이다. 니체가 학문연구를 계속한 것은 자신이 다음의 사실을 고백하도록 만들기 위해서였다. 즉 주체도, 객체도, 의지도, 목적도, 의미도 존재하지 않는다는 것을. 그것들은 기원에서도 존재하지 않았고, 현재도 그리고 앞으로도 영원히 그럴 것이라는 것을.

책임이 있는 것, 또는 없는 것으로부터 출발하여 형성된 **의식**과 **무의식**의 개념들에는 항상 자아의, 주체의 인격의 **동일성**(이 구별은 순수하게 제도적인 것이어서, 그런 이유로 정신의학적 고찰의 대상이 된다)이 전제된다. 최초에는 **명멸하는** 기억뿐이다. 그 기억은 일상적 기호의 지시작용들에 의해서만 유지되는 것이다. 그 지시작용들은 변화하는 자극들에 따라서 개입하며, 우리의 상태의 불연속성 전체를 은폐하는 고유한 연쇄들을 가져온다. **망각**이란 무엇인가? 그것은 기호들의 **은폐**이다(이 기호들에 의해서 우리는 최근이든 오래전이든, 어떤 순간에 체험했거나 사유했던 사실들 전체를 가리킨다). **사용가능한 모든 지시작용들**을 흡수하는 다른 자극의 순간을 향한 집중이 아니라면, 무엇에 의해 그런 일련의 기호들이 은폐되어 있겠는가? 그동안 우리의 '전체' 장치의 나머지는 '보류' 된다. 우리 안의 모든 것은 무의식적인가, 아니면 **우리 안의 모든 것은 의식적인가.** 하지만 후자의 경우에 사용가능한 모든 기호는 동시에 활동 상태로 진입하는데, 그것은 **전반적인 불면**을 유발할 것이다. 전자의 경우에 활동하는 **기호**는 미미한 양이라 우리의 토대에서 일어나는 것에 대해 최소한의 영향력을 갖기엔 **너무 미약할** 것이다. 우리의 토대에는 아주 다른 지시작용의 체계가 작동하는데, 거기에는 내부도 외부도 존재하지 않는다. 그래도 여전히 우리는 **사로잡히고, 버려지고, 다시 잡히고, 기습을 당한다.** 때로는 충동의 지시작용의 체계에 의해서, 때로는 일상적 기호의 체계에 의해서. 우리를 발견하고 우리를 점령하고 우리의 소멸 이후까지 살아남을 것은 이 일상적 기호의 체계이다. 외부에서 우리는 일상적 코드가 우리의 관심을 끄는지 아닌지에 따라서 소수이거나 다수이거나 무無이다. 내부에서는 무엇이 우리 안에서 지시되는지를 누구도 알지 못하고 우리도 알지 못할 것이다. 왜냐하면 우리가 침묵하면서 자기 안에서 자기 자신에게 혼자 말할 때조차도, 우리를 점거하고 있는 외부의 기호들, 그 소문이 우리의 충동의 삶을 완전히 뒤덮는 그러한 외부의 기호들 덕분에, 우리에게 말하는 것은 여전히 **외부**이다. 내밀함조차, 이른바 **내면생활**조차 모두, 우리에게 '객관적'이고 '공평한' 방법으로 의미를 전달한다는 구실로 외부에서 설립된 기호들의 **잔재**이다. 그 잔재는 필시 각자에게 고유한 충동의 운동 **형태**를 취한 다음, 우리가 발명하지 않은 이 기호들의 침입에 대해서 우리가 반응하는 방식들의 윤곽을 그대로 따른다. 이것이 곧 우리의 '의식'이다. 우리의 '무의식'은 어디에 있는가? 그것을 우리는 꿈속에서도 찾을 수 없을 것이다. 왜냐하면 꿈속에서는 모든 것이 각성상태의 **이면**으로 재구성되어 있지만, 그것은 일상적 코드라는 **동일한 기호 체계**가 단순히 **다른 용법**으로 전환된 것이기 때문이다. 각성상태에서 사용된 용법과의 이 차이 덕분에 우리는 꿈을 나중에 조금이라도 말할 수 있는 것이고, 꿈속에서 우리나 또는 다른 사람들이 말한 이상한 말들이나 낯설고 진부한 말들을 전할 수 있는 것이다. 각성상태에서도 우리는 같은 종류의 말을 (장난이든 피곤해서든 다른 정신적 혼란에 의해서든) 할 수 있다. 우리가 "큰소리를 내며 꿈을 꾼다"는 말을 듣는 바로 그때에, 충동적인 무엇이 일상적인 기호의 코드를 흔들고 교란하는 것이다. 그 순간에 우리는 우리의 '무의식'에 **놀랄** 것이다. 그러나 그것은 아무것도 아니다. 왜냐하면 대화자가(그가 정신과 의사일지라도) **그 무의식을 우리에게 말하기 위해서는** 이러한 일상적 기호의 용법을 이용하기 때문이다. 정신과 의사는 우리가 완전하게 우리의 '무의식'에 의해 불의의 습격을 당하게 되는 것은 우리가 일상적 코드에 완전히 종속되어 있기 때문이라고 분명하게 가정한다. 그에 따르면, 무의식은 이 코드의 용법을 최소한 알고 있고, 그것을 자유롭게 다루며 자기 마음대로 그것을 뒤집는다. 반면에 우리는 정신과 의사를 비웃고, 우리의 '치료받고' 싶은 '욕망'을 감춘다. 따라서 그로부터 파생하는 기묘한 행동은 대부분의 경우 영악한 계략에 불과하다. 하지만 누구의 계략인가?

그 계략은 **의식**과 **무의식**이 공존하고 있다고 생각하게 한다. 왜냐하면 무의식상태가 우리 안에 존속한다면, 우리의 의식은 일상적 코드의 외면과 교환을 수행하는 **능력**일 뿐이고 이 능력은 단순히 가능한 한 가장 많이 받아서 가장 적게 돌려주는 것으로 귀착하기 때문이다. 그런데 우리가 우리의 토대에 있는 그 무엇도 포기하지 않는다는 이유로, 이 코드의 대부분을 간직할 필요는 없는 것이다.

적절한 때에 돌려주기 위해 토대를 더 간직할수록, 우리는 토대를 덜 손상할 것이라고 말한다. 지나친 경계. 왜냐하면 우리의 토대는 아무런 의미도 없으므로, 그것은 정확하게 말해 교환불가능하기 때문이다. 그러므로 일상적 기호에 기반을 둔 지식·문화·도덕이라고 불리는 이 덮개로 우리가 뒤덮혀 있는 것은, 이 교환불가능성으로부터 출발한 것이다. 이 덮개 아래 무가 있고, **토대**가 있고, **카오스**가 있고, 니체가 함부로 발설하지 못한 이름붙일 수 없는 다른 모든 것이 있다.

하지만 니체가 그렇게까지 **무의식**을 주장하며, **거기에서 하나의 목적을, 하나의 의미를 찾으려 한 것은** 무엇을 의미하는가? 그리고 그 반면에 의식을 이 목적, 무의식적인 이 의미를 위한 수단의 지위로 축소한 것은 무엇을 의미하는가? 그것은 다시 한번 언어를 (학문과 문화를) 이용한 것이었다. 즉, 기나긴 전통의 최종 고리로서 그가 받았고, 받았다고 생각한 것을 돌려주기 위한 한 방법이었다. **참된 세계**를 없애는 것은 또한 **눈에 보이는 세계**를 없애는 것, 그리고 이것들과 함께 다시 한번 **의식과 무의식**의 개념들을, **외부**와 **내부**를 없애는 것이었다. 우리는 **일상적 기호의 코드**에 비한다면 **불연속적 상태들**의 연속에 불과하고, 이 연속에 대해 **언어의 불변성**은 우리를 속인다. 우리가 이 코드에 의존하는 만큼 우리는 우리 자신의 연속성을 고안하지만, 우리는 사실상 불연속적인 것으로 살아갈 뿐이다. 이 불연속적 상태들은 우리가 언어의 불변성을 사용하거나 사용하지 않는 우리의 방식과 관련된다. **의식적**이라는 것은 그것을 사용한다는 것이다. 하지만 우리가 말하지 않는 순간부터, 우리 자신을 알기 위해 그것을 어떤 방식으로 사용할 수 있을까?

* * *

우리가 삶의 목적을 충분히 멀리 확정하고자 한다면, 이 목적은 **의식된 삶의 어떠한 범주**와도 합치되어선 안 될 것이며, 오히려 의식된 삶의 범주를 **목적에 도달하기 위한 수단**이라고 해명해야만 했으리라……

삶의 목적과 발전의 목적으로서의 '삶의 부정'! 커다란 어리석음으로서의 실존! **이러한 허황된 해석**은 삶을 **의식**의 요소들(쾌와 불쾌, 선과 악)에 의해 측정하는 일에서 산출된 것에 불과하다. 여기에서는 수단이 목적에 우선한다. 특히 **불쾌**하고, 세속적이고, 불합리한 수단이 말이다. 이러한 수단을 필요로 하는 목적이 무슨 소용이 있단 말인가! 그런데 오류는 이러한 종류의 수단이 **필연적**이라고 말해 주는 목적을 **찾는** 대신 바로 이러한 수단을 처음부터 제외시켜 버리는 목적을 미리 전제하는 데에 있다. 말하자면 우리가 특정한 (유쾌하고 이성적이며 덕스러운) 수단을 **규범**으로 삼으면서 어떤 **바람직함**을 느껴서, 단지 이 규범에 의거해서만 우리가 어떤 **총체적** 목적이 **바람직한지를** 결정하는 데에 오류가 있는 것이다……

근본적 오류는 우리가 의식을 도구이자 총체적 삶의 특이성이라고 이해하는 대신, 척도로 그리고 삶의 최고 가치로 설정하는 데에 있다. 그것이 바로 **부분으로부터 전체로**a parte ad totum의 그릇된 시각인 것이다. 이 시각에 흔들려 모든 철학자들은 **총체적 의식**, 삶에 그리고 발생하는 모든 것의 의지에 참여하는 방식, '정신', '신'을 본능적으로 날조하려고 한다. 그러나 이 철학자들에게 말하지 않으면 안 된다. **그렇게 함으로써** 실존이 **괴물로** 되어 버린다는 점을, '**신**'과 총체적 감각중추가 실존이 **유죄 판결을 받도록** 하는 바로 그것이라는 점을. …… 우리가 목적과 수단들을 설정하는 의식의 총체를 **제거해 버렸다는** 바로 그 사실, 그것이 우리의 **무거운 짐을 덜어 주고**, 따라서 **필연적으로** 염세적이 되는 것을 멈추게 해준다. …… 우리가 삶에 던지는 최대의 비난은 **신의 존재였다.**[24]

그러므로 니체에게는 하나의 **수단**(그것은 의식일 것이다)이 있기 때문에 하나의 목적(무의식적 삶)도 있게 되는 것이다. 그것이 잊지 말아야 하는 사실이다. 그렇다면 의식을 도구로 취급하기만 하면 무의식은 무의미한 것이기를 멈추는 것일까? 의식이 니체를 **무의식적** (그러므로 나쁜) 삶으로 몰아가서 참된 것의 속성으로서 **부조리**를 생각하도록 했다는 것은, 니체에게까지도 의식이 최고의 목적으로 잘못 설정되었기 때문이 아닐까? 이는 다음과 같은 뜻일 것이다. 제도적 언어(일상적 기호의 코드)는 우리에게 참된 것을 **무의미**로서만 지시하도록 허용할 뿐이라고.

그렇다면 삶의 **진정성**을 가지적intelligible 방식으로 어떻게 단언할 수 있는가? 니체가 언어에서 **수단**과 **목적**이라는 용어를 차용하자마자, 그는 **그 언어에 상응하는 가치**를 지불한다. 그리고 '자아'· '동일성'· '지속'· '의지'와 마찬가지로 **의미와 목적**도 허구에 불과하다는 것을 알고 있음에도, 그는 이 명칭들을 출발점으로 하나의 **목적**과(카오스도 영원회귀도 그 자체 이외의 어떠한 목적도 추구하지 않는다) 그 목적을 **의지하는**vouloir 데 적합한, 자신이 정한 **수단들**을 위해 말을 한다는 것을 받아들인다.

수단으로서의 의식에 이른바 무의식적 삶 속에 존재할 하나의 목적을 부과한다는 것은 무슨 뜻인가? 의식이 실존의 참된 상태를 이미 찬탈

---

24) KSA, Vol. 12, pp. 534~5, 10[137], 1887[『전집』 20권, 236~8쪽].

했고 따라서 그것에 대해 우리를 '염세적으로' 만드는 한에서, 의식을 그 **때까지의 잘못된 목적**으로서 고발하는 것이 무슨 소용인가? 여기에서 문제가 되는 것은 언어의 **필연성**에 대한 직접공격이다. 왜냐하면 찬탈자는 언어임에도 불구하고, 우리가 우리의 비가지적ininintelligible 토대에 대해 달리 말하기 위해서는 오직 사유되지 않고, 말해지지 않고, 의지되지 않은 것 안에 우리가 언어에 의거해 **사유하는** 의미와 목적을 놓아 두어야만 하기 때문이다. 그리고 그것이 의미의, 사유된 목적의 **이면**일지라도, 이 이면은 의식의 시각 안에서 아직 **언어의 작용**으로 남아 있다.

　　수단과 목적은 의식의 관점 안에 머물러 있다. 의식 밖에 있는 목적에 도달하기 위한 수단으로서 의식적인 범주들을 사용하는 것, 그것은 여전히 의식의 '잘못된' 관점을 따르는 것이다. 그리고 **카오스의 도구**인 것을 **의식하는** 의식은 카오스의 '목적'에 더 이상 복종하지 못할 것이다. 카오스가 의식에게 그 목적에 도달할 것을 요구하지도 않기 때문이다. 카오스가 '의식적'이라면, 그것은 더 이상 카오스가 아니다. 그러므로 **의식과 무의식**이라고 하는 용어는 현실적인 어떤 것에도 부합하지 않는다. 니체가 그것을 사용하는 것은 '심리학적' 관습 때문이다. 하지만 그런 용어를 사용함으로써 그는 자신이 말하지 않은 것을 듣게 한다. 즉, 사유하는 행위는 수동적이라는 것, 그리고 이 수동성은 **언어기호들의 불변성** 위에 세워지고, 그 기호들의 조합은 언어를 침묵으로 환원하는 몸짓들, 운동들을 모방하고 있다는 것을.

＊ ＊ ＊

모든 운동은 몸짓으로서, 그 안에서 (충동의) 힘들이 서로를 이해하는 일종의 언어로서 파악되어야 한다. **비유기적** 세계에는 오해가 없고, 전달은 완벽한 것처럼 보인다. **유기적** 세계에서 **오류**가 시작된다. '사물', '실체', '특성', '활동', 우리는 이 모든 것을 비유기적 세계로 가져가서는 ·안 된다! 그것들은 유기체가 살아가도록 도와주는 특수한 오류들이다. '오류'의 가능성의 문제? 모순은 '참'과 '거짓' 사이에 있는 것이 아니라 '기호들의 생략'과 '기호들' 자체 사이에 있다. 본질적인 것은 많은 운동들을 재현하는 형식을 창조하는 것과 온갖 종류의 기호들을 위한 기호를 발명하는 것이다. **모든 운동들은 한 내면적 사건의 기호들이다. 그리고 모든 내면적 운동은 그와 같은 형식의 변화를 통해 표현된다. 사유는 그 자체로는 아직 내면적 사건이 아니고, 마찬가지로 정서들의 힘의 보상에 대응하는 하나의 기호론일 뿐이다.**
자연의 인간화──우리 인간에 따른 해석.[25]

우리의 근원적 충동들 중 어떤 충동과 관련해서도 모든 사건과 모든 체험에 대한 다양한 관점의 평가가 있다. 이러한 충동들은 어느 것이나 다른 충동에 관해서는 억제되거나 장려되거나 부추겨진다. 모든 충동은 자신의 고유한 형성법칙(자신의 부침, 자신의 고유한 리듬 등)을 가진다. 그리고 저 충동이 고양되면, 이 충동은 소멸한다.[26]

'힘에의 의지'의 다양성으로서의 인간. 각 의지는 표현수단과 표현양식의 다양성을 지니고 있다. 이른바 개개의 '열정들'(예컨대 인간은 잔인하다)은, 다양한 근본충동들에 의해 **동질적인 종류**로 의식되는 것이 종합적으로 하나의 '존재', 하나의 '본질' 또는 하나의 '능력', 즉 하나의 열정

---

25) KSA, Vol. 12, p. 16~7, 1[28~9], 1885~1886[『전집』 19권, 18쪽].
26) KSA, Vol. 12, p. 25, 1[58], 1885~1886[『전집』 19권, 28쪽].

으로 상상되어 만들어지는 한 허구적 통일체들에 불과하다. 마찬가지로 영혼 자체도 의식의 모든 현상들에 대한 하나의 **표현**이다. 그러나 우리는 이 표현을 이러한 모든 **현상들의 원인**으로 **해석한다**('자기의식'은 허구적이다!).[27]

이러한 측면에서, 최초의 물음은 언어기호의 기능에 관한 것일 것이다. 또는 더 초보적인 방식으로 물을 수 있다. 즉 기호는 어떻게 **어디에서** 생기는가?

"모든 운동은 몸짓으로서, 그 안에서 힘들이 서로를 이해하는 일종의 언어로서 파악되어야 한다. 비유기적 세계에는 **오해**가 없고, 전달은 완벽한 것처럼 보인다. **유기적** 세계에서 **오류**가 시작된다."

비유기적[무기적] 세계에서 의사소통은 완벽한 것처럼 보인다. 니체의 말이 뜻하는 것은 이런 것이다 : 강자와 약자 사이에는 **논쟁의 여지가** 없다. **"모든 힘은 모든 순간에 자기의 최종결론을 도출한다"**고 그는 다른 데서 말하고 있다.[28] 설득은 직접적인[매개 없는]immédiate 것이다.

반면에 교환과 동화가 필요한 유기적 세계에서는 오해가 가능해진다. 왜냐하면 교환과 동화는 모색부터 (실존 조건들의) 확신에 이르는 해석을 통해서만 실행되기 때문이다. 이 확신은 동류와 동류가 아닌 것을 분간해서 동일성을 찾아내는 오랜 경험을 통해서만 획득된다. 그때서야 비로소 참조점들·반복·비교가 나타나고, 그리고 마침내 비교가능한 기호들이 생긴다.

그런데 무기적인 것이 우위를 차지하는 우주에 비하면, 유기적 생명

---

27) KSA, Vol. 12, p. 25, 1[58], 1885~1886[『전집』 19권, 28~9쪽].
28) KSA, Vol. 13, p. 258, 14[79], 1888[『전집』 21권, 66쪽].

자체는 우연의 사례이다. 따라서 우주적 조화 안에 있을 수 있는 하나의 **'착오'**이다. 해석이란 **착오의 우려 위에 세워진** 것으로, 그 해석에 **착오의** 여지가 있는 것은 유기적 생명에 대해서이다. 만일 유기적 생명의 기원이 조합의 **순수한 우연**일지라도, 그 생명이 일단 존재하게 되면, 그 생명은 더 이상 **우연적으로** 행동할 수는 없다. 그 생명으로 하여금 자신의 **필연성**을 믿게 하는 것이 필요하고, 따라서 자신의 실존조건을 유지하는 것과 그것을 위해 **우연**을 피하고 **착오**를 범하지 않는 것이 필요하다. 그 자신은 **착오**에 의해서만 존재할 따름이지만 말이다. 이것이 니체에게 있어서 **착오의 이중적 측면**이다. 생명은 하나의 환상(자신의 '필연성')에 의존하고, 그로부터 다음의 경구가 나온다. **진리란 그것 없이는 어떤 종류의 생명체들도 살 수 없는 하나의 착오이다.**[29]

'우연' · '착오' · '실존조건들의 해석', 그것들의 필연성에 대한 환상, 그리고 이 환상의 필연성, 이것들이 니체의 사유 안에서 형성하는 복합체를 기억하자.

해석에 착오의 여지가 있다면, 따라서 오해가 가능하다면, 유기적 생명의 최고단계, 즉 인간이라는 종족(**진리라는 것이 존속을 위한 필연적 착오가 되는 종족**)에 대해서는 해석의 가장 진화된 코드가 다듬어진다.

이 기호의 코드는 무엇인가? **몸짓 (충동의) 운동들의 약호**abréviation de signes**이다**. 이는 필시 착오의 가장 확장된 영역을 제공하는 해석체계이다.

니체는 처음에는 **증대하지 않을 수 없는** 본성을 가진 힘만을 보았다. 이러한 끊임없는 증대는 니체로 하여금 그것이 단순히 '힘'이 아니라 힘에의 **의지**라고 말하게 했다. '**힘에의 의지**'라는 용어는 그렇지만 하나의 의도를, '…에', '…로'와 같은 경향을, 그러므로 분명하게 그가 다른 데

---

29) KSA, Vol. 11, p. 506, 34[253], 1885[『전집』 18권, 299쪽].

에서 언어의 허구일 뿐이라고 선언하는 것을 가리킨다. 그로부터 전통적인 의지의 개념과 자신이 의미하는 바를 구별하기 위한 노력에도 불구하고 지속적인 애매함이 생겨난다.

이 '힘에의 의지'(물리학의 양적인 의미에서의 에너지)를 니체는 (무기적 세계 안에서처럼) 유기적 세계 안에서도 발견하여, 그곳에서 자신이 **충동**이라고 이름 붙인 것과 완전히 동일시한다. 유기적 생명의 가장 낮은 수준에서 인간의 수준에 이르기까지, 이 충동은 점차로 분기되고 섬세해져서 충동들이 자신을 위해 창조해 낸 기관들의 **여기저기에** 존재한다. 이것은 인간심리의 수준에서도 마찬가지여서, 그곳에서 충동들은 다양화를 겪을 뿐만 아니라, 충동들은 마침내 협동하여 그들의 최고 장애물인 두뇌기관을 형성하는 완전한 반전도 겪는다.

충동들은 지성으로서의 두뇌기능이라는 이 장애물을 앞에 두고 일어나는 영속적 투쟁 속에서, 때로는 서로 손을 잡고 때로는 서로 대립한다. 그 저편에서는 충동들이 **지시작용**에서 기인하는 변형을 일으키는 이 중화 같은 것을 감수한다. 그런데 니체가 강조하는 것은, 충동들의 투쟁이 각각의 강도의 어떤 고유한 '코드'를 전제하는 상호해석에 따라 진행된다는 것이다.

충동은 **자극들**에 반응한다. 이것은 유기적 생명의 가장 낮은 수준부터 있는 것이다. 그렇지만 이 자극에는 또한 화학적 요인들도 개입해서 그것들이 서로서로 반응을 일으킨다. 가장 낮은 수준으로부터 섬세화의 극점에 이르기까지 모든 단계의 해석들이 발달한다. 그리고 **충동과 반발**도 그 자체로 이미 해석적이다.

모든 생물은 **자극된** 또는 **자극가능한** 다양한 상태들에 반응하면서 하나의 기호의 코드에 따라 해석한다. 그 해석으로부터 **이미지**가 탄생한다. 그것은 **이미 발생한 것**의, 또는 **발생할 수 있는 것**의 표상이고, 그러므로 하나의 **환영**이다.

　의식의 수준에서 **충동이 하나의 의지**가 되기 위해서는, 의식이 충동에 대하여 하나의 자극적 상태를 목적으로서 제시하고, 그것에 의해 **충동에 있어서 환영인 것의 의미작용**을 만들어 내야 한다. 환영은 달리 말하면 이미 체험된 자극들이 그려 낸 도식에 따라서 미리 맛보는 자극이며, 그러므로 가능한 자극이다.

　환영의 매혹은 강하거나 약한 충동의 힘들의 관계에 따라 생겨나기 때문에 방출이 필요하다. 의식의 수준에서 이 힘들 간의 관계는 **대립하는** 충동들, 즉 기호로서의 가치를 지닌 충동의 **흔적**들에 의해 변화를 겪는다.

　이렇게 **의식적** 또는 **무의식적** 상태가 존재하는 것은 많건 적건 다양하게 변하는 충동의 밀물이 이미 의미를 가진 흔적들을 다시 자극하러 오거나 오지 않거나에 따라서일 뿐이다. 그 경우 다른 흔적들은 배제된다는 의미에서 이 충동의 밀물 자체도 변한다. 그런데 언어의 기호들은 이 자극에 완전히 의존하고 있어서, 다시 자극할 수 있는 흔적들과의 일치에 의해서만 자신을 만들 수 있을 뿐이다.

　충동의 힘들의 관계에 따라 하나의 환영이 형성될 수도 있고, 여러 개의 환영들이 형성될 수도 있다. 이 힘들이 의미작용을 가진 어떤 흔적을 활성화하러 올 때, 힘들의 관계들 중에서 몇몇만이 코드화된다. 이렇게 새로운 무엇이, 친숙하지 않은 무엇이 **이미 알려진 것**으로 잘못 해석된다. 그것은 이때까지 한 번도 활성화되지 않은 흔적이 갑자기 활성화되는 것과 같다. 즉, 한 번도 코드화된 적이 없는 아주 오래된 상황이 새로운 것처럼 보이는 것이다.

　"모순은 '참'과 '거짓' 사이에 있는 것이 아니라 '기호들의 생략'과 '기호들' 그 자체 사이에 있다". 이것이 의미하는 바는 강도의 파동들에 따라 서로 부딪치고 서로를 해석하는 충동들과 (유기체의 수준에서는) 몸짓들이, 자신들의 운동들과 몸짓들에 따라서 **형식들**을 창조하고, 자신들을 **약호**에 의해 고정시키는 기호들의 발명된 의미를 오해한다는 것이다. 왜냐하면 이들을 약호화하면서 이 기호들은 이들을 환원하고, 표면적으로는 이들의 파동을 **결정적인 한 번으로** 중단시키기 때문이다. 그러나 언어의 (고정된) 기호들 간의 간극 안에서 충동의 강도는 이 약호들에 비해 단지 간헐적이고 자의적으로만 지시된다. 약호들의 운동성이 **의미/방향**으로서 구성되는 것은 이들이 지시작용을 갖는 이 약호를 목적으로 선택해 그 **단위들**의 조합 안에서 자신을 완성시키는 경우이다. 이 단위들의 조합은 그때 하나의 발언을 형성하고, 그것이 **결정적인 한 번, 강도의 추락**을 승인한다.

그리고 실제로 이 **약호들**(단어들)은, 의식에 대해 그것의 연속성의 **유일한** 흔적으로서의 가치를 지닌다. 다시 말해 이 약호는 무언가가 **지속하고 같은 것으로** 남아 있을 수 있다는(그러므로 **발명된 기호들**과 그것들이 지시한다고 간주되는 것 사이에 **대응관계**가 있을 수 있다는) **그릇된** 표상을 필요로 하는 '참'과 '거짓'의 영역으로부터 출발해 날조된 것이다. 따라서 충동들 자체도 이제부터는 일관된 '단위'로부터 의미되므로, 그것들은 **최초의 단위**(그것은 이제부터 작인의 **영혼**이거나 **의식**이거나 **지성**이다)에 대해 더 유사한 점 또는 더 유사하지 않은 점으로 비교된다. 충동들은 이제부터 작인의 판단의 대상이 되고, 이 판단이 **부재**할 때는 작인의 동일성 또는 일관성에 유해한 것으로 간주되어 결국 '정열'이라고 불리게 된다. 그러므로 '주체'의 **정열**(또는 정서), 즉 충동들이 '알지 못하는' 작인의 정열이다. 동시에 작인은 충동들을 '성향', '경향', 자기 자신의 끌림으로 해석한다. 이것들은 지속적인 **동일성**의, 불변성의, 필연적으로 **'경사'**를 가지는 '정상'의 표상에 항상 속하는 모든 종류의 용어들이다.

이런 관점에서 니체는 **정서**Affekt라는 용어를 취한다. 그것은 작인의 기만적인 '동일성'에 **종속되어** 그 동일성을 변화시키고, 불안정하고 약하게 만드는 **힘들에** 그들의 자율성을 돌려주기 위해서이다. 그 자체가 이 '약호'의 산물인 작인은 그래도 충동의 운동들이라는 **본래의 기호들의 저편에서 스스로를 '사유한다'.** 그러므로 충동의 운동들이란, 니체에 따르면, 작인이 침묵할 때도 말할 때도 변함없이 실행하는 운동들과 같은 자격으로, 해석가능한 몸짓들에 적용된다.

그러나 이미 이 몸짓은 **작인의 이쪽에서** 상호적으로 의미됐던 운동들을 더 이상 표현하지 않는다. 작인이 그 운동들의 속박을 감지하고 그 결과 몸짓을 한다면, 그때부터 충동의 속박의 기호들을 **축약하는 '기호들'의 체계는** 그 충동의 속박을 (작인의) 일관된 **동일성에** 귀착시켜서, 이 동일성은 내부로부터든 외부로부터든 자신에게 일어나는 모든 것에 대하여 일련의 명제들과 발언들의 (문법적) '주어'를 형성한다. 그 결과, 원래는 이 **약호체계의 모델이었던 충동과 반발**(저항과 비저항)은 작인으로부터 볼 때는 무의미한 것이 된다. (충동-반발의) 강도가 의미를 가지는 것은 단지 처음에 약호체계에 의해서 작인의 **의도적** 상태들로 **환원되는** 경우일 뿐이다. 작인은 이제부터 자신의 지속(자신의 지성의 지속)에 있어서 **위협받거나 안전을 보장받는다고** 느끼는 것에 따라서 **사유하거나 혹은 사유한다고 믿는다.** 작인이 **의도가 결여된 강도의 파동들에** 굴복할 때, 지성은 작인과 이 축약체계 사이의 일관성을 파괴할 수 있는 모든 것에 대한 **반발일** 뿐이다. 또는 반대로 지성은 이 파동들을 **사유의** 형태로 약호화하는 것으로서 순수하고 소박한 **충동이다.** 그런데 강도의 파동들이 자신들의 **약호화**를 끊임없이 반대하기 때문이 아니라면, 사유는 어떻게 가능한 것일까? **"우리는 생성중인 것을 표현할 언어를 갖고 있지 않다"**라고 니체는 말한다. 모든 사유는 언제나 충동들 상호간의 순간적인 힘 관계로부터, 그리고 주로 지배적인 충동과 그것에 저항하는 충동들로부터 생겨난다. 그때

한 사유가(언뜻 보기엔 선재한 것에서 발생한) 하나의 다른 사유를 이어서 나타나는데, 그것을 니체는 충동적 힘의 모든 상황이 그 사이에 어떻게 변화했는가를 보여 주는 기호라고 말한다. 그리고 니체는 덧붙인다. '의지'는 기만적 물화라고. 여기에서 니체가 의미하는 바는 '의식'으로부터 출발해서 모든 '의지'는 본래의 의미에서의 기호들의 약호화에 의해 성립된 하나의 허구에 불과하다는 것이다.

그런데 자신의 사유의 원인인 투쟁 자체를 모른다는 것은 작인에게는 하나의 실존조건이다. '자신을 유지하려는 것'은 '주체'라는 살아 있는 이 일체성〔단위〕unité이 아니라, '충동의 투쟁'이다.[30]

자신을 유지하려는 투쟁. 그것이 바로 니체가 그것으로부터 출발하여 '신체'와 '카오스' 사이에 작인을 넘어선 새로운 일관성을 설립하려고 하는 비가지적인 토대이자 진정한 토대이다. 그러므로 작인의 우연한 일관성과 카오스의 비일관성 사이에는 긴장상태가 있다.

처음에 나타나는 것은 기계장치인데, 니체는 다소의 악의를 갖고 그것을 즐겁게 고찰한다. 하지만 그 이상으로 그의 관심을 끄는 것은 인간 존재를 자동인형의 상태로 환원하는 것처럼 보이는 힘들이다. 이로부터 해방의 감정이 생긴다. 즉 이 힘들에 **합치하는 살아 있는 존재를 재구성하는 것**, 그것에 충동의 자발성을 복원해 주는 것.

처음에는 순수하게 '자동적인' 모든 것을 인정하는 것, 자동인형의 분해로부터 출발하여 하나의 '주체'를 재구성하지 않는 것, **관점주의가** 이 자동인형의 고유한 환상이므로 그에게 이 관점이 환상이라는 **지식을** 주는 것은 이 '무의식'에 대한 '의식'을 주는 것은 동시에 새로운 자유,

---

30) cf. KSA, Vol. 12, p. 315, 7[60], 1885~1886[『전집』19권, 383쪽].

창조적인 자유의 조건들을 창조하는 것이다. '무의식'에 대한 '의식'은 오직 힘들의 **시뮬라시옹**(모방)simulation 안에만 있다. 니체가 **본래의 의미에서의 기호들의 약호화**(운동들의 암호화)라고 부르는 것을 파괴하는 것이 문제가 아니라, **'의식의' 기호론을 충동의 기호론으로** 다시 번역하는 것이 문제이다. 운동들을 은폐하고 부인하고 드러내는, 그리고 그렇게 힘들의 영원한 투쟁을 모르는 '의식의 범주들'은 사유의 표면적 자발성 밑에서 자동운동을 유지한다. **진정한 자발성**을 되찾기 위해서는 이 '범주들'의 생산자인 지성의 기관이 이제부터 단순한 자동인형으로, 순수한 도구로 취급돼야 한다. 그때부터 자기 자신의 관객인 자동인형은 강도로부터 의도로, 그리고 의도로부터 강도로 전개되는 **스펙터클 안에서** 처음으로 자신의 자유를 발견할 것이다.

* * *

우리는 예로부터 어떤 행동이나 성격, 실존의 가치에 어떤 의도가 있다고, 다시 말해 행동하고 사는 데에 동인으로 작용하는 어떤 목적이 있다고 생각해 왔다. 취향의 이 오랜 특이성이 마침내 새로운 방향으로 전환된다. 특히 사건의 무의도성과 무목적성이 의식의 전면에 점점 등장한다고 가정할 경우에 그렇다. 이 사실로부터 전면적인 가치저하가 준비되는 것처럼 보인다. **"모든 것은 의미가 없다."** 이 음울한 문장의 의미는 다음과 같다. **"모든 의미에 의도가 전혀 없다면, 의미 또한 전혀 없다."** 그런 평가에 따르면, 우리는 삶의 의미를 '죽음 이후의 삶'에 둘 수밖에 없었다. 또는 이념이나 인류나 민족의 지속적인 발전에 두거나 또는 인간을 초월하는 데에 두어야 했다. 그러나 그렇게 함으로써 우리는 목적의 **무한한**ad infinitum 과정에 빠졌고, 마침내 우주적인 과정 속에 자리를 마련해야 했다. 아마도 허무를 향한 과정이라는 불행한 전망을 마주하고서!

그에 반해 '목적'은 더 엄격한 비판을 필요로 한다. **결코 유용한 목적이 행동을 야기하지 않는다는** 점을 우리는 인식해야 한다. 또 우리는 다음 사실을 인식해야 한다. **목적과 수단은 해석**이며, 그 해석에 따라 사건의 어떤 측면들은 강조되어 선택되지만, 그것은 다른 대다수의 측면들을 희생시킴으로써 그렇게 된다는 것을. 또한 유용한 목적을 위해 무언가가 시도될 때마다 무언가 근본적으로 다른 일이 일어난다는 것을. 또한 하나의 목표를 추구하는 모든 행동이란 태양이 쏟아내는 열기의 합목적성과 비슷하다는 것을. 즉 과잉된 대부분은 낭비되고, 거의 미미한 부분만이 '유용성'과 '의미'를 갖는다. '수단들'을 갖고 있는 '목적'은 아주 불확실한 소묘일 뿐이고, 이것은 규정으로서, '의지'로서 명령할 수 있지만, 복종하는 사람들과 숙련된 사람들로 이루어진 체계를 전제로 하며, 이들이 불확실한 것 대신 일련의 위대함을 설정한다(다시 말해 우리의 '유용한 목적', 유일하게 알려진 우리의 '유용한 목적'에 '어떤 행동의 원인'이라는 역할을 부여할 수 있기 위해, 목적과 수단들을 설정하는 더 영리한, 그러나 더 좁은 범위의 지성의 체계를 상상한다. 그런데 우리에게는 원래 그럴 권리가 없다. 어떤 문제를 풀기 위해, 그 문제의 해답이 우리가 관찰할 수 없는 세계 속에 있다고 생각한다는 것과 같다).

마지막으로, '유용한 목적'이 합목적적 행동을 유발하는 힘들이 작용하면서 일련의 변화가 이루어지는 가운데 나타나는 일련의 **부수현상**이 아닐 이유는 없지 않은가? 의식 안으로 던져진 창백한 도식이며, 사건의 원인이 **아니라** 사건의 징후로서 일어나는 일을 우리에게 알려주는 역할을 하는 것이 아닌가? 그러나 그로써 우리는 **의지 자체**를 비판했다. 의식 안에서 의지의 힘으로 솟아나는 것을 원인으로 생각하는 것은 환상이 아닌가?

모든 의식현상들은 단지 마지막 현상들이자 하나의 사슬의 마지막 고리들이지만, 의식의 한정된 차원에서 차례차례 이어 나타나면서 서로 제한하는 것은 아닐까? 이것도 환상일 수 있다.[31]

따라서 의도는 '의식'에 의해 '의지'로 지정된 **목적**을 열망하므로, 그 **의도**는 의식에 의해 설립된 기호들의 코드 이외의 장소에는 존재하지 않는다. **목적**도 또한 작용하는 힘들에 의해 유발된 하나의 이미지일 뿐이고, **의도**로서 체험되고 코드화되는 것은 이 힘들이다. 의식의 수준과 작용하는 힘들 사이에는 **기분의 운동**이라고 불리는 것이 있다. 이 말은 작용하는 힘들의 타격으로부터 겪는 것, 의식의 수준에서는 사후적으로만 직시할 수 있는 것을 의미한다.

이 같은 '생리학적' 검토 후에, 인간의 행동에는 더 이상 어떤 참조할 수 있는 권위도 남아 있지 않을 것이다. 겨우 남아 있는 것이라고는, 한편으로는 제도적 언어의 **외재성**과 함께 그것이 개인에 대해 초래하는 모든 결과들, 그리고 다른 한편으로는 **그 예측불가능성**에 제도적인 언어가 내포하는 한계들 이외 다른 한계들은 없는, 통제할 수 없는 **내재성**뿐이다. 언어가 (그것을 사용하는 사람의 내부에서) 표상하는 **외재성**, 그것과의 관계에 의해 개인이 자신을 말하는 이 외재성은 개인에 대하여 그 (니체에 의해서 파괴된) **실체들**의 유지를 강요하고, 자신의 몸짓과 반성이 이 실체들에 합치할 것을 강요한다. 실제로 명석함의 어떤 정도(반복하자면, 자기 자신과 타자에 관한 생리학적 의식의 특정한 정도)에 기반을 둔 인간행동이란 것이 어떤 것이겠는가? 즉, 줄곧 개인들이 같은 것을 가리키더라

---

31) KSA, Vol. 12, pp. 247~8, 7[1], 1886~1887[『전집』 19권, 309~11쪽].

도, 자신들이 **그것**을 '**원하지는**' 않는다는 사실에 대해 **서로의 의견이 일치되는** 명석함. 반대로 각자가 항상 은연중에 암시해야 하는 '**그것**'을 모두가 느낄 수 있는('양식' bon sens에 대해 말하자면, 그것은 가소로운 것일 것이다) 명석함에 기반을 둔 인간행동이라는 것은. 확실한 것은 이런 '의식'이 없다면, 최소한 이러한 오해에 대한 막연한 우려가 합의되든 되지 않든, 명석함의 다양한 단계들에 반드시 존재하고 때로는 '양식' 자체 안에 나타난다는 것이다.

명석함, 행동·사유·감각·의지의 모든 방식에 내재하는 **다소 섬세한 '조건작용'**에 대한 **새로운 의식**인 이와 같은 명석함이 만일 군림한 적이 있다면, 새로운 순응주의 같은 것이 정착했을 것이다. 니체는 그것을 비상하게 예측했기 때문에, 그는 결국 명석함 자체를 우롱하기에 이른다.

하지만 그것이 그의 영원회귀의 '발명'의 토대이다. 왜냐하면 이러한 명석함이 불가능하다면, 악순환의 교의는 영원회귀로의 '신앙'이, 삶의 무의미로의 찬동이, 다른 방법으로는 실천불가능한 명석함을 그 자체로 내포한다는 것을 증명하려고 하기 때문이다. 우리는 언어를 포기할 수 없고, 우리의 의도와 의지도 포기할 수 없다. 하지만 우리는 이 의지와 의도를 지금까지 평가해 온 방식과는 **다르게** 악순환의 '법칙'에 지배된 것으로서 평가할 수는 있을 것이다.

다행스럽게도 악순환의 교의는 이 악순환이라는 기호를 망각의 기호로 만들었다. 그리고 우리였었고, 이제부터 우리가 되어 갈 것, 단지 무수히 많은 횟수일 뿐 아니라 언제나 거기에 있는 것, 현재 우리의 모습과는 다른 것(**다르다는 것**은 다른 곳이 아닌 **언제나** 이 **동일한 삶** 안에 있다)의 **망각** 위에 악순환의 기호를 세웠다. 그런데 명석함(주장되고 받아들여진 것과 숨겨진 실재 사이에는 **완전한 불일치가 있다는 생각**을 뜻하는)이란 니체에게는 삶의 반대, 힘의 무기력상태가 아닐까? 정확하게 말하면 진짜가 아닌 것non-vrai이 아닐까? 인간 종족의 존속을 허락하는 **착오**가 아닐까? 이 동물의 한 종에게 필수불가결한 어떤 생존조건에 대응하는, **이 동일한 '생리학적 조건작용'에 대한 무의식**이 아닐까? 그가 끊임없이 그것을 단언하지 않았는가? 그러나 그는 그만큼의 힘으로 이렇게 선언하지 않았는가? 우리는 **우리가 자유롭지 않다는 것**을 앎으로써 **우리의 예속성을 극복할 수 있다**고. 단순한 기계장치, 단순한 자동인형에 불과한 우리는 그것을 앎으로써 무엇을 자발적으로 획득하는 것일까?

한편으로는 삶에 **필요한 망각과 무의식**. 다른 한편으로는 '무의식으로의 의지'. 후자는 의지이므로, 우리의 조건 지어진 상태에 의한 의식을 내포한다. 해결할 수 없는 이율배반.

그런데 "**삶 자체가 영원회귀라는 장중한 사유를 발명했다. 삶은 이제 자신의 최후의 장애물을 무시하고 전진하려고 한다**".[32]

---

32) GS, Vol. 12, p. 369, no. 720.

3장_ 영원회귀의 체험

가스트에게

…… 팔월의 태양은 우리 위에 떠 있고, 세월은 흘러가는군. 아주 거대한 침묵이, 아주 거대한 평안이 산과 숲 위에 펼쳐져 있다네. 내 세계의 지평에는 사유들이 떠올라 있지. 그 비슷한 것은 아직 본 적이 없는 그런 사유들일세. 나는 이 사유들이 조금도 증발해 버리지 않도록 해서 이 부동의 정적 한 가운데서 자양분을 얻을 생각이라네! 아, 내 친구여, 때때로 불안이 나를 엄습한다네. '결국 나는 아주 위험한 하나의 삶을 사는 것이 아닐까, 왜냐하면 나는 폭발할 수 있는 기계와 같으니까' 하는 그런 불안이라네. 내 감정의 강도는 나를 전율하게도, 나를 웃게도 한다네. 눈에 염증이 났다는 우스운 구실을 대고는 내 방을 떠나지 못한 것도 이미 여러 번이야. 무슨 염증인지는 모르겠네. 전에는 산책을 할 때마다 나는 너무나도 많이 울고 눈물을 흘렸다네. 감상적인 눈물이 아니라 환희의 눈물이었네. 그리고 눈물을 흘리며 나는 노래를 부르고 터무니없는 말들을 내뱉었네. 모든 인간들에 앞서 내가 갖게 된 새로운 비전, 그것으로 충만해 있어서 그리 한 것이라네.

결국 나는 이렇게 생각한다네. 만약 내가 내 안에서 나의 모든 힘을 다 길어 내지 못한다면, 만약 외부로부터 상찬과, 격려와, 위로를 기다려야 한다면, 현재의 나는 어디에 있는 것일까! 나는 어떤 인간일 수 있을까! 확실히 내 인생에는 위로들 중의 위로로서 그러한 찬동을, 상찬하는 악수를 느꼈던 순간들과 시기들이 있었다네(예를 들어 1878년). 그런데 엄밀히 말하면, 그때 내가 믿을 수 있다고 생각했던 사람들, 내게 그런 호의를 베풀어 줄 수 있었던 사람들, 이 모든 사람들이 나를 떠나갔다네. 그 이후로 나는 어떤 기대도 하지 않는다네. 그런데 지금 내가 받은 편지들을 생각하면, 어떤 구슬픈 망연자실에 빠지게 된다네. 여기에 쓰여 있는 모든 내용은 무의미하다네. 누구도 나로부터 어떤 감정도 느껴 보지 못했고, 누구도 내가 어떤 인간인지 조금도 생각해 보지 않았지. 사람들이 내게 하는 말은 존중할 만하고 친절한 말들이네. 하지만 동떨어진, 동떨어진, 동떨어진 말들이라네. 우리가 친애하는 야코프 부르크하르트[1] 조차도 내게 생기 없고 소심한 짧은 편지들을 쓰고 있다네.

—질스-마리아, 1881년 8월 14일[2]

동일자의 영원회귀 체험 안에서의 망각과 회상

동일자의 영원회귀라는 사유는 **기분**Stimmung의 흐름에 좌우되어, 어떤 영혼의 음조의 흐름에 좌우되어 **돌연한 각성**처럼 니체에게 찾아온다. 그것은 처음에는 기분과 섞여 있다가 그로부터 사유로서 추출된다. 하지만 그것은 계시의 성격을 지니고 있다. 다시 말하자면 **갑작스런 전개**의 성격을.

　(여기서 이 경험의 황홀한 성격과 청년시절, 곧 그리스 연구자 시대의

---

1) 야코프 부르크하르트(Jacob Burckhardt, 1818~1897). 스위스의 역사가. 주로 미술사와 문화사를 연구했다. 자신이 재직하던 바젤 대학의 교수가 된 니체와 친분을 쌓기 시작했다. 니체와는 철학적 입장 차이가 있었으나 이후에도 수년간 친분을 유지하기도 했다.
2) Schlechta, Vol. 3, pp. 1172~4, 14 August 1881.

니체의 머리에 이미 출몰하던 **우주적 원환**의 관념을 구별할 필요가 있다.)

이 계시 안에서 망각의 기능은 무엇인가? 그리고 특히나 망각이란 영원회귀가 계시되기 위한, 또 그 계시를 받는 인간의 **동일성까지도 한 순간에 변모시키기** 위한 필수불가결한 조건인 동시에 그 원천이 아닌가?

망각은 영원한 생성과 모든 동일성들의 존재 안으로의 흡수를 포함한다.

니체의 체험에는 계시된 내용과 다음과 같이 언어화된 이 내용의 (윤리적 교의로서의) 교육 사이에서의 암묵적인 이율배반이 있지 않은가 : 너는 마치 수없이 되살아나야 하는 것처럼 그리고 수없이 되살아나고 싶은 것처럼 행동하라. 왜냐하면 어떻게 해서든지 너는 되살아나고 다시 시작해야 할 것이기 때문이다.

앞의 명령문은 (힘에의) 의지에 호소함으로써 (필연적) 망각을 보완한다. 두번째 문장은 망각 안에 필연성이 혼재되어 있음을 예견한다.

회상은 영원회귀의 계시와 일치한다. 영원회귀는 어떻게 망각을 회복시키지 않는 것일까? 나(니체)는 필연적인 영원회귀의 진실이 내게 계시된 정확히 그때로, 원환의 영원성이 정점에 이른 핵심적 순간으로 내가 되돌아와 있음을 알고 있다. 그뿐 아니라 이 회귀의 진실을 잊기 위해 나는 **지금의** 나와는 **다르게** 지금까지 지냈다는 것, 그러므로 그 사실을 알게 되면서 내가 다른 것/타자un autre가 되었다는 것, 그것도 동시에 알고 있다. 나는 변할 것인가? 그래서 나는 영원 동안, 다시 이 계시를 알게 되는 날까지, 필연적으로 변할 것이라는 것을 나는 한 번 더 잊을 것인가?

강조돼야 하는 것은 주어진 동일성의 상실이다. '신의 죽음' (책임 있는 자아의 동일성을 보증하는 신의 죽음)은 영혼에게 니체의 영혼의 다양한 기분들 안에서 이미 감지된 모든 가능한 동일성들을 연다. 영원회귀의 계시는 필연적으로 모든 가능한 동일성들을 차례차례로 현실화한다. "역사의 모든 이름들, 결국 그것은 나다." 그리고 최후에는 '디오니소스와 십자가에 못 박힌 자'. '신의 죽음'은 영원회귀의 황홀한 순간과 같은 자격으로 니체에게 있어서 어떤 하나의 기분에 대응한다.

탈선:

영원회귀, 의지해야vouloir 하는 필연성. 나의 지금 그대로의 모습만이 나의 회귀와 지금의 나를 생겨나게 한 모든 사건들, 이 양자의 필연성을 의지할 수 있다. 의지가 여기서 하나의 주체를 전제하는 한에서. 그런데 이 주체는 지금까지와 같은 모습의 자신을 의지할 수는 없지만, 그런 자신에 선행하는 모든 가능성들을 의지한다. 왜냐하면 회귀의 필연성을 보편적인 법칙으로 일거에 포용하는 나는 나의 현재의 자아를 비현재화해서 **다른 모든 자아들** 안에 자신이 존재하는 것을 의지하고, 내가 원환운동을 따라서 영원회귀의 법칙을 **발견한 순간의 나로** 다시 돌아오기 위해서 **이 모든 일련의 다른 자아들**을 주파해야 하기 때문이다.

영원회귀가 내게 계시되는 순간에, 나는 **지금 여기에** 있는 나 자신이기를 멈추고, 무수한 다른 나들로 될 수 있게 된다. 단 내 자신의 기억 밖으로 일단 나오면 나는 이 계시를 망각할 것이라는 것을 알면서. 이 망각이 나의 현재의 의지의 대상이다. 왜냐하면 이와 같은 망각은 내 자신의 한계들 밖의 기억과 같기 때문이다. 그리고 나의 현재의 의식이 확립되는 것은 내게 가능한 다른 동일성들의 망각 안에서일 뿐이다.

이 기억은 무엇인가? 내가 나 자신으로부터 벗어난 후에 내 몸을 맡기는 필연적인 원환운동이다. 지금 내가 그 운동을 의지한다고 선언하고, 그것을 필연적으로 의지하면서 그것을 다시 의지할 것이라고 선언한다고 해도, 그것은 자신의 의식을 원환운동까지 확장하는 것에 불과할 것이다. 예를 들어 내가 원환에 자신을 동일화해야 한다 해도, 나는 나 자신으로부터 출발한 이 표상의 밖으로 빠져나가지는 않을 것이다. 실제로 이미 영원회귀의 **돌연한 계시가 나를 엄습한 순간부터, 나는 더 이상 존재하지 않는다.** 이 계시가 의미를 갖기 위해서는, 내가 나 자신의 의식을 잃고 회귀의 원환운동이 나의 무의식과 하나로 융합하여, 이 원환운동이, 일련의 나의 가능성들 전체를 주파할 필연성이 내게 계시되는 순간으로 나를 돌려보내야 할 것이다. 그러므로 내겐 나 자신을 재-의지re-vouloir하는 일만 남았다. 이 선행된 가능성들의 귀결로서의 나 자신도 아닌, 무수한 가능성들 중의 하나의 실현으로서의 나 자신도 아닌, 우연의 순간으로서의 나 자신을. 이 우연성 자체는 일련의 가능성들 전체의 완전한 회귀의 필연성을 내포하고 있으므로.

하지만 우연의 순간으로서 나 자신을 다시 의지한다는 것은 나 자신이라는 것을 **결정적인 한 번에** 포기하는 것이다. 왜냐하면 내가 그것을 포기하는 것도, 그것을 의지하는 것도 결정적인 한 번이 아니기 때문이다. 그리고 가령 내가 이 우연의 순간을 다시 의지해야 한다면(**한번 더!**), 나는 **결정적인 한 번으로** 이 우연의 순간조차 아닌 것이다. 모든 것은 쓸데없는 것일까? 나 자신에 관해서는. 무rien는 여기에서 **결정적인 한 번인 원환**이다. 즉 세계에 도래한 모든 것, 도래하는 모든 것, 언젠가 도래할 모든 것에 적용되는 하나의 기호이다.

지금 재-의지되어야 하는 것을 망각하지 않고 어떻게 의지는 개입할 수 있는가?
왜냐하면 사실 원환운동의 필연성이 내게 계시된 이 순간이 내 인생에서 지금까지는 한 번도 없었던 것처럼 출현하기 때문이다! 모든 것은 되돌아온다는 필연성을 내가 알고 느끼기 위해서는 고양된 기분hohe Stimmung이, 내 영혼의 높은 음조가 필요했다. 갑자기 원환이 반영되는 곳에서 이 높은 음조에 대해 내가 생각한다면, 나는 다음을 인정하게 될 것이다. 그 원환을 내 고유한 강박관념으로서가 아니라 존재에 대한 유일하고 유효한 이해로서, 유일한 현실로서 조금이라도 인정한다면, 이 원환이 아마 다른 형태들로 이미 무수히 내게 계시되지 않았다는 것은 불가능하다는 것을. 하지만 나는 그것을 망각했다. 왜냐하면 하나의 상태에서 다른 상태로의 이행에서 그것을 망각한다는 것(다른 상태에 접근하기 위해, 그리고 자신의 밖으로 내던져지기 위해, 그렇지 않으면 모든 것이 정지하므로), 그것은 원환운동의 고유한 본질 안에 기입되어 있기 때문이다. 그래서 내가 이 삶 안에서 그 원환이었다는 것을 조금도 잊지 않을 때, 나는 또 하나의 삶(이 삶과 조금도 다르지 않은 또 하나의 삶!) 안에서 나 자신의 밖으로 내던져졌다는 것을 잊은 것이다.

그렇지 않으면 모든 것이 정지하므로? 다시 말하면 이 돌연한 계시의 순간에 운동은 정지했었다는 것인가? 그런 일은 어림도 없다. 왜냐하면 나, 니체는 그 운동으로부터 도망칠 수 없기 때문이다. 이 계시는 어렴풋한 기억처럼 내게 찾아왔으므로 기시déjà vu체험도 아니다. 만약 내가 이전의 동일한 계시를 **기억하고** 있었다면, **나를 위해** 모든 것이 정지했을 것이다. 왜냐하면 내가 이 회귀의 필연성을 계속 주장할지라도, 이 동일한 계시는 나 자신의 안과 내가 가르치는 진리 밖에 나를 붙잡아 둘 것이기 때문이다. 그러므로 이 계시가 **진실이기** 위해서는 내가 그것을 망각해야만 했다! 내가 갑자기 엿보는 계열série 안에서, 동일한 지점으로 되돌아오기 위해 내가 주파해야 하는 계열 안에서, 동일자의 영원회귀의 이 계시가 암시하는 것은 원환운동의 **다른 어떤 순간에서도 동일한 계시가** 아주 똑같이 잘 발생할 수 있었다는 것이다! 사정은 이럴 수밖에 없다. 이 계시를 받는 나는 원환운동의 **다른 모든 순간들 안에서**(나 하나만을 위한 어딘가의 특별한 지점이 아니라, 운동 전체 안에서 언제나 항상) 계시를 받기 위한 존재 이외의 **어떤 것도** 아니다.

니체는 동일자의 영원회귀라는 것을 지고의 사유로서만 아니라 또한 지고의 감정으로서, 최고로 고양된 감정으로서 말한다.

예를 들어 『즐거운 학문』과 동시대의 유고들이 그런 것처럼 : "나의 교의가 가르치는 것. 다시 살기를 원할 수밖에 없는 그런 삶을 사는 것, 그것이 너의 의무다. 어떤 경우라도 너는 다시 살 것이다! 노력에 의해 가장 고양된 감정을 얻은 자는, 노력하게 하라. 휴식에 의해 가장 고양된 감정을 얻은 자는, 휴식하게 하라. 동화되고, 따르고, 복종하는 것에 의해 가장 고양된 감정을 얻은 자는, 복종하게 하라. 단지 그 자가 자신에게 가장 고양된 감정을 부여하는 것이 무엇인지 의식하고 어떤 수단 앞에서도 물러서지 않는다는 조건으로! 그것은 영원의 문제이다!"[3] 그리고 그 이전에 그는 이렇게 썼다 : 현재의 인류는 더 이상 **기다리는 것**을 모른다. 불멸의 혼을 지닌, 영원한 생성과 장래의 개선을 받아들일 수 있는 사람들이 할 수 있었던 것처럼. 여기서 강조되고 있는 것은 의지라기보다는 욕망과 필연성이다. 그리고 이 욕망과 필연성 자체가 영원성과 관련된다. 니체가 가장 고양된 감정, 그의 용어로 말하자면 **고양된 기분**, 영혼의 높은 음조를 언급하는 것은 이 때문이다.

니체가 영원회귀 계시의 순간을 체험한 것은 이 같은 기분, 이 같은 영혼의 높은 음조 안에서였다.

하나의 영혼의 음조가, 하나의 기분이 어떻게 사유가 되는 것일까, 그리고 가장 고양된 감정das höchste Gefühl(즉 영원회귀)은 어떻게 지고의 사유가 되는 것일까?

a. 영혼의 음조는 강도의 파동이다.

b. 그것이 전달가능한 것이 되기 위해서, 강도는 자기 자신을 목적으

---

3) KSA, Vol. 9, p. 505, 11[163], 1881[『전집』 12권, 500~1쪽].

로 삼아 자기 자신에게로 되돌아가야 한다.

c. 자기 자신에게 되돌아감으로써 강도는 자신을 해석한다. 하지만 어떻게 강도는 자신을 해석할 수 있는 것일까? 자신과 평형을 이루면서 그렇게 할 수 있다. 이를 위해 강도는 자신을 분할하고, 자신의 결합을 풀고, 다시 자신과 결합해야 할 것이다. 그런데 이것이 바로 상승과 하강이라고 불리는 것 안에서 강도에게 일어나는 일이다. 그렇지만 항상 문제가 되는 것은 동일한 파동이다. 즉 구체적인 의미에서의 파도이다(여담이지만, 니체의 명상을 위한 바다의 파도풍경의 중요성이 떠오를 것이다).

d. 그러나 해석은 의미의 탐구를 전제하는가? 상승과 하강. 그것들은 거기서 호칭들이고, 그 밖에 어떤 것도 아니다. 상승과 하강의 이 확인 너머에 어떤 의미가 존재하는가? 강도는 강도라는 것 이외에 어떤 의미도 갖지 않는다. 강도는 그 자체로서는 어떤 의미도 없는 것처럼 보인다. 의미란 무엇인가? 그리고 그것은 어떻게 형성되는가? 의미를 만드는 요인은 무엇인가?

e. 의미를, 그러므로 의미작용을 만드는 요인은 다시 한번 강도와 그것의 다양한 파동들인 것처럼 보인다. 강도가 강도라는 것 이외에 어떤 의미도 갖지 못한다면, 그것은 어떻게 의미작용의 요인이 될 수 있는 것일까? 즉 그러한 영혼의 음조로서 어떻게 자신을 의미할 수 있는 것일까? 방금 전에, 우리는 강도가 어떻게 자신을 해석할 수 있는지를 물었다. 그리고 그 물음에 강도는 그 상승과 하강의 운동 안에서 자신과 평형을 이뤄야 했다고 대답했다. 그러나 그 대답은 사실의 단순한 확인을 벗어나지 못했다. 그러면 어떻게 해서 강도에 의미가 생기는 것일까? 어떻게 강도 안에 의미가 형성되는 것일까? 그것은 바로, 새로운 파동 안에서일지라도 자신에게 되돌아가면서이다! 이 점에서 강도는 자신을 반복하며, 자신을 모방하듯이 하나의 기호가 된다.

f. 그러나 기호는 무엇보다도 강도의 파동의 흔적이다. 만약 기호가 의미를 유지하고 있다면, 그것은 강도의 정도가 기호와 일치하는 것이다. 기호는 강도의 새로운 밀물이 이를테면 자신의 최초의 흔적을 되찾을 때야 비로소 의미작용을 한다.

g. 그러나 기호가 단지 파동의 흔적인 것만은 아니다. 기호는 강도의 부재를 보여 줄 수도 있다. 특이한 것은 단지 이 부재를 의미하기 위해서 거기에서도 새로운 밀물이 필요하다는 것이다.

이 밀물에 주의, 의지, 기억이란 이름을 붙이든, 이 썰물에 무관심, 이완, 망각이란 이름을 붙이든, 문제가 되는 것은 언제나 동일한 강도, 하나의 흐름을 구성하는 파도들의 운동과 조금도 다르지 않은 강도인 것이다. 파도들에게 니체가 말한다. **"그대들과 나, 우리는 같은 기원에서 생겨난 것이다! 같은 혈족에서 생겨난 것이다!"**[4]

이 밀물과 썰물은 하나로 합쳐질 것이다. 그리고 강도가 자신을 의미하는 곳에 있는 지시작용들은 파도들의 정점에 서서 물거품만을 남기고 사라지는 형상들과 같다. 그리고 바로 거기에 우리가 사유라고 부르는 것이 있다. 그러나 겉보기에는 한정되고 닫혀 있는 우리들 안에 그래도 니체에게 흐름의 운동을 상기시킬 수 있는 충분히 열려 있는 무언가가 있으므로, 강도의 파동이 정점에 도달하는 장소인 기호에도 불구하고, 의미작용은(그것은 오직 밀물에 의해서만 성립하므로) 자신의 그림자에 가려진 움직이는 심연들로부터 **결코 완전히 몸을 빼지 않는다.** 모든 의미작용은 의미를 발생시키는 카오스의 기능으로 남는다.

---

4) cf. Friedrich Nietzsche, *Die fröhliche Wissenschaft*, Leipzig : Verlag von E. W. Fritzsch, 1887, §310[『전집』 12권, 286쪽].

강도는 시작도 끝도 없이 움직이는 카오스에 복종한다.

이렇게 각자 안에서, 표면적으로는 각자에 귀속한 하나의 강도가 움직이므로, 그 강도의 밀물과 썰물은 사유의 유의미한 혹은 무의미한 파동들을 형성하는데, 이 사유는 실제로는 결코 누구에게도 속하지 않는 것이고 시작도 끝도 없는 것이다.

그러나 물결치는 이 요소와는 반대로 우리 각자가 표면적으로는 한정된, 닫힌 전체를 형성하는 것은 유의미한 파동들의 여러 흔적들에 의해서이다. 즉, 내가 여기서 일상적 기호의 코드라고 부를 기호의 체계에 의해서이다. 이 기호들이 있어서 우리는 무언가를 의미하고 우리 자신과 타인에게 말을 할 수 있는 것이지만, 그런 사태가 가능하기 위해 우리의 고유한 파동들이 어디서 시작하고 어디서 멈추는지는 우리 자신도 알지 못한다. 유일하게 우리가 아는 것은 이 코드 안에 존재하는 하나의 기호가 어떤 때는 가장 높은 강도의 정도에, 어떤 때는 가장 낮은 강도의 정도에 항상 대응한다는 것이다. 그것은 곧 **우리의 모든 명제들의 주어인 자아**$_{moi}$이고, **나**$_{je}$이다. 이 기호는 항상 변하는 파동의 한 흔적일 뿐이지만, 이 기호 덕에 우리는 우리 자신을 **사유하는 자**로 구성하고, 사유로서의 사유가 우리에게 찾아오는 것이다. 우리 안에서 사유하고, 사유를 계속하는 것이 혹시 타자들이 아닌지에 대해서는 우리가 언제나 정확히는 모르면서 말이다. 그런데 우리가 자신이라고 생각하는 이 **내부**에 대해 **외부**를 형성하는 타자는 무엇인가? 모든 것은 오직 하나의 담론으로 환원된다. 즉 각자의 사유에 그리고 누구의 것도 아닌 사유에 대응하는 강도의 파동들로.

일상적 의사소통의 코드 안에서 **자아**의 기호는, 그것이 강도의 가장 강한 상태 또는 가장 약한 상태에 대응하는 한에서, 외부에서의 현존과 부재의 정도들을 확인하는 것과 동시에 우리의 현존과 부재의 모든 정도들을 확인하면서, 다양하게 변하는 우리와 우리 자신과의 일관성과 우리와 주위의 환경과의 일관성을 보증한다. 이렇게 누구의 것도 아닌 사유, 확실한 시작도 끝도 없는 그 자체로서의 이 강도는, 그것을 전유하게 되는 작인 안에서, 자기 또는 세계의 기억과 망각의 변천들을 지나면서 하나의 필연성을 발견하고 하나의 운명을 알게 된다. 그리고 모든 것은 결국 동일한 하나의 강도의 회로일 뿐이라는 것을 인정한다면, 그 이상의 자의적인 것은 존재하지 않는다. 하나의 지시작용이 생겨나고 하나의 의미가 형성되기 위해서는 나의 의지가 개입되어야 한다. 그런데 이 의지는 아직 이 전유된 강도일 뿐이다.

그런데 기분 안에서는, 내가 가장 고양된 감정이라 부르고 가장 고양된 사유로서 **유지하기**를 열망하는 그 영혼의 음조 안에서는 무슨 일이 발생했는가? 나는 나의 한계를 벗어나지 못한 것인가? 동시에 나는 일상적 기호들의 코드의 가치를 떨어뜨렸는가?(사유가 나를 버리든지, 내가 내부와 외부의 파동들 사이의 차이를 더 이상 구분하지 못하든지 하면서)

그때까지 일상적 문맥 안에서, 사유는 언제나 나 자신을 지시하는 지시작용 안에서 나를 되찾곤 했다. 하지만 사유가 나 자신을 지시하는 지시작용 안에서 나를 되찾는 것을 멈추면서 사유와 사유 자신과의 일관성을 지시할 하나의 기호를 만드는, 그런 강도의 정도로부터 출발해서 보면 나의 일관성은 무엇이 되는가? 그것이 더 이상 내 고유한 사유가 아니라면, 이 기호는 모든 가능한 일관성으로부터 내가 배제되는 것을 의미하는 것이 아닐까? 그것이 아직 내 사유라면, 이 사유가 강도의 가장 강한 정도에서 강도의 부재로서 자신을 지시하는 것을 어떻게 설명해야 할까?

지금 영혼의 이러한 높은 음조 안에서 원환의 이미지가 형성된다고 가정하자. 내 사유에 무엇인가가 일어나서 이 기호 안에서 내 사유는 내 사유로서는 **스스로가 죽었다**고 생각한다. 그것은 기호와의 일관성이 너무나 긴밀해져서 기호를, 즉 원환을 만드는 것이 모든 사유의 힘을 표시하는 것이 아닐까? 그것은 말하자면, 사유하는 주체가 사유로부터 그 주체를 배제할 일관적 사유로부터 출발해서 자신의 동일성을 상실하는 것이 아닐까? 여기에서는 지시작용을 하는 강도와 지시된 강도를 구별할 수가 없다. 그 구별은 일상적인 지시작용에 의해 형성된, 나와 세계 사이의 일관성을 되찾기 위한 것이다. 결국 나는 동일한 하나의 회로에 의해 일상적 기호의 코드로 되돌아가서, 기호가 가리키는 사건을 설명하려고 하자마자, 다시 기호의 흐름에 휩쓸려 그곳으로부터 빠져나오게 된다.

왜냐하면 이 말로 표현할 수 없는 순간에 내 안에서 다음과 같은 소리를 들었으므로. "너는 이 순간으로 되돌아온다. 너는 이미 이 순간으로 되돌아왔다. 너는 그 순간으로 무수히 되돌아올 것이다." 원환의 기호에 의해 이 명제가 아주 일관적으로 보인다. 이 명제는 원환의 기호로부터 파생하지만, 원환의 기호는 이 명제 자체이다. 일상적 기호의 맥락 안에서 현재의 나는 비일관성 안으로 떨어진다. 그것도 이중으로(한편으로는 이 사유의 고유한 일관성에 비해, 다른 한편으로는 일상적 기호의 코드에 비해). 후자에 따르면, 나는 **결정적인 한 번 나 자신**인 것을 의지할 수 있을 뿐이고, 이로부터 출발하여 나의 모든 지시작용과 그 전달가능한 의미가 형성된다. 하지만 **나를 한 번 더 재-의지하는 것**은 결정적인 한 번의 의미 안에서는 결코 어떤 것도 형성되지 않는다는 것을 폭로한다. 원환은 나를 공허를 향해 열어서, 다음의 양자택일 안에 나를 가둔다. 어떤 것도 결코 의미를 지니지 않았으므로 모든 것이 회귀하든가, **아니면** 시작도 끝도 없는 모든 것들의 회귀에 의해서 의미가 무언가에 도달하든가라는.

여기에 존재하는 하나의 기호, 그 안에서 나는 아무것도 아니고, 내가 회귀하는 것은 그 무엇을 위해서도 아니다. 이 원환운동 안에서 나는 어떤 위치를 차지하는가? 그것과의 관계에서 내가 비일관적으로 되는 원환운동, 너무나 완벽하게 일관적이어서 그것을 내가 **사유하는 바로 그 순**

간에 그것으로부터 내가 배제되는 사유와 관련된 원환운동, 이 안에서 나는 어떤 위치를 차지하는가? 모든 지시작용에서 그 내용을 비움으로써 기호를 만드는 이 원환의 기호는 무엇인가? 영혼의 높은 음조는 강도를 자기 자신에게 돌려주고, 자신의 기원인 카오스를 자신이 만든 원환의 기호 안으로 재통합함으로써 비로소 **가장 고귀한 사유**가 되었다.

원환은 그 자체로 아무 말도 하지 않는다. 단지 실존은 실존일 뿐이라는 말 이외에는, 의미작용은 강도 이외의 어떤 것도 아니라는 말 이외에는. 의미작용이 영혼의 높은 음조 안에서 드러나는 것은 이 때문이다. 하지만 이 의미작용은 어떻게 자아의 현실성을 훼손하는가? 이 높은 음조에 흥분된 이 자아의 현실성을 말이다. 그것은 이 강도가 자아를 **자아**로서 의미했던 파동들을 해방시키면서, 그 자아의 현재 안에 과거가 다시 울리는 것이다. 이 순간에 니체를 매혹하는 것은 **그곳에 있다**는 사실이 아니라, 생성하는 것의 안으로 **회귀한다**는 사실이다. 체험된 그리고 되살아나야 하는 이 필연성은 하나의 의미를 의지하고 창조하는 것에 도전한다.

원환 안에서, 의지는 생성 안으로의 이 회귀를 응시하며 죽고, 오직 원환 밖의 부조화 안에서만 소생한다. **가장 고양된 감정**의 강제는 이로부터 생긴다.

니체의 높은 음조들은 아포리즘의 형식 안에서 그 직접적인 표현력을 발견했다. 바로 거기에서, 일상적 기호의 코드를 사용하는 것은 일상적 연속성에 대해 자신을 끊임없이 불연속적으로 유지하는 연습과 같은 것이 된다. 기분이 고양되어 표정까지도 환희로 빛날 때, 응시하는 강도의 이 밀물과 썰물은 자신의 고유한 비연속성에 표지점들을 만들려는 것처럼 보인다. 높은 음조들의 숫자만큼, 같은 숫자의 신들이 있다. 우주가 신들의 원무圓舞처럼 보일 때까지. **우주란 무수한 신들이 서로를 피하고, 서로를 재발견하는 영원한 과정일 뿐이다**……

서로서로를 뒤따르는 신들의 이 원무는 차라투스트라의 신화적 비전 안에서는 아직 강도의 운동에 대한 하나의 설명일 뿐이다. 니체의 기분들의 강도가 밀려왔다 빠져나가는 이 운동 중에서 가장 고양된 것이 신神**이라는 악순환**Circulus vitiosus deus의 기호를 달고 니체에게 다가온다.

신이라는 악순환은 이 기호의 이름에 불과하다. 이 기호는 여기에서 디오니소스를 따라서 신성한 표정을 짓는다. 신성하고 신화적인 표정 앞에서, 니체의 사유는 더 자유롭게 호흡한다. 사유의 고유한 진리가 그 사유를 빠트린 함정 안에서처럼, 그의 사유가 자신 안에서 몸부림칠 때보다도 더 자유롭게. 니체가 실제로 이렇게 말하는 것은 아닐까? **사물의 진정한 본질이란 사물을 표상하는 존재가 꾸며 낸 날조**이고, 그것이 없으면 존**재는 아무것도 표상하지 못할 것이라고.**

니체가 영원회귀의 현기증을 체험한 영혼의 높은 음조는, 자신의 일관성에 갇혀 있는 사유의 가장 높은 강도와 일상적인 지시작용들에 대응하는 강도의 부재가 한 순간에 현실화되는 악순환이라는 기호를 창조했다. 그와 동시에 그때까지 모든 지시작용들이 귀착되던 **자아**라는 지시작용 자체는 비워졌다.

사실, **동일자의 영원회귀**의 정의로서의 **악순환의 기호**와 함께, 하나의 기호가 니체의 사유에 도래한다. 세계에, 즉 사유 자체에 언젠가 도래할 수 있는 모든 것, 언젠가 도래했던 모든 것, **언젠가 도래할 수 있을 모든 것에 적용되는 하나의 사건처럼.**

영원회귀의 체험을 전달가능한 사유로 다듬기

『즐거운 학문』(단편 341) 안에서, 그리고 나중에 『차라투스트라는 이렇게 말했다』 안에서, 니체가 말하는 질스-마리아의 체험의 최초 판본은 본질적으로 환각처럼 표현된다. 그 체험의 순간, 그 순간 자체가 거울들의 **집**〔**통로**〕 안에서 반사되는 것처럼 보인다. 거기에서 자아가, **동일한** '**자아**'가, **자기 자신**과 자신의 고유한 삶의 무한한 증식을 경험하고, 동시에 일종의 악마(『아라비안 나이트』의 지니와 같은)가 그에게 계시한다. 이 삶을, 너는 한 번 더 그리고 무수히 살아야 한다고. 이어지는 성찰이 이렇게 선언한다. "만약에 이 사유가 너를 지배한다면, 그것에 의해 너는 다른 인간이 될 것이다."

여기서 니체가 **동일한 자아**의 **회귀**를 말하고 있다는 것은 의심의 여지가 없다. 이것이 동시대 사람들과 후세 사람들이 맞닥뜨린 애매한 점이다. 이렇게 처음에 이 사유는 일반적으로 부조리한 환영으로 여겨졌다.

차라투스트라는 의지가 시간의 불가역성에 종속된다고 생각한다. 이것이 강박적 **명증성**에 대해 성찰한 최초의 결과이다. 니체는 의지에 대한 '분석적' 치유를 통해 환각을 의식적인 의지의 차원에서 재포착하려고 한다. 말하자면 의지는 삼차원적 시간(과거-현재-미래)에 대해 어떤 관계를 갖는가? 의지는 자신의 무력함을 시간 속에 투사해서 시간에게 자신의 **불가역적** 성격을 부여한다. 즉 의지는 **시간의 흐름**(시간이 완료된 사실로 확정한 의지되지 않은 것)을 거슬러 올라갈 수 없다. 이로부터 의지 안에 환원불가능한 것에 대한 **복수**의 정신이 싹트고 실존은 **징벌**적 측면을 드러낸다.

차라투스트라의 치료약. 완료된 사실을 떠맡길 원함으로써 **의지되지 않은 것**을 재-의지하기. 그러므로 완료된 사실을 무수히 재의지하면서, 그것을 **완료되지 않은 것**으로 바꾸기. 사건으로부터 '**결정적인 한 번**'이라는 성격을 빼앗는 **책략**. 이것이 질스-마리아의 체험(그 자체로 비가지적인)이 성찰에 맨 처음 제공하는 술책이다. 성찰은 그렇게 **의지**를 축으로 전개된다.

하지만 그러한 책략은 영원회귀의 성찰 자체에 내재한 유혹을 피하는 방법일 뿐이다. 즉 차라투스트라가 가짜 **치료약**이라고 내던진 **비−활동** 또한 동일한 시간의 전도인 것이다. 만일 모든 사물이 악순환의 법칙에 따라 회귀한다면, **의지적인 모든 활동은 현실적인 비−활동과 마찬가지거나, 의식적인 모든 비−활동은 환상적인 활동과 마찬가지이다.** 의식적인 결단의 차원에서는, 활동하지 않는 것은 개인적 의지의 **공허**에 대응한다. 의지는 영혼의 높은 음조의 강도를 표현하는 동시에 하나의 행위를 추구하는 결단도 표현한다. 그것에서 과거를 재−의지하는 것은 창조적인 것일까? 영원회귀에 동조하는 것, 그것은 또한 **망각만이** 낡은 창조행위들을 새로운 창조행위들로서 무한히 시도하는 것을 허용함을 인정하는 것이다. **자신과 동일한 의식적 자아의** 차원에서 말해진, 재의지의 명령은 하나의 **동어반복**으로 남았다. 이 명령(이 명령은 영원의 결단을 요청하고 있지만)이 대상으로 하는 것은 개인적 인생의 시기에서 의지의 행동일 뿐인 것처럼 보이고, 과거·의지되지 않은 것·끔찍한 우연의 수수께끼는 우리가 매일 체험하는 것 자체인 것처럼 보인다.

그런데 **동어반복**은 원환의 기호 안에도, 모든 사물과 니체 자신의 **회귀**를 표상하는 그의 사유 자체 안에도 존재한다.

역방향의 두 길들이 박공 위에 **순간**이라고 쓰인 문의 아치 아래에서 서로 교차한다. 이 (『차라투스트라는 이렇게 말했다』에서의) **우화**는 『즐거운 학문』의 아포리즘(동일한 달빛과 동일한 거미가 회귀할 것이다)의 이미지를 다시 취할 뿐이다.[5] 역방향의 두 길들은 사실 **하나**이다. 영원성이 두 길들을 갈라놓는다. 사람들, 사물들, 사건들이 하나의 길을 따라 올라가

---

5) cf. *Also sprach Zarathustra*, Third Part, 'On the Vision and the Riddle', §2[『전집』 13권 (개정1판), 263~5쪽].

고 다른 하나의 길을 따라 내려가서, **영원의 여행**을 한 후에 다시 동일한 것들로서 **순간의 문** 아래로 회귀한다. 이 문 아래 선 자만이 영원한 시간의 원환구조를 파악할 수 있다. 그러나 거기에는, 아포리즘에서와 마찬가지로, **자신에게 동일한 것**으로서 가고 되돌아오는 개인적 자아가 아직 있다. 이 우화와 과거의 재의지에 의한 의지의 **치유** 사이에 밀접한 관계가 있다는 것은 확실하다. 단지 이 관계가 설득력이 없다는 것만 제외하면.

그러나 아포리즘은 선언한다. 재의지에서 자아는 **변하고, 다른 것**이 된다고. 여기에 바로 수수께끼에 대한 해답이 있다.

차라투스트라가 추구하는 것은 **개인**의 변화가 아니라 자신의 의지의 변화이다. 의지되지 않은 과거를 재의지하기, 여기에 '힘에의 의지'의 본질이 있다.

하지만 니체는 마음속으로는 개인적인 행동의 변화를 통하여, 아주 다른 변화를 꿈꾼다. 과거를 재-의지하는 것, 그것이 창조적인 회수행위로서(끔찍한 우연·단편적인 것·수수께끼가 의미를 지닌 하나의 통일체로서 구성되어 있다는 의미에서) 의지에 의한 의지되지 않은 것의 용인일 뿐이라면, 그것은 의지중심적인 운명론의 수준에 머물러 있을 뿐이다.

개인의 도덕적 행동의 변화는 의식적인 의지에 의해 규정되는 것이 아니라, 영원회귀의 체제 자체에 의해 규정된다. 악순환의 기호 아래에서 본질적으로 변하는 것은 (인간적 의지와는 독립적으로) 실존의 본성 자체이고, 그러므로 또한 개인적 행위의 본성 자체이다. 니체는 짧으면서도 함축적인 메모에서 다음과 같이 말하고 있다.

"**내 숙명론의 완성** : ① 영원회귀와 전생前生을 통해. ② '의지'라는 개념의 배제를 통해."[6]

---

6) KSA, Vol. 11, p. 70, 25[214], 1884[『전집』 17권, 90쪽].

질스-마리아, 1881년 8월의 단편은 이렇게 쓰고 있다. "끊임없는 변신. 짧은 기간 안에 너는 다양한 개인들 모두가 되어야 한다. 그 방법은 끊임없는 투쟁이다."[7]

이 짧은 기간은 무엇인가? 그것은 우리 실존의 어떤 순간이 아니라, 하나의 실존을 다른 하나의 실존과 분리하는 영원의 시간이다.

이 말의 뜻은 재-의지하기의 목표는 한 개인 안에 기입된 **다수의 타자성**이라는 것이다. 이것이 바로 **끊임없는** 변모라면, 니체가 왜 개인의 **있는-그대로-존재하기**être-tel-quel에 대한 필요조건으로 '선재'先在, préexistence를 선언하는지를 이 말이 설명해 준다. **끊임없는 투쟁**이 가리키는 것은 지금부터 악순환의 신봉자는 이 다수의 타자성을 연습해야 한다는 것이다. 그러나 이 주제는 니체가 나중에 **우연적 사례의 이론**을 고찰할 때 다시 다룰 것이다.

이 단편들은 악순환의 사유를 발전시키기 위한 새로운 요소들을 가져온다. 그것은 단지 불가역적인 시간에 직면한 의지가 더 이상 아니다. 의지는 징벌로서의 실존이라는 표상으로부터 치유되어, 이제는 의지되지 않은 것을 재-의지함으로써 자신을 포획한 사슬을 끊고, 시간의 가역성 안에서 힘에의 의지로서의, 따라서 창조적 의지로서의 자신을 알아본다.

그 대신에 이 단편들이 중시하는 것은 실존의 변화이다. 그 자체가 언제나 원환이므로, 스스로를 가역적인 것으로 원해서 개인으로부터 **결정적인 한 번의** 행위들의 무게를 덜어 주는 그러한 실존의 변화이다. 처음에는 견디기 어려웠던 고지annonciation, 즉 **동일한 행위들의, 동일한 고통들의 무한한 되풀이**라는 고지는 이제부터 속죄 자체처럼 여겨진다. 그때 영혼은 자신이 다른 개인들과 다른 체험들을 이미 주파했고, 따라서 앞으로

---

7) KSA, Vol. 9, p. 520, 11[197], 1881[『전집』 12권, 520쪽].

도 주파해야 한다는 것을 알고 있다. 영혼이 **지금 여기에서** 알고 있는 유일한 개인은 이제부터 그런 개인들과 체험들에 의해 깊어지고 풍부해진다. 이 유일한 개인을 준비했고 다른 개인들을 위해 이 개인을 준비하는, 의식은 생각지도 못한 그러한 개인들과 체험들에 의해서.

재-의지, 악순환으로의 순수한 귀의. **계열 전체를 한 번 더** 재-의지하기, 모든 체험들을 재의지하기, 자신의 모든 행위들을 **내 것**이 아닌 것으로 재-의지하기. 내 것이라는 **이 소유격**은 정확히 더 이상 의미를 가지지도, 목적을 표상하지도 않는다. 의미와 목적은 원환에 의해 청산됐다. 차라투스트라가 침묵하고 그의 메시지가 중단되는 것은 이 때문이다. 그 자신의 비탄을 감당하는 폭소를 제외한다면 말이다.

영원회귀의 해석에 대한 니체 자신의 태도가 갈라지는 것은 여기에서부터이다. '위버멘쉬'는 힘에의 의지의 주체의 이름, 영원회귀의 **의미**이자 **목적**이 된다. 힘에의 의지는 **의도가 없는** 순수한 강도인 악순환의 영혼, 그것의 **인간화된** 호칭일 따름이다. 그 대신 이 교의의 신봉자인 개인에게 영원회귀로서의 악순환은 다수의 실존들이 연결된 사슬처럼 보인다. 하나의 '영원에서 또 다른 영원'에 이르기까지, 악순환은 자신이 현재 존재하는 것과는 다르게 **선재했고**, 그렇게 계속 다르게 존재할 것임을 알고 있다.

그런 방식으로, 니체는 윤회의 갱신된 판본을 도입한다.

정화purification의 필요성. 즉 한 작인의 영혼이 순진무구의 상태로 되돌아와 그때부터 불변의 영원으로 받아들여지기 전에, 그 영혼이 연이은 실존들을 통해 속죄할 수밖에 없는 죄. 인도와 아시아의 밀교로부터 기독교 영지주의에 전해진 태고의 도식.

이런 것이 니체에게는 전혀 없다. '속죄'도, '정화'도, '불변하는 순수'도. 악순환의 체계에 따라서 선재先在도, 후재後在도 항상 현재의 동일한 실존의 잉여물이다. 한 개인의 능력이 동일한 실존의 분화/차이 différenciation의 풍부함을, 즉 그 정서적 잠재성을 결코 고갈시키지 못할 것이라는 것을 이 체계는 상정한다. 윤회설은 불멸하는 영혼의 **화신들**을 보여 준다. 니체 자신이 이렇게 말한다. "**우리가 우리의 불멸성을 견뎌 낼 수 있기를. 이것이 최상일 것이다.**"[8] 그런데 이 불멸성이 니체에게는 정말로 개인적이지 않다. 영원회귀는 영속적인 동일성을 말소한다. 니체는 악순환의 신봉자에 대해, 그가 자신의 우연한 영혼의 **해체**를 수락하고, 다른 하나의 우연한 영혼을 맞이하기를 요청한다. 계열 전체를 주파한 후에는 이 해체된 영혼도 다시 자신의 자리에 돌아오는 것이 필요하다. 즉 **원환의 법칙이 그에게 계시되었던 영혼의 음조의 높이 정도로.**

만약 개인의 변신이 악순환의 법칙이라면, 그것은 어떻게 의지될 수 있는가? 원환의 계시는 갑자기 의식적인 것이 된다. 이 의식 안에 머물러 있는 것은 원환의 필연성에 맞추어 살기에 충분하다. 바로 이 체험(악순환의 비밀을 전수받은 사람이 되는 순간) 자체를 재의지하기 위해서는 **가능한 모든 체험들**을 주파하는 것이 필요하다. 따라서 수많은 실존들 중 하나와 잇따를 모든 실존들을 특권화하는 이 순간에 **앞서는** 모든 실존들이 필요하다. 모든 체험들을 **재의지하기**, 가능한 모든 행위들, 가능한 모든 환희들과 가능한 모든 고통들을 재의지하기. 그것은 이런 의미다. 즉 어떤 행위가 지금 완료됐다면, 어떤 체험이 지금 생겼다면, 그것을 위해서는 동일한 개인 안에서가 아니라 그 개인의 동일한 잠재성에 속하는 모든 것 안에 하나의 계열이 그 이전에 이미 존재했었고, 다른 무수한 계열들이 이를 뒤따라야 했다는 것이다. 그리하여 어느 날 그 개인은 지금 그대로의 자신을 **한 번 더** 되찾는다.

---

8) GS, Vol. 14, p. 130.

영원회귀와 전통적 운명론의 차이

니체는 운명론(숙명le fatum)을 사유하는 것을 원환의 차원에서 완료한다.

그 자체로서의 운명론은 성향 안에서 이미 확립된, 불가역적인 방식으로 전개되고 종료되는 하나의 연쇄를 전제한다. 내가 무엇을 하든지, 내가 무엇을 할 것인가를 결정하든지, 나의 결정은 나의 사유와는 반대로 내가 알지 못하고 내 손에 잡히지 않는 하나의 **계획**을 따른다.

악순환은 운명의 체험(시작도 끝도 없는 운동의 형태로)에 우연과, 하나의 사슬을 형성하는 무수한 계열들과 같은 우연의 무수한 조합들, 이 둘의 작용을 재통합한다. 사슬은 숙명의 이미지다. 원환으로서, **되풀이해야/재시작해야**recommencer하므로 스스로를 재−의지할 수밖에 없는 그러한 숙명의 이미지다.

우연은 그것을 구성하는 순간들(개인적인, 특이적인, 따라서 우연적인 실존들)**의 각각에 있어서 하나의 우연일 뿐이다.** 한 개인에게 원환의 형상이 계시되는 것은 '우연'에 의해서이다. 그때부터 그는 자기 자신을 재의지하기 위해서 모든 계열들을 다시 의지하는 법을 알게 될 것이다. 달리 말하자면, 그가 존재하는 순간부터 그는 자신의 실존에 앞서는 모든 계열들, 그 뒤의 모든 계열들을 재의지하지 않을 수 없는 것이다.

영원의 감각과 욕망의 영원화는 유일한 순간 안에서 융합한다. **이전의 삶**과 **이후의 삶**의 표상은 내세나 이 내세에 접근할 개인적 자아와는 아무 관련이 없다. 이것이 관련되는 것은 무수한 개인적 차이들에 의해 체험되고 느껴진 **동일한 삶**이다.

그러므로 영원회귀는 이 동일한 삶이 전개되는 양식이 아니다. 주체가 **무수한** 원무에 의해 기습을 받는 **결정적인 한 번**의 순간으로부터 현기증의 감각이 생겨난다. **결정적인 한 번**은 사라진다. 강도는 존재의 일련의 무한한 진동들과 같은 것을 발송한다. 그리고 이 진동들은 개인적인 자아를 그 자신 밖으로 그만큼의 숫자의 **불협화음들**로서 투사한다. 모든 불협화음들은 이 동일한 순간의 화음이 회복될 때까지 울리고, 그 회복된 화음 안으로 이 불협화음들은 다시 흡수된다.

의식의 차원에서 의미와 목적은 상실된다. 이들은 악순환의 **어느 곳에나** 존재하고 **아무 곳에도** 존재하지 않는다. 왜냐하면 원환의 **어떤 지점도 목적인 동시에 시작**일 수는 없기 때문이다.

요컨대 영원회귀는 원래 표상도 아니고 본래의 의미에서의 공준도 아니다. 그것은 **체험된 사실**이고, 사유로서는 **돌연한** 사유이다. 그것이 환영이든 아니든 질스-마리아의 체험은 피할 수 없는 필연성으로서 그 속박의 힘을 행사한다. 깊이 새겨진 이 필연성 안에서, 이 순간부터 공포와 환희가 번갈아 니체의 해석들에 영감을 불어넣을 것이다.

어떻게 니체의 운명론이 의지의 배제에 의해 완성되는가

니체는 영원회귀의 사유와 그것이 전제하는 선재의 사유만이 운명론을 완성한다고 말하지 않는다. 니체는 두번째 단계에서 **의지의 개념**을 배제했기 때문에 그의 운명론이 완전해졌다고 말한다. 영원회귀의 사유가 이미 그 발전 안에서 자아의 동일성과 함께 의지의 전통적 개념을 폐기한 것은 확실하지만, 니체는 그의 운명론의 두번째 측면에 있어서 자신의 고유한 생리학을 암시하는 것처럼 보인다. 이 생리학에 따르면, **힘에의 의지**가 아닌 의지는 존재하지 않고, 이 관점으로부터 말하자면 의지라는 것은 근원적 **충동** 이외에 어떤 것도 아니다. 이 근원적 충동에 대해 지성으로부터 출발하는 어떤 도덕적 해석도, 그 해석이 통과하는 무수한 변신들, 그것이 받아들이는 갖가지 형상들, 그것들을 유발하는 변명들(즉 내

세워진 **목적**, 이 충동이 무수한 변신들 안에서, 의식의 차원에서, 스스로에게 부여한다고 주장하는 **의미**)을 결코 중단시키지 못한다. 이렇게 운명은 충동의 힘과 융합될 것이다. 정확하게 말하자면, 작인의 '의지'를 초과해, **이미 작인을 변화시키고**, 그러므로 작인의 안정적 동일성을 위협하는, 그러한 충동의 힘과.

4장_데카당스, 비상飛翔, 무리짓기, 특이적 사례
네 가지 기준들의 기원으로서의 병적 상태들

그 당시에 본래 내게 무슨 일이 일어났던 것일까? 나는 자신을 이해하지 못했다. 그러나 충동은 내게 명령과 같은 것이었다. 오래전부터 우리의 숙명이 우리를 지배하는 것처럼 보인다. 오랫동안 우리는 수수께끼만을 체험하고 있다. 사건의 선택, 사건의 파악, 급작스런 욕구, 가장 마음에 드는 것, 때로는 가장 숭배되는 것의 거부. 이와 같은 것이 마치 우리 자신의 근저로부터 무언가 자의적이고, 무모하고, 화산과 같은 것이 여기 저기에서 분출하는 기분의 운동처럼 우리를 놀라게 한다. 그러나 이것은 우리의 앞으로의 과업을 수준 높게 분별하고 신중하게 다루는 것일 뿐이다. **나는 속으로 자문했다. 내 삶의 긴 문장은 아마도 거꾸로 읽히게 될 것인가?** 그것을 순차적으로 읽는 것, 거기에서 의심의 여지가 없이 나는 **'의미 없는 말'** 만을 발견할 뿐이었다.

점점 더 커지는 이탈, 기분에 따른 외유, '기분 전환', 냉각, 절제. 그것만이 오직 그것만이 최근 몇 년간의 내 욕망이었다.

나는 그때까지 내 마음이 집착하고 있던 모든 것을 엄밀히 검토했다. 나는 가장 좋은 것들, 내게 가장 소중했던 것들을 뒤집어 그 이면을 조사했다. 나는 중상모략에 관한 인간의 기술이 가장 섬세하게 발휘된 모든 것에 대해 그 정반대의 것을 행했다. 그때 나는 그때까지 내게 낯설었던 수

많은 것들의 주변을 아주 조심스럽고, 심지어는 사랑스런 호기심으로 둘러봤다. 나는 우리시대와 '근대적인' 모든 것을 더 공평하게 느끼는 것을 배웠다. 틀림없이 불안하게 하는 놀이였고, 악의적이라고 말할 수 있는 놀이였다. 나는 그로 인해 자주 아팠다. 하지만 내 결심은 확고했다. 그리고 아플 때조차 나는 내 '놀이' 안에서 평정을 잃지 않았고, 병이나 고독이나 방황의 피로가 조금이라도 영향을 끼칠 수 있는 모든 결론을 나는 피했다. 나는 속으로 말했다. "전진하라! 내일이면 너는 치유되리라. 오늘은 **건강한 척하는 것으로** 충분하다." 그때 나는 내 안에 있는 '염세주의적인' 모든 것을 극복하게 되었다. 치유하려는 의지 자체, **건강의 연기**演技는 내 치유제였다.[1]

* * *

니체는 자신의 병적 상태들에 대한 관찰을 통해, 자신의 고유한 체험 안에서 무엇이 **유효하고** 무엇이 그렇지 않은가의 구별(**건강**과 **질병**이라는, 그의 마음을 점차 크게 차지하는 두 개의 개념에 항상 따르는)에 대해 점증하는 당혹감을 느낀다.

비상飛翔, essor과 **데카당스**의, **퇴화**와 **힘**의 징후들, 엄밀해지려 할수록 애매해지기만 하는 어떤 변별작용에 따라서 그것들을 밝히는 방식. 그것이 니체에게 있어서 그 자체로서 아주 다의적인 '가치'라는 말, 그리고 능동적이거나 무익한 모든 가치의 원천인 '힘'이라는 말의 근거를 제공한다. 이러한 아주 불안정한 기반으로부터 출발해서, 그것에 의해 니체의

---

1) KSA, Vol. 11, pp. 664~5, 40[65], 1885[『전집』 18권, 507~9쪽]. 『인간적인 너무나 인간적인』(1886)의 새로운 서문 초안.

정신적 **노력**에 일종의 **균열이 일어난다**. **사유하는 행위**, 그것이 결국 완전한 무력함/무능의 징후일 뿐이라면? 그래서 니체는 파르메니데스의 다음과 같은 격언, **"사유할 수 있는 것은 현실이고, 현실인 것은 사유할 수 있다"**를 뒤집어서, **"사유할 수 있는 모든 것은 비현실이다"**라는 지각된 현실의 원칙 그 자체를 파괴하는 정반대의 격언을 말한다.

이처럼 니체는 자신의 고유한 성찰 안에서 일종의 반복되는 검열을 구축한다. 동시대의 사회 안에서 또는 표면적인 역사 안에서 니체가 들춰내는 데카당스의 징후들은 그가 자신의 고유한 행동과 고유한 충동의 삶 안에서 느끼고 관찰한 것에 대한 개인적 강박관념에 대응한다. 그가 때때로 **폭군**이라고 부르는 검열은 그에게 끊임없이 교묘하게 스며든다. **"이것은 너의 유전 탓이다, 그것은 병적인 욕구이다, 이것은 또 하나의 잘못이고 그러므로 겪어야 할 부적격성이다"**라고.

그러나 무엇이 **건강하고** 무엇이 **병들었는가**라는 기준과 함께 또 다른 차원의 기준들이 개입하여 앞의 기준들과 결합한다. 그것은 무엇이 **특이적**singulier이고 무엇이 **무리적**grégaire인가라는 것이다.

데카당스 병든 약한	비상 건강한 강한
특이적	무리적
퇴화된 유형	성공한 유형
교환불가능	교환가능
이해불능	이해가능
침묵	전달
비언어	언어

언어·전달·교환이 **무리적 일치**에 건강·강함·지고함의 성격을 부여한 상황에서 특이적인 것·교환불가능한 것·침묵에서 힘의 속성들 따라서 건강과 지고함의 속성들을 어떻게 복원할 것인가? 그런데 교환·전달 가능한 것·언어를 전제하는 것은 무리짓기grégarité다. 언어는 **무언가에 적용되는 것**, 즉 종의 보존에, 집단의 지속에 기여하는 모든 것이지만, 개인에게는 특유한 기호들의 지속에 기여하는 모든 것이다.

따라서 최초의 물음은 이런 것이다. 언어가 그렇게 요구하고 있는 것처럼 보이므로, **건강한** 모든 것, 강한 모든 것은 필연적으로 **무리짓기**에, 즉 종의 보존의 본능에 속하는 것인가? 언어는 이 경우 말에 의한 전달이 의존하는 모든 범주, 그것에 의해 개인들이 서로를 이해하고, 돕고, 인지할 수 있는 모든 범주, 말하자면 모순과 동일성의 원칙이다. 지성의 범주들, 달리 말하면, 의식의 범주들이다.

특이적이고, 전달불가능하고, 교환불가능한 모든 것은 단지 침묵을 강요당할 뿐 아니라, 소멸되거나 아니면 '무의식' (**규범**이라고 불리는 것에서 배제된 모든 것)으로 남아 있어야만 하는가?

또는 정반대로 이 규범을 따르는 것, 그것은 특이적인 것이 쇠약해지는 과정의 결과가 아닌가? 그것은 과잉된 힘들이 완만하게 균일화되어 그 힘들의 감소가 타협에 이르게 되고, 이 타협은 평균적이기 때문에 대표적인, 따라서 평범한 유형을 형성하는 것이 아닌가?

두번째 물음은 체험 안에서 무엇이 **특이적인 것**에 속하고, 무엇이 그것이 체험된 방식에서 무리적 경향들의 차원에 속하는지의 물음이다. 니체는 가끔 자신의 우울한 상태가 자신 안에서 그러한 경향들을 일깨우지나 않을까 염려했다. 이러한 의혹은 세대를 지나면서 점차 명확한 모습을 나타내는 어떤 감추어진 힘이 있다는 예감을 배제하지 않는다. 무리적 경향들은 각각의 특이적 사례에 속하는 체험들을 전달의(완전히 무리적인)

차원에서 말한다는 구실로 그것들을 옳기고, 존속시킬 것이기 때문이다. 니체가 서구문화를 논하고 형이상학과 전통적 도덕과 투쟁하는 방식은 그가 자신에 대해 질문하는 방식의 한 측면에 지나지 않는다. 다음과 같이 제목이 붙여진 단편처럼.

자기에 대한 전형적인 구조화. 또는 가장 중요한 여덟 개의 물음들.(즉)

1. 자신이 복수적multiple이길 원하는가 아니면 더 단순하기를 원하는가?
2. 더 행복해지기를 원하는가 아니면 행복과 불행에 무관심하기를 원하는가?
3. 자신에 대해 더 만족하길 원하는가 아니면 자신에 대해 더 요구하고 더 엄격하길 원하는가?
4. 더 유연하고, 더 협조적이고, 더 양보를 잘하고, 더 인간적이기를 원하는가 아니면 반대로 '더 비인간적' 이기를 원하는가?
5. 더 똑똑해지기를 원하는가 아니면 더 무분별해지길 원하는가?
6. 하나의 목적에 도달하기를 원하는가 아니면 모든 목적을 회피하기를 원하는가(예를 들어, 각각의 목적에서 한계와 막다른 길과 감옥과 어리석음의 냄새를 맡는 철학자처럼)?
7. 더 존경받기를 원하는가 아니면 더 두려움의 대상이 되길 원하는가? 아니면 반대로 더 경멸을 받기를 원하는가?
8. 폭군이 되기를 원하는가 아니면 유혹자나 목동이나 무리짓는 동물이 되길 원하는가?[2]

이보다 더 명확한 단편이 같은 질문형식으로 논의를 전개한다.

---

2) KSA, Vol. 13, p. 474, 15[114], 1888[『전집』 21권, 329쪽].

내 고유한 가치들을 위한 관점. 충만함에 의해서인가 아니면 욕망에 의해서인가? …… 관망해야 하는가 아니면 손을 내밀어야 하는가, 아니면 도외시하거나 제쳐 둬야 하는가? …… '자발적으로' 자극되고, 흥분되는 것은 축적된 힘으로 인한 것인가 아니면 단순히 **반사적인** 것인가? 단순하게 소수의 요소들로부터인가 아니면 필요할 때 수많은 요소들을 봉사하게 하는 압도하는 지배권으로부터 나오는 것인가? …… 사람들은 **문제**인가 아니면 **해결책**인가? …… 보잘것없는 과업에선 **완전하게** 아니면 목적이 대단하면 **불완전하게**? 사람들은 **진짜인가** 아니면 **배우**에 불과한 것인가, 배우로서는 진짜인가 아니면 배우를 흉내 낼 뿐인가? 사람들은 무언가를 대표하는가 아니면 무언가에 의해 대표되는가?…… '인격체'인가 아니면 인격들의 하찮은 모임인가 …… 사람들이 **병든 것**은 질병 때문인가 아니면 **넘치는** 건강 때문인가? …… 사람들이 선두에 서서 걸어가는 것은 목자로서인가 아니면 '예외자'(제3유형 : '탈주자')로서인가? 필요한 것은 **품위**인가 아니면 '어릿광대'인가? 저항을 추구해야 하는가 아니면 그것을 회피해야 하는가? 사람들이 불완전한 것은 '시기상조'〔조숙〕여서인가 아니면 '너무 늦어서'〔발육부진〕인가? "예", "아니오"라고 말하는 것은 본성에 의해서인가 아니면 공작의 깃털과 같은 잡다한 색깔들의 총체를 구성하는 것뿐인가? 우리는 아직 후회할 수 있는가(후회하는 인종은 점점 더 드물어진다. 예전에 양심은 지나치게 물어뜯었어야 했다. 이제 양심은 물어뜯을 수 있는 이를 충분히 갖고 있지 않은 것 같다)? 우리는 아직 '의무'를 완수할 수 있는가(자신의 '의무'를 **빼앗기면**, 삶의 기쁨의 마지막 잔재까지 잃게 되는 그런 자들이 있다. 특히 여성적인 영혼들과 태어날 때부터 예속적인 존재들이 있다)…….[3]

---

3) KSA, Vol. 12, pp. 537~8, 10[145], 1887[『전집』 20권, 241~2쪽].

이 양자택일들 중 몇몇에서 보이는 특별히 니체적인 강조에 유의하자. 예를 들어 '조숙' - '발육부진' · '목자' - '예외자' 또는 '탈주자' · '품위' - '어릿광대'. 수백 개의 눈을 가진 '공작의 깃털'이라는 멋진 이미지는 이미 서구문화, 즉 우리 문화 자체의 본성을 니체가 자신 안에서 어떻게 느꼈는가를 잘 보여 주고 있다고 생각한다. 전지全知, omni-science라는 것은 이 잡다한 색깔들이고, 지성의 무수한 색조들이다. 그것은 이제부터 가능해진 모든 것의 총합적 비전 안에서 완전한 무기력상태 같은 것에 다다른다. 그 결과, 의식은 이 아르고스의 감시 안에서 무의식이 되어 사라지고 불투명하게 된다. 그 때문에 근대적 의식은 (다시 깨물 수 없는) 이빨 빠진 것이고, 따라서 자신의 공허함에 대한 수치심도 없다. 이러한 니체의 양자택일에는 운명이 결론을 내릴 것이다. 철학자가 망가진 후에, 최후의 무대에서 마지막 말을 하는 자는 어릿광대일 것이다.

병적인 징후들을 건강의 징후들과 대립시키는 도식의 기원은 **무리짓기**의 기호들과 **특이성**의 기호들을 대립시키는 도식에 있다. 니체의 성찰 안에서 이 두 개의 도식은 서로 교환가능하다. 모든 발언은 무엇보다 계통발생학의 차원에 속하고, 그 결과 특이적 상태에 속하는 체험으로부터 종espèce을 배제하는 것, 또는 이 체험을 특이화하는 주체를 종으로부터 배제하는 것, 이런 것들을 지시하는 용어들 안에 **종은 현존한다**. 특이적인 것의 **발언**에 가치를 부여하기 위해 언어가 이제부터 해야 하는 것은, **특이적 침묵**의 영역을, 그리고 이 침묵 안에 있는 종으로서는 정말로 **비가지적**인 것, 즉 무리적 제도들이 요구하는 가지성에 비하여 비가지적인 영역을 획정하는 것이다. 그런데 특이적 사례의 비가지적 토대를 형성하는 것이 특정한 집단에게 있어서 언제나 그렇다는 것은 아니다.

이러한 관점에서 특이적 사례는 선행한 체험들의 **망각**을 나타낸다. 이 체험들은 이제부터 무리적 충동들에 의해 무의식상태에 이를 때까지 동화되고, 따라서 지배적인 검열기구에 의해 억압되고, 또는 반대로, 종 안에서, 종의 실존에 있어서와 마찬가지로 개인에 있어서도, 동화될 수 없는 것으로서 배제된다. 니체에게 있어서 특이적 사례는 이렇게 '시대착오적인' 방식으로 예전의 존재조건을 재발견하는 것이다. 그 예전의 존재조건이 니체 안에서 깨어나기 위해서는, **현재의** 조건이 이를테면 그를 통해 확실해진 충동의 상태에 대응하지 않는 것이 필요하다. 그렇지만 무리 짓기의 제도적 수준에서, 상대적으로 시대착오적인 이 특이적 상태는 자신의 다소 강력한 강도에 따라서 제도 자체를 비현재화하고, 이번에는 제도를 시대착오적인 것으로서 고발할 수 있다. 그 자체로서의 모든 현실이 특이적 사례와의 관계에 의해 비현재화되는 것, 그로부터 생기는 감동이 주체의 활동을 포착하여 주체가 행동을 하도록 만드는 것, 거기에 사건의 흐름을 바꿀 수 있는 뜻밖의 사건이 있다. 새로운 흐름은 기회들의 회로를 따라 흐르고, 이 회로를 니체는 자신의 사유의 세계로 만들 것이다. 그리고 그가 이로부터 역사 안에서 주기성을 끌어 냄에 따라서 음모의 계획은 악순환의 기호 아래 구체화된다.

질스-마리아에서 니체를 감동시켰던 체험, 그것에 앞서는 어떤 감정적 동요를 계승했는지는 정확히 알 수 없는 돌연한 사유로 찾아온 체험을 고찰해 보면, 이 체험에 대한 사유가 니체의 마음을 점차 강하게 사로잡는 건강과 질병의 징후들에 관한 관찰과 어떤 관계를 가졌는지를 묻게 된다. "삶이 이 사유를 발명했다"고 그는 말한다. 격렬한 기세로 분출하며 **악순환**의 기호로 스스로를 알리는 것이 가장 심오한 충동이라면, 이 충동은 건강한 것과 병든 것을 구별하는 기준점들에 대한 탐구를 중단시킬 것인가? 어떤 점에서 니체는 스스로를 이 영원회귀의 체험을 획득한 특권자로 간주해야 하는가? 그의 안, 그의 주위에서 쇠퇴하는 것과, 그를 고양하는 것 사이에서 파국의 바람이 분다.

＊ ＊ ＊

　　1888년 봄에 쓰인 유고의 단편에서는 전통적인 철학과 도덕의 최고 가치들이 무력함과 무저항의 병적 징후일 따름이고, 그런 의미에서 정신박약의 증상과 동일한 차원에 속한다는 것을 니체가 아직 자신에게 증명하는 단계에 있다. 그리고 그 자신에 관해서는, 그가 사유하게 되는 모든 것(그것은 잠재적인 동기이므로)은 그때까지 최고 가치들이라고 여겨졌던 것과는 반대로 어떤 병적인 상태로부터 생길 수 있다고 그는 생각한다. 그런 이유로 그는 다음의 단편을 원리적 선언으로서 쓰고 있다.

　　유전되는 것은 질병이 아니라 병적 상태이다. 즉 **유해한 것의 침입**이라는 위험에 저항하지 못하는 무기력 등등. 꺾인 저항력. 도덕적으로 표현하면, 적 앞에서의 체념과 굴종.

　　나는 지금까지의 철학과 도덕과 종교의 이런 최고 가치들 전부가 허약자, 무력자, 정신병자, 신경쇠약자들의 가치들과 비교될 수 있지 않을까 자문했다. 그 최고 가치들이 좀더 부드러운 형식으로 동일한 악들을 표현하고 있으니……

　　모든 병적 상태들의 가치는 정상적인데 정상적이라고 판별되기는 어려운 어떤 상태들을 돋보기로 확대하듯이 보여 준다는 데에 있다…….

　　건강과 질병은 옛 의사들이나 오늘날의 일부 임상의들이 믿는 것과는 달리 본질적으로 다른 것이 아니다. 이것들을 살아 있는 유기체에 관해 서로 싸우고 그것을 전장(그것들이 서로 싸우는 장소)으로 만들어 버리는 판명한 원리들이나 실체들로 만들어선 안 된다. 그것은 쓸데없는 수다이자 부질없는 말일 뿐이다.

　　사실 건강과 질병이라는 삶의 두 양식 사이에는 단지 정도의 차이만이

있을 뿐이다. 정상적 상태들의 과장, 불균형, 부조화가 병적 상태를 구성한다. 클로드 베르나르.[4]

악이 과장, 부조화, 불균형으로 간주될 수 있는 것만큼, 선도 과장, 부조화, 불균형의 위험을 예방하는 식이요법일 수 있다.

지배적인 감정으로서의 유전적 허약 : 최고 가치들의 기원.

주의! 사람들은 허약을 원한다. 왜? …… 그들 대부분이 필연적으로 허약하기 때문이다…….

과제로서의 허약화 : 탐욕, 쾌감과 불쾌감의 허약화, 힘에의 의지와 긍지감과 소유와 더 많이 갖고자 하는 의욕의 허약화. 순종으로서의 허약화. 신앙으로서의 허약화. 자연적인 모든 것에 대한 혐오와 수치심으로서의 허약화. 삶의 부정으로서의, 질병과 습관적 허약으로서의 허약화…….

이 치료에서의 실책 : 사람들은 허약함에 맞서 강건한 체계에 의해 싸우려 하지 않고, 일종의 정당화와 도덕화로 싸우려 한다. 말하자면 해석에 의해…….

완전히 다른 두 가지 상태들에 대한 혼동. 예를 들어, 힘의 휴식, 그것은 본질적으로 반응의 억제이자, 무감각한 신들의 전형적인 억제이다.

그리고 마비상태에까지 이르는 고갈과 경직의 휴식.

모든 철학적·금욕적 절차들은 두번째 휴식을 갈망하지만, 이 절차들도 실제로는 첫번째 휴식을 원한다. …… 왜냐하면 이들은 도달된 상태에 마치 신적 상태의 달성과도 같은 속성들을 부여하기 때문이다.[5]

---

4) 클로드 베르나르(Claude Bernard, 1813~1878)는 프랑스의 생리학자로 실험에 기초한 근대적 생리학의 창시자들 중 한 명이다. 질병을 화학물질의 차원에서 해명했으며, 저서인 『실험의학서설』(1865)은 실험생물학의 방법론에 관한 것으로 사상계에까지도 큰 영향을 끼쳤다.
5) KSA, Vol. 13, pp. 250~1, 14[65], 1888[『전집』 21권, 56~8쪽].

유전되는 것은 질병 그 자체가 아니라 병적 상태이다. 이 병적 상태는 **체념과 굴종**이라는 도덕적 가치의 모습으로 나타날 것이다. 이것이 니체가 처음의 두 단락에서 말하고 있는 것이다. 그로부터 필연적으로 다음과 같은 질문, 지금까지의 **최고의 가치들**이 병리학적 위장은 아닌지를 묻는 질문이 제기된다.

이 문장의 마지막 단락들을 읽은 후에 첫 단락으로 돌아간다면, 첫 단락은 상반된 두 개의 명제를 포함하고 있는 것처럼 보인다.

첫번째 명제는 전통적인 도덕의 방향으로 나아간다. 즉, **자신의 충동들**에(유해한 것의 침입에) **저항할 수 없는 것은 작인에게 악이다.**

두번째 명제는 이 저항의 결여(파괴된 저항력)를 **체념과 굴종**이라고 부른다. 이것은 어떤 관점에서인가?

니체의 관점에 의하면(세속적 도덕의 관점과 마찬가지로), **적**(적대적인 힘들의 침입) 앞에서의 **굴종과 체념**은 **약함**과 동의어이다.

굴종, 체념. 이것이 전통적 도덕의 가치들이고, 특히 기독교적 미덕들이다.

하지만 **굴욕적인 것**이 어떻게 미덕의 기준이 되고, 체념이 어떻게 현명함의 기준이 될 수 있었는가?

여기에서 바로 **다른 식으로 평가된** 두 가지 반응이 문제가 된다. **작인이 유해한 것의 침입에 저항함으로써 이익을 얻는다면,** 달리 말해서 이렇게 자신의 의지력을 확고히 할 수 있다면, 니체가 말하고자 한 것이 이것이라면, 그는 전통적 도덕과 의견을 같이했을 것이다. 그러나 니체는 바로 이 전통적 도덕이 **약함**의 도덕이라는 것을 증명하려고 시도한다. 그럼 **유해한 것의 침입**이란 무엇인가? 그것은 충동들인가? 하지만 힘에의 의지는 최고 충동이 아닌가? 그것은 어떻게 유해한가? 니체에게 언제부터 이런 사태가 벌어졌는가?

틀림없이 니체가 말하고자 하는 바는 이것이다. 유해한 것(실존에 유해한 것)에 저항하기 위해서 필요한 힘, 이 힘(따라서 자기보존의 본능)은 개인 안에서 소멸하므로 그것의 부재나 단절은, 무저항이 더 일반적이거나 더 빈번한 만큼 더 가혹한 검열을 야기했다는 것이다('침입'과 그것이 야기하는 도덕의 동기를 니체가 다시 취하고 전개하는 것을 나중에 보게 될 것이다).

그러나 여기에서조차 니체의 성찰은 애매하다. 마지막 단락들에서 (주의하라nota bene) 그는 **갈망들**의 쇠약을, 힘에의 의지의 갈망들의 쇠약을 과업으로서의 도덕, 과업이 부과하는 도덕의 탓으로 돌린다.

그리고 힘에의 **의지와 갈망**은 **니체에게는** 분명히 **긍정적이므로**, 이 동일한 단편 안에서 **한 관점은 다른 한 관점으로 대체되는** 것처럼 보인다. 첫번째 관점에 의하면 힘이란 유해한 것의 침입에 저항하는 것이다. 두번째 관점에 의하면 **약함은** 갈망 안에서 뚜렷한 **힘에의 의지 앞에서 물러서는 것이다**. 그러므로 **건강과 질병**이라는 기준 자체가 변한 것이다. 그 변화는 단순히 실존의 '어떤 상태로부터 다른 상태로'라는 '정도들의 차이'가 문제이기 때문일 뿐만 아니라(이것이 단편 전체 안에서 가장 명확한 점이다), 또한 니체 자신이 **전통적 도덕**은 삶의 **부정**이라는 것을 증명하고 싶다고 생각하면서도, 산다는 것의 **힘과 무력함**이 **무엇으로** 이루어지는가를 알기 직전에 계속해서 주저하기 때문이다. 그러므로 자신에게 무엇이 정말로 유해한 것인지를 결정하지 못하는 것이다.

과잉은 무엇이 존재하는지를 보여 준다. 즉, 힘은 자신이 존재한다는 것을 스스로에게 증명하기 위해서 자신을 생산하지 않을 수 없다.

만약 과잉이 과장된 상태일 뿐이라면, 정상상태의 비대화일 뿐이라면, 정상상태란 무엇인가? 만약 하나의 상태에서 다른 상태로의 이행에서 정도들의 차이만이 존재한다면, **건강과 질병**이라는 용어들의 존재 사실의 표면적인 뉘앙스의 차이들로서 정의하는 그러한 정도들의 차이만이 존재한다면, 여기선 **힘**이 저기선 **약함**이 문제라는 것을 자의적으로 결정하지 않기 위해서는 어떤 근거가 필요한 것일까?

같은 시기의 다른 단편에서도 니체는 또다시 동일한 주제로 되돌아와 무엇이 **건강하고** 무엇이 **병들었는가**의 구별을, 이번에는 힘의 진짜 혹은 가짜 징후들이라는 관점에서 출발하여 그러므로 힘의 모습을 한 무력함이라는 관점에서 출발하여, 더 명확하게 정립한다. 이것은 정확히 이전의 단편에 대한 **반대증명**이다. 하지만 이전의 문장에서와 마찬가지로 여기에서도 니체 자신을 강박관념처럼 따라붙는 것, 즉 그 자신의 유전의 문제로부터 논리의 일탈이 시작된다. 이전의 글에서 니체는 이미 **유전되는 것**은 병이 아닌 **병적 상태**라고 말했다.

물론 니체가 불길한 유전의 짐을 그렇게 무겁게 짊어지고 있다고 해도, 그는 "최고의 가치들의 기원으로서의 유전적 약함"이라는 의미에서의 유전을 짊어지고 있는 것이 전혀 아니다. 그렇다면 그는 이 약함이 거짓된 힘의 형태들과 폭발들의 모습으로 위장된다는 의미에서 유전을 짊어지고 있는 것일까? 그가 두려워하는 것은 **가장 위험한 오해**를 자초하는 인간유형으로서 일생을 마친다는 것이다. 그래서 다음과 같은 단편 제목이 붙여진다.

가장 위험한 오해

언뜻 보기에는 어떤 혼동이나 애매모호함도 전혀 허용하지 않을 것 같은 개념이 있다. 고갈이라는 개념이 바로 그것이다. 이것은 획득될 수도 유전될 수도 있으며, 어떤 경우든 사물의 양상과 **모든 사물의 가치**를 변화시킨다…….

자신이 표현하고 느끼는 충만으로부터 저절로 넘쳐 나와서 자발적으로 사물에 **나누어 주고**, 사물을 한층 더 풍만하고, 한층 더 강력하며, 더 전도유망한 것으로 바라보는 자, 어떠한 경우라도 증여로 모든 것을 채울 줄 아는 자와 대립되는 자, 이런 쇠약한 자는 그가 바라보는 모든 것을 왜소하게 만들고 망쳐 버린다. 그는 가치를 **빈곤하게 한다.** 그는 해로운 존재다…….

이 점에 대해서 잘못 파악하는 일은 가능하지 않다. 그럼에도 불구하고 쇠약한 자들이 언제나 충만한 자들과 혼동되었고, 과잉을 본성으로 하는 자들이 언제나 가장 해로운 자들과 혼동되었다는 그런 끔찍한 사실을 역사는 증명한다.

삶이 빈곤한 자인 약자는 삶을 더 빈곤하게 한다. 삶이 풍요로운 자인 강자는 삶을 풍요롭게 한다…….

전자는 삶에 기생하여 살아간다. 후자는 삶에 선사를 한다…….

어떻게 혼동이 가능한가?…….

쇠약한 자가 최고의 활동성과 에너지 넘치는 몸짓으로 등장할 경우. 퇴화가 과도한 정신적 폭발이나 신경증적 폭발을 규정했을 때, 그때 우리는 쇠약한 자를 풍요로운 자로 혼동한다. …… 그가 공포를 야기했던 것이다…….

어릿광대에 대한 숭배는 아직도 여전히 삶이 풍요로운 자에 대한, 강자에 대한 숭배인 것이다.

광신자, 귀신들린 자, 종교적 간질병자 등 온갖 기괴한 자들이 힘을 지닌 최고의 유형들로 느껴졌다. **신적**神的인 것으로서.

공포를 야기하는 이런 종류의 힘은 무엇보다도 신적으로 여겨졌다. 여기에서 권위가 시작되고, 여기에서 지혜가 해석되고 들리며 탐구되었다…….

여기로부터 시작해서 거의 모든 곳에 '신격화'에의 **의지**가, 말하자면 정신·신체·신경의 전형적인 퇴화로의 의지가 발달했다. 더 높은 유형의 존재에 이르는 길을 발견하려는 하나의 시도.

스스로를 병들게 하고, 미치게 만드는 것. 폐인의 징후들을 유발하는 것. 이것이 더 강하게 되고, 더 초인적이 되고, 더 무섭게 되며, 더 현명하게 된다는 것을 의미했던 것이다. 그렇게 해서 **나누어 줄 수** 있을 정도로 힘을 아주 많이 가지게 되었다고 여겨졌다. 숭배가 행해지는 곳이면 어디서나, 사람들은 그러한 힘을 나누어 줄 수 있는 자를 찾았던 것이다.

그렇게 사람들을 미혹한 것은 **도취**의 경험이었다.

도취는 힘의 느낌을, 따라서 소박하게 판단된 **힘 자체**를, 최고 단계로 증대시켰다.

힘의 최고 단계에는 **도취의 극에 달한 자**가, 황홀경에 빠진 자가 있어야 했다.

도취의 두 출발점이 있다. 삶의 과잉과 두뇌의 병적인 영양공급 상태.[6]

그렇게 니체는 흔치 않은 예감으로 후세가 그 자신의 결말에 대해 내리게 될 결론을 예고하고 있다. 그는 쇠약으로 인해 **거짓된 힘의 태도**를 취하는 자들, '퇴화한' 파토스의 수단들(위버멘쉬의 최고단계에 도달하기 위해서 자신을 병들게 하고 미치게 하는 것, 폐허의 징후들을 유발하는 것)에 의해 두려움을 불러일으키는 자들의 반열에 놓일 것이다.

그런데 그 자신은 사람들이 **어릿광대**에게 바치는 **숭배**의 대상으로서 자신을 제안한다. **쇠약**의 인간과 **풍요**의 인간을 혼동하는 이 위험한 오해를 저지르는 바로 그 자들에 의해서 자신이 성전聖典화되지나 않을까 하는 염려를 니체는 이후에 『이 사람을 보라』에서 말하고 있다. 그래서 거기에

---

6) KSA, Vol. 13, pp. 252~3, 14[68], 1888[『전집』 21권, 58~61쪽].

서 그는 자신을 꼭두각시로 선언하고, 얼마 후에는 **영원의 어릿광대**로 선언한다.

1888년 봄에 쓰인 **가장 위험한 오해**에 관한 이 글과 같은 해 겨울의 『이 사람을 보라』의 집필 사이의 기간에, 그를 이처럼 경계시킨 명석함은 표면적으로는 흐려진다. 니체는 이 단편을 쓴 시기에 이미 자신의 다양한 기록들에서 나타나는 표현양식들 중에서 최소한 **하나**는 자신을 위해 남겨 둔 것처럼 보인다. 그것은 광포한 행동에서 보이는 황홀의 형태가 퇴화의 탓인지 아닌지의 여부와, 이 황홀이 전통적으로 야기하는 **해석**이 힘의 최고단계와 혼동될 수 있는 도취와 착란의 혼란스런 체험에 기인한다는 것이다. 여기에서도 한편으로는 이 황홀이 **해석**의 대상이 되거나, 다른 한편으로는 착란적인 도취가 **삶의 과잉**으로부터 생겨난다는 것을 배제할 수 없다는 문제는 남아 있다.

단편의 마지막 문장은 양자택일이다 : **도취**는 힘의 충만함으로부터 생겨나거나 두뇌의 병적인 영양공급 상태로부터 생겨난다.

이 88년 봄에, 니체에게 허락된 최후의 명석한 봄에, 그가 의문시한 것은 그의 **디오니소스주의**가 아니었는가? 이 당혹감은 최종시기의 도래를 지연하려고 그가 부단한 노력을 하는 것을 설명해 준다. 하지만 이 딜레마를 끊는다고 어떻게 이 최종시기가 앞당겨지는 것인가? 그는 영원회귀를 체험한 순간에 이미 선택하지 않았는가? 자신의 고유한 영혼의 음조에 대한 검열이 니체 안에 있는 **진정한 것**으로의 의지, 생성하는 것으로의 참여가 아니라면 무엇인가? 그러나 이 진정한 것으로의 의지는 니체 안에서 바로 **증오와** 원한에 대한 최소한의 영합을 보여 주는 모든 것에 대한 **증오**를 경유한다. 니체는, 바그너와의 관계에서 그러했다고 생각하는 것처럼, 자신이 **조건지어진** 성격일 수 있었다는 사실에 전율한다. 그러나 니체가 신성한 무관심으로서 찬미하는 것(진정한 힘으로서, 반응의 억제)

은 그래도 그의 **아폴론주의**의 흔적이고, 그것은 그의 디오니소스와의 교제를, 그리고 이윽고 디오니소스와의 동일화를 더할 나위 없이 방해한다. 이 신성한 이름이 포함하는 **완전성**은 이러한 **무관심**을 한 순간도 허용할 수 없을 것이다. **따라서 힘도 더 이상 무관심하지 않다.**

그러나 니체가 쇠약과 풍요의 징후들을 배치하는 대립관계는 **저항력**과 **양보의 필요성** 사이의 구별을 다시 모호하게 한다.

힘은 저항력이다. 그러므로 그것은 외부의 공격에 대해서도 충동에 대해서도 똑같이 **대항하는** 능력이다. 반응하는 것은 도발에 대해 같은 양의 자신의 힘을 양도하는 것이다. 행동하는 것, 그것은 자신의 흠 없는 힘을 바탕으로 주도권을 잡는 것이다.

다른 곳에서 니체가 찬미하는 금욕은 어떻게 저항력이 될 수 없는가? 금욕을 필요로 하는 것은 **쇠약**이라고 어떻게 주장할 수 있는가? 그것은 금욕이 적대감을 포기한다는 것인가? 다른 곳에서 니체가 **에너지의 낭비**라고 생각하는 그 **분노를 포기한다**고 어떻게 금욕을 비난할 수 있는가?

여기에선 위험한 힘이 길들여지고, 저기에선 그 자체로 균형을 잡는다. **하지만 힘의 균형이란 무엇인가?** 힘은 그것이 증대될 때마다 균형을 깨야만 한다. 힘은 증대되지 않을 수 없다. 힘을 구성하는 풍요로움은 애초부터 어떤 의지의 결과가 아니다. 그것은 **자신이 지닌 것 이상**을 원하는 자의 본성 자체에 있다. 이 풍요로움은 그래서 언제나 불충분하므로 사람들은 그것이 증가되고 극복되기를 원한다. 만약 풍요로움이 원래 단지 존속하기 위해 새로운 잉여를 산출하는 **잉여**라면, **쇠약**이 자극하는 과잉과 그것을 구별하는 것은 점점 더 어려워진다.

힘은 **스스로에게 저항할 수 없을 뿐, 모든 것에 저항한다.** 힘이 반응하지 않는다면 힘에게 필요한 것은 행동하는 것이고, 도발당하지 않기 위해 도발하는 것이다. 힘은 자신이 힘이길 원하고, 자신을 원하지 않을 수 없으므로, 그런 까닭으로 힘에의 '의지'가 존재한다. 그런데 **힘 안에서 의지**가 사라지는 그런 **단계**가 있다.

의지는 **작인**하고만 관련된다. 힘은 **삶**에, 코스모스에 속하므로 (축적되고 축적하는 힘의 어떤 단계를 나타내므로) **상승과 하강**에 따라 작인을 이끈다. 그러므로 힘에의 의지가 있는 곳에서 작인은 병들었거나 건강하다. 병들었다면 작인은 충동에 휩쓸리고, 건강하다면 자신의 **과잉**에 휩쓸린다. 하지만 그렇더라도 이 힘의 운동을 작인이 자신의 의지와 혼동함으로써, 작인은 **힘**의 운동에 휩쓸리는 것이다. 통제되지 않은 힘의 침입에 저항하는 것은 해석의 문제일 뿐이고, 언제나 **자의적인** 결단에 속하는 사항이다.

* * *

유고들 중에는, 동일한 이율배반이 다시 나타나고, 그 해결책이 분석적 선언 안에서 탐구되는 두 개의 단편이 있다.

그 하나에서 니체는 저항능력을 **열정**의 관점에서 논하는데, 특히 열정을 긍정적으로 느끼는 특권화된 방식에 대해 논한다. 다른 하나에서는 동일한 관점에서 **데카당한** 성격이, 따라서 유전적 성격이 강조되는데, 그 예로 당시의 파리의 에로티즘이 거론된다. 첫번째 단편에는 이런 제목이 붙여져 있다.

데카당스로서의 도덕,
감각, 열정.
공포가 감각과 욕망과 열정을 **단념시키기에** 이르면 이미 **쇠약**의 징후인 것이다. 극단적인 수단들은 언제나 정상적이지 않은 상태를 나타내는 법이다. 여기서 결여되거나 부서져 버린 것, **그것은 충동을 억제하는 고유한 힘이다.** 반드시 굴복해야 한다는 본능을 갖고 있을 때, 반응해야 할때, 우리는 그런 계기들('유혹들')을 피해 버리는 것이 좋을 것이다.

'관능의 도발'은 너무나 유동적이고(감정적이고) 너무나 쉽게 결정되는 체계를 가진 인간들의 경우에만 유혹이다. 그 반대의 경우인 너무나 굼뜨고 단단한 체계에서는, 기능하게 하려면 강한 자극이 필요하다…….

방종은 방종의 권리를 갖고 있지 않은 자에 대한 이의 제기일 뿐이다. 그리고 거의 모든 열정들은 그것들을 **자신들의 이익으로** 전환시킬 정도로 강하지 않은 자들 때문에 비난을 받는다.

열정에 제기될 수 있는 이의가 바로 질병에 제기되는 이의라는 점을 사람들은 이해하지 않으면 안 된다. 그럼에도 불구하고 우리가 질병 없이 지낼 수 있는 것은 아니며, 열정 없이 지낼 수 있는 것은 더욱 아니다…….

우리는 **비정상적인 것**을 필요로 한다. 우리는 이런 대단한 질병들에 의해 삶에 엄청난 충격을 주고 있다…….

세부적으로는 각 경우가 구별될 수 있다.

1) 심지어 최고 형식의 건강 일반을 동반하는 **지배적인 열정.** 여기서는 내부 체계들의 협조와 한 체계에 봉사하는 그것들의 작업이 가장 잘 달성되고 있다. 그런데 이것이야말로 건강의 정의 아닌가!

2) 열정들의 대립, '하나의 가슴 속에 있는 영혼'의 이원성, 삼원성, 다원성. 그것은 아주 불건강하고 내적 황폐이며, 서로 분리되어 내적 분열과 무정부 상태를 폭로하고 촉진시킨다. 하나의 열정이 최종적으로 지배적이 되지 않는 한에서. **건강으로의 복귀.**

3) 대립과 찬성이 없는 공존. 자주 주기적이 되고, 그래서 질서가 수립되

는 즉시, 이것 역시 건강한 상태다. …… 가장 흥미로운 자들이, 즉 카멜레온들이 이 범주에 속한다. 그들은 자기 모순적이지 않다. 그들은 행복하며 안정되어 있다. 하지만 그들은 발전하지 않는다. 그들의 여러 상태들은 그것들이 일곱 번쯤이나 분리되더라도 병존하는 것이다. 그들은 변화하지만, **생성하는 것은** 아니다…….[7]

이 단편의 앞부분은 유해한 것의 침입에 대한 무저항의 테마를 더 명확하게 다시 취급한다. 이 테마는 처음에 앞서 인용된 단편들의 첫번째 안에서는 난해하고 모순적인 방식으로 표현되었다. 거기에서는 전통적 도덕의 병든 토대를 드러내는 것이 과제였다. 여기에서 니체는 개인적 삶의 '건설적인' 이용방법을 더 강조하고, 그러한 이용이 자주 실패하는 것을 도덕적 명제들의 기원으로 삼는다. 니체를 이러한 입장으로 이끄는 사유는 그 자신보다도 오히려 괴테에 더 가까운 것이다. 그의 관점은 그의 고유한 모순들에도 불구하고, 조금씩 실용적으로 된다. 그것은 다른 한편으로는 그가 힘에의 의지의 교의를 위해 공들여 구상하는 계획들과 상관관계에 있다.

여기서는 아직 정서들 사이의 위계적 감각이, 즉 일체성unité의 감각이 우위에 서 있다. **지배적인 열정**이 무엇이든지, 본질적인 것은 그것이 한 인간에게 힘을 보증한다는 것이다. 니체가 찬미하는 것은 **효율성**인데, 그것을 그는 일관성의 의미 안에서 건강과 동일시한다. **그가 가장 두려워하는 것은 정확히 그가 자신의 토대에서 보는 것이다.** 즉 열정들의 **상호대립**, 내적인 해체가 염려되는 오직 하나의 영혼 안의 영혼의 복수성이다. 반면에 **영원회귀**의 체험의 순간에 니체는 이 영원회귀를 복수성의 원리로서,

---

7) KSA, Vol. 13, pp. 341~2, 14[157], 1888[『전집』 21권, 168~9쪽].

즉 변모(일련의 다른 개인들을 주파할 필요성)의 원리로서 찬양한다. 다시 말하면 그 원리는 세번째 단락에서 **열정의 다른 상태들의 공존**으로서 정의되는 것에 그가 대립시키는 바로 그것이다. 여기서 니체가 **변화하는 것**과 **생성하는 것**을 구별한다면, 그것은 그에게는 **인간을 소모하는 열정의 강도**만이 하나의 '일체성'을 바꾼다는 의미이다. 반면에 '카멜레온들'은 어떤 모순적 긴장도 보여 주지 않은 채, 그 시뮬라크르[8]만을 제공할 뿐이다. 이것이 루와의 연애사건이 실패한 이래, 다시 니체의 마음을 사로잡은 관심사이다. 즉 어떤 대가를 치르더라도 일관성을 유지한다는 것. 그것은 그가 '내적 해체'라고 명명한 것을 더 강하게 예감하는 것만큼 더 긴급을 요하는 그런 관심사이다.

또 다른 단편은 쇠약이라는 용어로 저항의 무력함을 다시 말한다. 말하자면 유전이 아닌 후천적 쇠약. 이 단편에서는 에로틱한 **조숙**을 그 예로 든다.

프랑스의, 특히 파리의 젊은이들에게 내려진 저주. 고등학교를 졸업하자마자 이미 부패하고 오염된 세계로 들어간다. 그리고 다시는 경멸스러운 경향들의 사슬로부터 벗어나지 못한다. 자기 자신에 대해 아이러니적이고 비웃는 그 세련됨에도 불구하고 갤리선의 노예와 같은. 결국 대부분의 경우, 모든 초민감성처럼 이미 종족 데카당스 및 가족 데카당스의 징후다. 환경의 전염균이기도 하다. 환경에 의해 결정될 수 있다는 사실 역시 **데카당스**의 상태를 보여 준다.[9]

---

8) simulacre. 클로소프스키 사상의 핵심어 중 하나. 본래는 무언가와 유사하게 만들어진 것, 특히 우상숭배에 사용된 그림이나 조각상을 가리킬 때 사용된 말로, 그로부터 '현실처럼 보이는 환상', '진짜처럼 보이는 가짜' 등을 의미하게 되었다.
9) KSA, Vol. 13, p. 456, 15[80], 1888[『전집』 21권, 307쪽].

병든 조숙에 대한 이 고발이 전제하는 것은 '금욕'이라는 판단기준이다. 그 판단기준이 여기에서 순수하게 실용적인 것이라면, 충동들의 체계라는 것이 존재한다는 것을 암시하는 그 기준은 이 단편을 저자의 의도에 어긋나면서도 가장 계시적인 것으로 만든다. '갤리선의 노예들도 그것을 겪었다.'

니체를 아주 치명적으로 괴롭힌 리비도의 힘은 니체의 공격성을 기르고, 그 공격성을 여기에서 니체 자신을 향하게 한다. 그 결과로 그는 오랫동안 그 공격성의 이면을 숨겨야 했다. 무엇이 **건강하고** 무엇이 **병들었는가**, 무엇이 **고갈되었고** 무엇이 **풍부한가**에 관한 니체의 모든 논의의 뿌리는 여기에 있다. 이 리비도의 힘이 조금씩 자기 것이 되기 위해서는 바그너의 **파르지팔**Parsifal이 필요했다. 즉 한 사람의 **적**을 거쳐야 했다. 하지만 그 힘의 최후의 폭발, 디오니소스적인 **사티로스**, 즉 신성한 동물성의 출현은 그때 **검열자의** '봉괴'를 초래한다.

그리고 실제로 니체는 이 최후의 10년 내내 심리학과 도덕이 전제하는 허구들을 자신 안에서 고발한다. "**개인도 없고, 종도 없고, 동일성도 없다. 있는 것은 단지 강도의 상승과 하강뿐이다.**"

작인을, 즉 개인을 항상 벗어나는 **힘의 침입들로서의 유해한 것의** 침입들. 그러므로 그것이 유해한 것은 오로지 방어적이고, 무리적이고, 전통적 도덕에 의해 억압적 환영들로서 공들여 만들어진 충동들에 대해서이다.

5장_영원회귀에 대한 과학적 설명의 시도

질스-마리아의 체험 이래 두 가지 관심사가 니체의 마음을 흔든 것처럼 보인다.

과학에 의한 체험된 사실의 검증은 니체에게 자신의 명석함을 확신시키는 동시에, 타자에게도 자신에게도 가지적이고 구속적인 언어화를 허용하는 것임에 틀림없다.

그런데 영혼의 높은 음조에 관해서, 니체는 그것이 자신의 고유한 특이성을 입증하는 사유라는 견해를 유지한다. 비가지적 토대는 교환불가능한 것의 기준으로 남는다.

이 사건에 뒤이어 가스트와 오버베크에게 쓴 편지들에서 이미 니체는 지고의 사유의 내용을 밝히지 않은 채, 그 사유의 폭로가 가져올 효과를 말한다. 영혼의 높은 음조의 내용이, 즉 그 강도의 토대가 폭로되는 것, 그것은 니체 이외의 인간들의 운명에 어떻게 작용할 것인가? 그리고 그것은 역사의 흐름을 어떻게 바꿀 것인가? 니체는 이 시기부터 이러한 폭로는 **인류사를 두 개로 쪼갤 것**이라고 말하지 않는가?

영원회귀의 황홀은 **명증성**을 지니는 동시에 그 내용상 설명의 가능성도 지닌다(개인적 동일성의 소멸과 주파해야 할 일련의 개인들). 그러므로 그것은, 사유로서는 선재先在에 기반을 둔 **변모의 가설**이다.

이 가설에 의해 니체가 나중에 전개할 다음의 논증이 가능해진다 :

단 하나의 변화과정의 산물인 한 개인은 자신의 고유한 의식을 생겨나게 한 모든 조건들과 모든 기회들을 **재활성화**할 수는 없을까. 그는 자신의 고유한 **우연성**을 인정해야만 비로소 **우연한 사례들 전체**를 받아들여서 그렇게 자신의 과거를 미래처럼 볼 수 있게 되는 것일까. 즉 원환 안으로의 회귀의 필연성을 말이다. 이 원환으로부터 그는 계시의 순간에 도달한 일련의 사례들과 우연들을 되살릴 것이다.

그러나 가설로서의 이 사유는 **의심스럽다**. 왜냐하면 이 사유는 계시적인 황홀이라는 그 자체로서는 **증명불가능한 명증성**을 전개하기 위한 수단들을, 회귀의 조건에 암묵적으로 포함된 변모와 선재의 도식으로부터 차용하기 때문이다. 사유의 이런 형식은 신앙을 요구하므로, 그것은 바로 루가 종교적 예언이라고 부른 것과 다르지 않다. 니체 자신도 오버베크에게 이렇게 말한다. **"만약에 그것이 진실이었다면 또는 단지 진실이라고 믿어졌었다면"**. 이것은 니체의 사유가 교의로서 갖는 반향의 결과에만 관련되는 그런 진실성이다. 그러나 니체의 정신 안에서 이 사유는 아직 교의의 형태를 갖추지 않았고, 비밀스런 체험은 그 **강도**만이 유일한 명증성의 보증인 체험으로 남아 있었다.

* * *

니체는 처음부터 그가 **수동적 허무주의**(삶의 무의미로의 경향)라고 이름붙인 것과는 완전히 구별되는 형태로 자신의 사유를 명확히 밝히는 데 성공하지 못한다. **무의미로의 경향**이 **삶 자체의 긍정** 속에서 무르익기 위해서는 운명론을 **극한**까지, **능동적 허무주의**로까지 밀어붙여야 했다. 그런데 어째서 **영원회귀**의 사유에 동의하는 것이 그 자체로 **능동적**이지 않았던 것일까?

　니체의 망설임에는 또 다른 이유가 개입하고 있는 듯하다. 영원회귀의 체험 자체는 **니체 자신이 쇠약**으로서 **고발한 것**이 그에게 존재한다는 것을 증명한 것이 아니었는가? 그가 **가장 위험한 오해**로서 보여 준 것, 즉 쇠약의 **징후들**이 삶의 과잉과 풍요로움의 징후들과 혼동될 수 있는 것, 그것에 대해 그는 희생자**인가 아닌가**? 그리고 애매하면서도 명석한 이 구별은 **데카당스**와 **비상**에 대한 그의 표상 안에서 이 오해를 더 확고하게 하지 않았는가? 데카당스와 비상이라는 용어는 인간의 수준에서, 그 자신의 인간성의 수준에서, 무엇이 병들었고 무엇이 건강한가를, 무엇이 힘의 상태이고 무엇이 힘의 결여의 상태인가를, 즉 무엇이 무저항의 상태이고 무엇이 저항력의 상태인가를 니체가 발견하게 해주었는가? 목적의 고정, 의미의 해석을 힘의 탓으로 돌려야 했는가 또는 그렇지 않은가? 하나의 목적, 하나의 의미를 믿는 것 안에는 반대로 순수한 무력함이 있었던 것인가? **가장 커다란 힘이란 부조리하게 사는 것, 의미도 목적도 없는 삶의 가치를 긍정하는 것이 아니었는가**? 모든 물음들이 사라져 버린 **한 순간**에 니체가 **체험한 영원회귀**는 왜 그 모습대로 니체의 사유 안에서(**지고의 사유로서**) 존속하지 않았는가? **힘에의 의지**가 질병과 건강의 애매한 이러한 구별과 관련해서, 따라서 그 자신에게도 애매한 구별과 관련해서 하나의 목적과 하나의 의미를 요구한 때문이 아니라면 무슨 이유겠는가. 반면에 **무의미**란 그 자체로 최고의 폭력이었다. 따라서 폭력에 부합하는 **절대적 침묵**(체험된 그리고 재의지된 사실의 침묵)이나 말(즉 자아의 동일성을 재건하는 것과, 그로부터 출발해서 목적과 의미를 재건하는 것) 사이에서 선택해야만 했다.

니체에게 있어서 영원회귀의 사유는 광기의 예감을 포함할 것인가?

루 A. 살로메는 니체가 자신의 비밀을 그녀에게 털어놓는 방식을 다음과 같이 말한다.

그가 이 사유를 하나의 비밀로서, 즉 그 진위를 밝히고 확인하는 것이 두려운 무언가로서 처음으로 내게 토로한 때를 나는 잊을 수 없다. 그는 극심한 공포의 모든 징후들을 보이면서 나지막한 목소리로 내게 말했다. 실제로 그가 아주 깊게 삶의 고통을 앓았던 것은 삶의 영원회귀에 대한 확신이 그에게는 무언가 두려운 것이었기 때문이다. 삶의 빛나는 절정, 그것이 니체가 후에 확립하는 영원회귀의 교의의 정수인데, 그것은 삶에 대한 그 자신의 고통스러운 감정과 아주 심한 모순을 이루어서 어딘가 불안한 느낌을 주는 가면의 인상을 풍긴다. 삶에 대한 애정이 넘쳐나는 한에서만 견뎌 낼 수 있는 하나의 교의, 인간의 사유가 거기에서 삶을 신성화할 정도까지 활력에 넘치는 한에서만 고양의 방식으로 작용할 수 있는 하나의 교의, 그것의 고지자annonciateur가 되는 것. 사실 이것이 그의 가장 내밀한 감정에 끔찍한 모순을 구성해야만 했었다. 그리고 그 모순이 끝내는 그를 망가뜨렸다. 영원회귀의 사유가 탄생한 이래로 니체가 사유하고, 느끼고, 체험한 모든 것은 그의 내면 안에 있는 이 단절로부터 생겨난 것이다. 그리고 그것은 "삶의 영원성이라는 악마를 저주할 때의 이를 가는 소리"와 "너는 하나의 신이다, 나는 더 신성한 말을 들어 본 적이 없었다." 라는 말을 할 수 있는 힘을 주는 멋진 순간의 기대, 이 둘 사이에서 움직인다.

이 시기에 니체는 아직 영원회귀의 사유를 확신하지 못했다. 그는 이 사유를 널리 퍼뜨리기 위해 과학적으로 정립될 수 있는 방법을 사용하려고 했다. 이를 위해 우리는 여러 차례 편지를 서로 주고받았다. 그리고 그때 그가 말한 것들 중에서 물리와 원자이론을 연구함으로써 자신의 사유에서 환원될 수 없는 과학적 근거를 발견할 수 있다는 잘못된 의견이 끊임없이 되풀이됐다. 그가 빈이나 파리의 대학에 오로지 과학만을 공부하러 가고자 결심을 한 것은 이때였다. 그 후에, 몇 년간의 절대적 침묵의 끝에서야 그는 영원회귀의 박사로서 사람들 사이로 돌아오고 싶어 했다.[1]

루는 이렇게 영원회귀의 비밀의 계시와 니체가 겪는 삶의 고통 사이의 모순을 보고 있다. 니체는 삶(있는 그대로의)의 회귀가 보편적인, 따라서 필연적인 법칙이라는 가능성에 확신을 가지지는 못하더라도, 최소한 거기에 흘려 있는 만큼 더 고통스러웠다.

루가 밝히는 모순은 니체의 괴로운 삶(삶에 대한 그의 고통스러운 감정)에만 관련되는 것이다. 그것은 엄격하게 합리적인 관점이다. 즉 어떻게 고통을 다시 의지하는가? 고통을 수백만 번씩이나 되살아나게 하는 사유를 어떻게 참아 낼 것인가? 그것이 자신의 교의의 유포의 선별작용에 관해 니체 자신이 전개한 고찰이다.

루가 정당하게 착오로서 보여 준 것, 그리고 니체가 **발견하기를 두려워하는** 것, 즉 **과학적 근거**의 탐구라는 것은 무엇을 의미하는가? 니체는 자신의 사유가 불러일으키는 공포와 두려움으로부터 벗어나기를 기대했다. 그 공포, 그것은 니체가 루에게 (오버베크에게처럼) 고백할 때의 **목소리 톤**으로 표현된다. 그러나 이 사유가 두려운 동시에 고양감도 주기 위

---

1) Lou Andreas-Salomé, *Friedrich Nietzsche in seinen Werken*, Dresden : Carl Reißner Verlag, 1924, p. 196ff.

해서는, 무언가 다른 것, **이 사유** 자체를 **획득**했고, 그것을 하나의 계시로
서 획득했다는 **사실**이 있다. 이러한 사유를 누가 받아들일 수 있는가? 착
란적 지성이다. 니체는 틀림없이 이 사유를 품은 이후 자신이 미쳐 버렸
다고 생각한다. 그렇지 않다는 것을 증명하기 위해 그는 과학에 도움을
청해, 자신이 단순한 환영의 포로가 아니라는 논증을 과학에서 기대한다.
영원회귀의 현기증은 단지 우주와 인류에만 관련되지 않는다. 그것은 니
체 자신, 그의 고유한 사유능력, 그의 명석함에도 관련된다. 니체가 내심
으로는 영원회귀의 사유를 자신의 고유한 광기로서, 따라서 **자신의 명석
함의 상실**로서 사유했다는 것을 상상할 수 있는가? 이 영원회귀의 개념은
개인적인 모순을 감추고 있고, **불안한 느낌을 주는 가면**이다. 따라서 존재
론적 문제 아래에 아주 다른 문제인 심리적 문제를 은폐하고 있다고 말할
때, 루는 이 문제를 건드리고 있다. 니체는 그 자신이 의지할 수 없는 것
을 인정할 수 없었다. 무언가가 그에게 자신을 부정하게 했다. 그런데 영
원회귀의 사유에 대해 공포를 느낀다는 핑계로 니체가 애매한 용어로만
자신의 광기에 대한 두려움을 암시하거나 표현하길 원했다는 것은 충분
히 있을 수 있는 일이다. 이런 사유를 제시했다면 다른 사람들은 어떻게
반응했을까? 그런 까닭으로 그는 이 사유가 비밀스러운 것이길 원했다.
그의 생각으로는, 만약 이 교의가 유포된다면 아주 많은 사람들이 피해를
입게 될 거라는 표면적인 배려 아래에 그 자신이 이성을 잃는다는 불안을
숨기고 있는 것이다.

영원회귀의 표상 안에서 고통의 무한한 반복이 니체를 두렵게 한 **만
큼** 그는 **삶에서** 고통을 느꼈다는 루의 가설은 니체의 사유 자체에 비하면
'너무나 인간적인' 논리이다. 그것은 인류의 대부분이 영원회귀의 사유
를 견뎌 내지 못할 것이라는 구실로 이 교의의 선별하는 힘에 대해 니체
자신의 사유가 그랬던 것처럼, **구속력**이 거의 없는 이론이다. 고통이 강렬

해서 '생명력이 넘치게' 됐다고 니체 자신이 너무나 강조해서, 그는 거기에서 오히려 반대로 확고하게 드러나는 욕망의 힘을 보지 못한다.

결국, **영원회귀**의 계시의 핵심적 요점을 루는 완전히 놓치는 것처럼 보인다. 즉 그 동일한 시기에 니체의 마음을 사로잡아서 그가 자신의 교의의 부수항목처럼 말하는 것, 그것이 **개인이 일련의 다양한 개인들 안에서 부활하기 위해 필요한 것**이다. 그러므로 루는 영원회귀의 풍요로움을 보지 못한다. 즉 사람은 그 사람이 되기 위해, 지금 존재하는 그 사람과는 다른 무엇이 되기를 원한다는 것. 명석하기 위해서는 하나의 개인이 필요하다. 고유한 동일성의 체험만이 동일성의 초극, 따라서 그것의 상실을 사유할 수 있는 명석함 안에서 꽃필 수 있다. 자신의 몰락이라는 영웅적인 노스탤지어(소멸하려는 의지)에 의해 니체가 표현하는 모든 것은 이 명석함으로부터 분출하는 것이다. 그러나 이 노스탤지어는 명석한 동일성의 상실이라는 불안과 분리될 수 없다. 영원회귀의 사유가 니체를 고양시키는 동시에 공포에 떨게 하는 것은 이런 까닭이다. 루가 해석하는 것처럼 같은 고통을 끝없이 부활시키는 사유가 공포가 아니라, 악순환의 기호 아래 이성을 잃는다는 사유가 공포인 것이다.

* * *

질스-마리아의 체험에 이어진 루와의 고뇌에 찬 연애사건 직후에 니체는 **수동적 상태**와 감동의 순수한 수용상태로부터 탈출하려고 노력한다. 1881년부터 1882년까지 그가 겪은 것, 이 시기의 **고통 자체**가 암시하는 거대한 풍요로움은, 최소한 그의 사유 안에서 체험된 사실이 그에게 결단을 내리게 하지 못한다면, 기만으로 남을 것이다. 그의 고유한 병적 상태는 그를 다시 힘에의 의지라는 개념으로 이끌어서 그 개념을 전개하게 한다. 그렇다고 지고의 사유를 포기하는 것은 아니다. 질스-마리아의 황홀이 전제하는 극단적 수동성의 순간은 그 황홀이 사유가 됨으로써 극복이 되었다. 그런데 이 사유는 황홀의 잔재일 뿐이다. 그것은 행동의 출발점이 되어야 한다. 이 행동은 주요저작에 의거할 것이고, 이 저작은 행동의 프로그램이 될 것이다. 영원회귀의 법칙의 증명은 체험의 내용을 이전해서, 결정된 **활동**방식에 대한 전거가 되어야 한다.

과학적.논증의 탐구는 니체의 표현 자체에는 영향을 주지 않을 것이다. 그러므로 니체의 표현은 이제부터 서로 이질적인 두 방향으로 갈라진다. 먼저 **차라투스트라**의 **인물**로부터 출발하는 순수한 시적 창작으로. 이는 그의 체험의 비유적 표현이다. 이 창작에는 틀림없이 루가 결정적인 역할을 했다. 루는 과학의 발견들에 근거를 둔 설명을 그만두라고 니체를 설득했기 때문이다. 그러나 디오니소스 찬가 풍으로 전개되는 이 시편은 본질적으로는 **격언들**의 책이다. 거기에서는 과장된 운동이, 수수께끼들과 [수수께끼들의 이미지에 의한] 해결책과 갈마든다. 즉 말장난들과 비유들에 의한 사유의 연출. 나중에 차라투스트라는 거짓 예언자의 모습을 한 어릿광대로 보일 것이다. 교의의 시뮬라크르를 맹렬히 비난하는 사기꾼으로.

이 인물을 만들어 낸 니체는 유례가 없는 이 창작의 품속에서 그의 고유한 사유의 아포리아에 다시 몰두한다. **차라투스트라**는 루의 도주가 니체에게 남긴 끔찍한 비탄으로 인한 강박관념으로부터 니체를 조금도 해방시키지 못했기 때문이다. 차라투스트라는 다른 수준에서 창작되었다. 그 수준에서 스스로를 지탱할 수 있었던 것은 니체 자신에게도 기적처럼 보였다.

그 시기에 그는 **주요저작**의 강박으로 짓눌려 있었다. 분명히 차라투스트라의 격언들과 노래들은 그때부터 그의 참조대상이 된다. "이 예언적인 책 안에 실리지 않은 것은 다른 곳에도 존재하지 않는다"라고 그는 말한다. 이 예언에 자신의 '체계적인' 주석을 달아야 한다는 의무가 그런만큼 더 무거워진다. 질스-마리아의 황홀이라는 비가지적 명증성, 영원회귀라는 이 현기증에 내재하는 강도. 한마디로 **영혼의 높은 음조**는 더 이상 니체의 것이 아니다. 그것은 차라투스트라의 **과장된 몸짓**에 의해 **모방되었다**. 그리고 만약에 차라투스트라가 인류를 **둘로 쪼개기**의 서곡이라면, 단지 이 창작은 그 행위를 실현하지 못할 뿐 아니라, 이 창작은 비가지적인 것의 영역 안에 남아 있을 것이다. 게다가 **높은 음조**를 모방하는 차라투스트라는 니체의 비탄을 왜곡하고, 우롱하는 것처럼 보인다.

* * *

오버베크에게

…… 하늘이시여! 내 위에 무엇이 있는지, 내가 나 자신을 견디기 위해 어떤 힘이 필요한지, 그 누가 알겠는가! 내가 정확히 그 곳까지 어떻게 다다르게 되었는지를 나는 모르겠네. 그러나 인류의 역사를 둘로 쪼개는 사유가 처음으로 나에게 찾아왔다는 것, 그것은 충분히 있을 수 있는 일이지.

이 차라투스트라는 프롤로그, 머리말, 현관일 뿐이야. 나는 나 자신을 격려해야만 했다네. 왜냐하면 모든 곳으로부터 내게 찾아온 것은 실망스러운 것뿐이었으니까. 이 사유를 지니고 가는 나를 격려하는 것! 왜냐하면 내가 그 사유를 말하고 표상할 수 있기까지에는 아직 멀리 있으니까. **만약 이 사유가 진실이거나 오히려 이것이 진실이라고 믿어진다면**, 그때는 모든 사물이 변할 것이고, 역전될 것이고, 그때까지의 지배적인 모든 가치들은 그 가치들을 잃을 것이라네……

—니스, 1884년 3월 초[2]

* * *

데카당스와 비상의 개념과 관련된, **쇠약과 풍요** 그리고 그것들의 **징후들**에 관한 논의 안에서, 니체는 한 번 더 충동의 힘을 힘과 힘에의 '의지'로서, 특히 해체하는 힘들의 침입에 대한 저항 또는 비-저항으로서 환기한다.

기계론(당시 새롭게 유행하기 시작한)을 검토하면서, 니체는 거기에서 우주의 구조, 특히 에너지의 균형과 불균형의 구조, 에너지의 손실 또는 그 보존의 구조가 야기하는 모든 난제들을 재발견한다. 그러나 불균형(영원한 운동의 증거)에 대해 말할 때, 그는 거기에서 **힘들의 새로운 분배**의 조건을 강조한다. 또는 불가피하게 인간을 닮은 기계론적 표상을, 원자의 운동과 '주체' 사이의 유사성을 지적하면서 비판할 때, 그에게 중요한 것은 **하나의 힘이 모든 순간에 그 고유한 결과를 끌어낸다**는 것을 확인하는 것이고, 힘의 양자quantum는 그것이 행사하는 작용과 그것이 저항하는 작용에 의해 정의된다고 확인하는 것이다. **이 양자는 본질적으로 폭력을 행하는 의지이자 모든 폭력으로부터 자신을 지키려는 의지이다. 자기의 보존은 문제가 아니다.** 각각의 원자는 모든 존재 안에서 활동하며, **힘에의 의지**의 이 광휘를 보지 못하는 것은, 이 원자를 없애 버리는 것이다.

---

2) Friedrich Nietzsche, *F. Nietzsches Briefwechsel mit Franz Overbeck*, Leipzig : Insel Verlag, 1916, p. 245.

내 이론은 이렇다. **힘에의 의지가 정서의 원초적 형식이라는 것, 다른 모든 정서들**은 단지 그것의 형태들에 불과하다는 것. 개인적 '행복' 대신에 힘을 설정하는 것도 이해에 큰 도움이 될 것이다. 개인은 **더 많은 힘을** 열망한다. '쾌감'은 힘이 획득됐다는 느낌의 징후, 의식적 상태의 차이, [또는] 의식의 단계의 차이에 불과하다.

변화는 끝나지 않는다는 것을 아는 것은 단순한 체험의 문제다. 우리는 그 자체로는 하나의 변화에 또 다른 변화가 이어져야 한다는 이유를 전혀 갖고 있지 않다. 그 반대로 획득된 하나의 상태는 자기 보존을 의욕하지 **않을** 능력이 없는 경우에는, 자기 보존을 하지 않을 수 없는 것처럼 보인다. …… 스피노자의 자기 보존 명제는 사실상 변화에 종지부를 찍었어야 했다. 하지만 스피노자의 이 명제는 틀렸고, 그 반대가 맞다. 모든 살아 있는 것에서 가장 명확하게 증명될 수 있는 것은, 이 살아 있는 것이 자기 보존이 아니라 그 이상의 것이 되기 위해서 모든 노력을 다한다는 것이다…….

'힘에의 의지'는 일종의 '의지'인가 아니면 의지 개념과 동일한 것인가? 그것은 '욕구한다'는 것과 다름없는 것인가? 아니면 **명령한다**는 것인가? 그것은 쇼펜하우어가 말하는 '사물의 즉자'라고 하는 의지인가?

내 주장은 이렇다. 기존의 심리학에서의 의지는 정당화되지 않은 일반화라는 것, 그런 의지는 결코 **존재하지 않는다**는 것, 기존의 심리학은 **특정한 의지** 하나를 다양한 형식들로 파악하는 대신에 의지에서 내용과 '어디로?'를 빼버림으로써 의지의 성격을 없애 버렸다는 것이다. 쇼펜하우어가 그 최고 단계의 경우다. 그가 의지라고 부른 것은 공허한 말에 불과하다. **삶에의 의지**는 더 문제가 안 된다. 삶은 힘에의 의지의 독특한 사례에 불과하기 때문이다. 모든 것이 힘에의 의지의 **이런 형식으로**, 즉 삶에의 의지라는 형식으로 이행하고자 한다는 것은 완전히 자의적인 주장이다. '정신'도, 이성도, 사유도, 의식도, 영혼도, 의지도, 진리도 없다. 모두가 다 소용없는 허구들이다. '주체'와 '객체'가 문제가 아니라, 특정한 종류의 동물이 문제인 것이다. 즉 올바름, 특히 지각의 **상대적인 규칙성** 하에서 성장하는 동물이(그래서 그 동물이 자신의 체험을 축적할 수 있는)……."[3]

* * *

원초적 충동(이것을 기억해야 한다)으로서 힘에의 의지라는 것은 **힘** force **자체**를 표현해야 하는 용어이다. 힘 자체는, 만약 인간 종과 동물성의 현상 안에서, 즉 '살아 있는 사람'의 현상 안에서 길을 잃었더라도, 또는 '독특한' 사례(그러므로 살아 있는 사람의 본질로부터 파생된 '우연한 사건') 안에서 길을 잃었더라도, 그것이 활력을 불어넣는 종이나 개체 안에서 **자신을 보존하느라 부심하기는커녕** 오히려 그 본성에 의해 도달한 수준의 보존이 단절되기를 요구하고, 따라서 필연적으로 증대되면서 이 수준을 항상 넘어선다. 이렇게 힘에의 의지는 사회든 개인이든 어떤 특정한 단계로부터 출발하여 지속적이 되길 원하는 모든 것에 대해 **본질적으로 불균형의 원리인 것처럼 보인다.** 그리고 지식이 힘에의 의지를 동반하고 힘의 획득에 비례하여 증대되는 한에서, 이 지식도(그러므로 또한 문화도) 일정한 상태의 균형을 깨뜨려야 한다. 그렇지만 니체가 말하는 바로는 지식은 보존의 도구일 따름이다. 그래서 힘(에의 의지)의 과잉과, 지식에 의해 획득된 안전의 감정 사이에는 부조화가 있는 것이다.

이러한 모든 논의 안에서, 니체는 그의 영원회귀의 '개념'과 애초부

---

3) KSA, Vol. 13, pp. 300~2, 14[121~2], 1888『전집』 21권, 119~21쪽].

터 모순이 될 수 있는 것을 조금도 말하지 않는다. 오히려 반대로 원초적 충동으로서의 힘에의 의지를 그렇게 수용하는 것은 악순환의 계시를 여전히 확인할 것이다. 즉 만약 **"삶이 자신의 장애물을 극복하기 위해 이 사유를 발명했다"**면, 만약 이 '힘'이 개인을 넘어섬으로써 그 개인에게 이 '의지'를 불어넣었다면, 만약 이 힘이 악순환의 기호로서, 끝없는 운동으로서 계시됐다면, 힘은 개인에게 자신을 넘어서 자신을 재의지하는 것을, **만족할 줄 모르는** 이 힘의 이름으로만 자신을 재의지하는 것을 가르쳤을 것이고, 그와 동시에 개인이 개인으로서 **자신의 고유한 소멸을 의지하는 것**을 가르쳤을 것이다.

영원회귀는 여기에서 지식의 대척점이 될 것이다. 지식이 만약 힘과 더불어 증대한다면, 그것은 종의 **보존**을 주요한 목표로 삼기에 그러한 것이다.

그런데 (목적도 방향도 없는 **생성**의 표현으로서의) **영원회귀**는 목적으로서의 지식을 '불가능하게' 하고, 지식을 **수단**의 수준에서 항상 유지한다. 예를 들어 스스로를 보존하는 수단으로서. 이것이 이번에는 현실원칙을 결정하고, 현실원칙은 그렇게 언제나 변화하는 것이 된다. 그러나 영원회귀는 현실을 결정하지 않는다. 그것은 현실원칙을 유보해서, 이를테면 다소 실감된 힘의 정도, 또는 오히려 힘의 강도의 신중함에 이 원칙을 맡긴다.

영원회귀는 **강도의 상승과 하강의 기원**이다. 영원회귀는 의도를 이 강도로 환원한다. 만일 영원회귀가 **힘의 회귀**로 여겨지고, 영원회귀가 **일련의 균형파괴들**일 뿐이라면, 다음과 같은 물음이 제기된다. 즉 "니체의 사유 안에서 영원회귀는 **힘에의 의지의 단순한 은유**일 뿐인가"라는 물음이.

네 개의 단편들

[다음에 이어질 단편들 중] 첫번째 단편은 니체가 자신의 고유한 영원회귀의 체험을 보편적이고 역사적인 체계 안으로 통합하기 위해 시도하는 틀림없이 가장 대규모인 기획들 중의 하나를 제공한다. 서두[4]의 도식적 지적들에서는 철학과 과학의 전통적인 관점과 사유방법을 전복하는 모든 요점들에 대한 니체의 입장이 정의된다. 가장 특징적인 것은 사회학 대신에 **주권구성체들**formations de souveraineté이라는 독자적 개념을 제시하는 부분이다. 동시에 이 단편은 니체가 자신의 교의를 다듬어 나가는 과정들을 따라가는 지표 역할을 하고 있다. 특히 **정신화**의 최고단계가 에너지의 최대점(신神)에 대응하고, 최저단계가 질서해체에 대응한다는 생각은 흥미롭다.

두번째 단편은 첫번째 것의 변주로서 제시되어, **신**이라는 말을 손질해서 그것을 **에너지 최대치의 등가적 표현**으로 만든다. 하나의 **시기**라고 하는 역사적 차원에서.

세번째와 네번째 단편들은 **에너지**와 힘에의 의지의 운동 사이에 등가성을 정립한다. 이 단편들은 영원회귀의 체험에 있어서 영혼의 음조의 강도에 대해 가장 명확한 언급을 한다. 그러나 동시에, 이 단편들의 화제가 다시 사회들(주권구성체들)이라는 인간적인 수준으로 되돌아가고, 니체가 유기적 삶에서 명백하게 보이는 대로의 힘에의 **의지**의 개념을 도입하자마자, 이 단편들은 니체가 공들여 만들고자 하는 교의의 일관성에 관

---

4) 슐레히타 판에 따르면 '원칙에 대한 혁신'. 실제로는 콜리와 몬티나리에 의한 최신판에 따르면, 이 다섯 개의 단락은 독립된 단편을 구성한다. 하지만 이 단편은 **정점의 순간으로서의 '신'**으로 시작하는 단편과의 연속에서 쓰인 것이다. 이 정점의 순간으로서의 신의 단편 전에는 본서 147쪽에 수록된 단편, "**자신에게 새로운 목표들을 세우는 정신성의 넘쳐나는 힘……**" 이 있다.—지은이

한 문제점들을 다시 유보한다. 이 유기적 삶에서 주권구성체들이 힘을 지니기 위해서는 목적과 의미에 대한 의지가 필요하고, 그러한 의지는 양적인 에너지의 움직임과, 특히 영원회귀로서의 악순환의 '기호' 자체를 특징짓는 **목적과 의미의 부재**와 부조화를 이룰 것이다. 실제로 힘에의 의지가 실존의 모든 발현형태의 기원이라면, 그리고 모든 열망에 잠재적으로 남아 있다면, 우리는 목적과 의미를 그 자체로 더 이상 말하지 못할 것이다. 힘들의 관계로부터 생겨나는 작용은 **원인과 결과**의 개념을 배제한다. "단지 예견할 수 없는 무언가의 결과만이 존재할 뿐이고, 사후事後에 계산할 수 있는 것은 그렇다고 해서 필연적이진 않다. 이 경우에는, 우연의 도움이 없이는 어떤 목적도 결코 이루어지지 않는다."

자신의 수준을 유지하려 하지 않고 증가하거나 감소하기만 할 수 있는 힘에의 의지라는 이 개념은 여기에서 **균형을 유지하려고 애쓰지 않는 에너지**와 같은 의미를 갖는다. 이 의지의 목적과 의미는 무엇인가? 항상 가장 강한 의지로 남아 있는 것이다. 그런데 이 의지가 증가하기 위해서는 자신의 장애물을 파괴해야 한다. 이 의지가 자신의 작인을 **초과한다**는 것은 그 작인을 파괴할 거라는 뜻이다. 다시 말하면 작인은 더 이상 그 의지를 지탱하지 못할 것이란 뜻이다. 이 고찰은 동일한 관찰에서 발생한다. 즉, 힘은 **자기의 보존 안에는 존재하지 않는다는 것**. 이러한 생각은 한편으로는 영원회귀의 체험 안에서 겪은 강도와 일치한다. 영원회귀의 체험은 그것을 겪은 작인을 자신의 밖으로 던져 버린다. 그러나 에너지의 원환운동에 의존하는 것으로서의 힘에의 의지의 모든 역설은 니체가 그것을 유기적 삶 안에서, 특히 인간사회의 차원에서 재발견했다고 생각하자마자 격렬하게 분출한다.

* * *

초안을 위하여.

도덕적 가치들 대신에 모든 종류의 **자연적** 가치들을. 도덕의 **자연화.**

'사회학' 대신에 **주권구성체들**의 교의를.

'사회' 대신에 **나의** 특권적 관심사로서(말하자면 내 부분들에 대한 전체로서) **문화의 체질을.**

'인식론' 대신에 **정서들의 시각들의,** 그것들의 **높은 차원**의, 그것들의 '**정신성**'의 교의를.

'형이상학'과 종교 대신 **영원회귀의 교의**(훈련과 선별의 수단으로서)를.[5]

정점의 순간으로서의 '신'. 실존, 영원한 신격화와 탈신격화. 그러나 그 안에는 **가치의 하나의 정점이 아니라** 힘의 정점들만이 있다.

기계론과 질료의 완전한 **배제.** 이 양자는 단지 낮은 단계의 표현형식, 즉 정서의('힘에의 의지'의) 가장 탈정신화된 표현형식일 뿐이다.

(힘의 최고 정신화로부터 가장 예속적인 근거에 이르기까지의) **생성 안에서 정점**으로부터의 **퇴행.** 그것을 이 최고 에너지의 **결과**로서 표상하는 것. 최고 에너지는 자기 **자신에게 등을 돌리며,** 조직할 수 없게 되어 버린 후, 자신의 힘을 사용해서 **조직을 해체한다**……

a) 여러 단체들에 대한 언제나 더 큰 **승리**가 성취되고, 이 단체들은 더 적은 수의, 하지만 더 강력한 단체들에게 예속된다.

b) 특권자들과 최강자들에 대한 언제나 더 큰 승리가 성취되고, 그 결과 민주주의가 도래하고, 결국 여러 요소들의 **무정부상태**가 찾아온다.[6]

---

5) KSA, Vol. 12, pp. 342~3, 9[8], 1887[『전집』 20권, 13쪽).
6) KSA, Vol. 12, p. 343, 9[8], 1887[『전집』 20권, 13~4쪽).

자신에게 새로운 목표들을 세우는 정신성의 **넘쳐나는 힘**. 그러나 저급한 세계라든가 또는 유기체, 즉 '개체'의 보존을 명령하거나 인도하는 것은 **결코** 아니다.

우리는 개인 **이상의** 존재이다. 게다가 우리는 사슬 전체이며, 사슬의 모든 미래들의 과업들을 책임지고 있다.[7]

* * *

'신' 개념이 의미를 유지할 수 있는 유일한 가능성. 그것은 작용하는 힘으로서가 **아니라 극대의 상태**나 하나의 **시기**로서 신을 파악하는 일이리라. …… 즉 **힘에의 의지**가 전개되는 하나의 점으로서 파악하는 일이리라. 이 한 점에 의해 그것 이후의 전개, 그것 안에서의 전개, **'그것까지'**의 전개 역시 설명될 것이다…….

기계론적 관점에서, 생성의 총체가 갖는 에너지는 불변한다. 경제학적 관점에서, 이 에너지는 정점까지 상승해서 그곳에서 다시 하강하는 영원한 원환운동을 한다. 이 **힘에의 의지**는 해석에 의해, **에너지를 소비하거나 탕진**하는 형식에 의해 표현된다. 에너지의 삶으로의 변화, 삶의 최고의 역량으로의 변화가 목적으로서 나타난다. 이것에 따르면 같은 양의 에너지도 다른 발전 단계들에서는 다른 것이 된다.

삶에서 성장을 구성하는 것은 더 작은 힘으로 최대한의 것을 얻는, 항상 더 아끼며 끊임없이 계산하는 경제이다. …… 이 경제의 이상은 최소지출의 원칙…….

세계는 어떤 지속 **상태를 갈망하지 않는다**는 것, 이것만이 유일하게 **증명**

---

7) KSA, Vol. 12, p. 342, 9[7], 1887[『전집』 20권, 12쪽].

되었다. 그러므로 세계의 정점을 평형상태라고 생각해서는 **안 된다**…….
세계 과정 및 그 밖의 모든 과정들에서도 동일한 사건의 절대적 필연성
이 영원히 사건에 대한 결정론을 말해 주는 것은 **아니다.** 그것은 단지 불
가능한 것이 가능하지 않다는 점을 표현할 뿐이다. …… 그리고 특정한
힘은 이 특정한 힘 외의 다른 것일 수가 없다는 점을 표현할 뿐이다. 그
힘은 저항하는 일정량의 에너지에 자신의 힘에 합당하지 않은 방식으로
는 힘을 방출하지 않는다는 점을 표현할 뿐이다. 사건과 필연적 사건, 순
수한 동어반복.[8]

* * *

기계론 비판. 여기서 **필연성**과 '법칙' 이라는 두 개의 대중적인 개념을 제
거하자. 필연성 개념은 그릇된 강요를, 법칙 개념은 그릇된 자유를 세계
안으로 도입한다. '사물' 은 규칙에 따라서, 규칙적으로 행동하지 않는다.
'사물' 이란 것은 존재하지 않는다(그것은 허구다). 마찬가지로 사물은 필
연성의 강제 하에서 행동하지 않는다. 여기에 복종은 없다. **어떤 것이 자**
신의 모습대로 있다는 것, 자신의 모습대로 강하거나 약하다는 것, 이것
은 복종의 결과도 규칙의 결과도 강제의 결과도 아니기 때문이다…….
저항의 정도와 우세의 정도, 모든 사건에서 문제가 되는 것은 바로 이것
이다. 우리가 평소에 계산을 이용해서 사건을 수식과 법칙으로 나타낼
수 있다면, 우리에게는 얼마나 좋은 일인가! 하지만 그렇게 세계를 복종
적인 것으로 날조한다고 해도, 이것에 의해 어떠한 '도덕성' 을 세계 안
에 도입한 것은 아니다.

---

8) KSA, Vol. 12, pp. 535~6, 10[138], 1887[『전집』 20권, 238~9쪽].

법칙이란 없다. **각각의 힘은 매 순간 결론을 끌어낸다.** 힘에는 다른 방식은 없다는 것, 바로 이 사실에 계산 가능성이 근거한다.

힘 양자quantum는 행사하고 저항하는 작용에 의해 정의된다. 무관심한 힘 양자는 없다. 그런 것을 생각해 볼 수는 있겠지만 말이다. 이 힘의 양자는 본질적으로 **폭력에의 의지이자 모든 폭력으로부터 자신을 지키려는 의지이다. 자기의 보존은 문제가 아니다. 각각의 원자는 모든 존재 안에서 활동한다.** 만일 **힘에의 의지**의 이 **광휘**를 보지 못하는 것은, 이 원자를 없애 버리는 것이다. 그래서 나는 그것을 힘에의 의지의 '양자'라고 부르는 것이다. 이렇게 해서 기계적 질서의 개념으로부터 도외시될 수 없는 특징이 표현된다. 그것 없인, 기계적 질서 자체를 생각할 수 없는 그런 특징이.

이 **작용의 세계**를 가시적 세계(눈에 의한 세계)로 번역한 것, 그것이 '운동'이라는 개념이다. 여기서는 무언가가 **움직여진다**는 사실이 우리의 생각 밑에 언제나 깔려 있다. 그것이 작은 덩어리 원자라는 허구이건, 이 허구의 추상이건 간에, 역동적 원자는 언제나 활동하는 것으로 간주된다. 이러한 표상은 감각과 언어가 우리를 유인한 습관으로부터 우리가 빠져나오지 못했다는 것을 증명해 준다. 주체, 객체. 행위를 하는 행위자, 행위와 행위를 하는 어떤 것이 구별되어 있다. 하지만 잊지 말자. 그 것은 한갓 기호론이며, 사실에 대한 표시가 아니라는 것을. **운동**의 교의로서의 기계론은 이미 인간의 감각 **언어로 번역된** 것이다.

계산할 수 있기 위해서 우리는 '단위들'을 필요로 한다. 그렇다고 그러한 단위가 존재한다고 가정할 수는 없는 일이다. 우리는 단위의 개념을 우리의 '자아' 개념(우리의 가장 오래된 신조)에서 빌렸다. 우리 자신을 단위로 여기지 않았다면, 우리는 결코 '사물'이라는 개념도 형성하지 못했을 것이다. 이제 아주 늦게서야 우리는 '자아'가 결코 사실적인 단위를 보증하지 않는다는 점을 충분히 확신한다. 그러므로 우리는 기계론적 세계를 이론적으로 견지하기 위해서, 우리가 어느 정도로 두 허구에 의해 기계론적 세계를 실현할 수 있는가에 대한 조항을 언제나 달아 두어야 한다. 즉 (우리의 감각 언어에서 얻은) 운동 개념과 (우리의 심리적 '체험'에서 유래한) 원자(=단위 개념)라는 허구에 의해. 이 조항은 **감각적 편견**과 **심리적 편견**을 전제하고 있다.[9]

* * *

균형상태가 결코 달성되지 않는다는 사실은 그것이 불가능하다는 것을 증명하는 것이다. 그러나 한정되지 않은 공간에서는 균형이 달성될 것이다. 예를 들어 우주공간에서는. **공간의 구조는 영원한 운동의 기원이고,** 마침내는 모든 '불완전함'의 기원이어야 한다. '힘'과 '휴식', '자신에게 동일하게 머무르기'는 상호모순이다. 형상으로서의 (웅대함으로서의) 힘의 척도와 그 파동하는 본질.

'비시간성'을 분리하는 것. **힘의 어떤 한정된 순간에 그 힘들의 새로운 분배의 절대적 조건이 주어진다. 힘은 움직일 수 없다. 변화**는 본질에 내재하고, 따라서 시간성도 그러하다. 그렇게 말함으로써, 우리는 변화의 필요성을 개념적으로 한 번 더 제기할 뿐이다.[10]

세계의 구조에 관한 에너지를 논하는 이 문장에서, 심리상태에, 즉 충동의 세계에 직접적으로 적용할 수 없는 용어는 하나도 없다. 그리고 그렇게 적용되는 경우, '외부의' 사건과의 관계 안에서 심리상태를 정의

---

9) KSA, Vol. 13, pp. 257~9, 14[79], 1888(『전집』 21권, 66~8쪽).
10) KSA, Vol. 11, pp. 537~8, 35[54~5], 1885(『전집』 18권, 338~9쪽).

하지 않을 용어도 하나도 없다. 감정들의 축적된 힘의 한정된 순간에 **새로운 분배의 절대적 조건**도 있고, 따라서 **균형의 파괴**도 있다. 니체는 우주적 경제학을 구상하고, 그 경제학을 자신의 기분들 안에서 느낀다.

＊ ＊ ＊

힘에의 의지와 인과론.

심리적으로 검증된다면, '원인'의 개념은 이른바 의지의 힘에 대한 우리의 감정이다. '결과'라는 개념은 이 힘의 감정이 힘 자체라고 믿게 하는 미신이다. 힘 자체는 움직인다…….

한 사건에 수반하는, 이미 사건의 결과인 것 같은 상태가 이 상태의 충분한 이유로서 투영된다. 저항이 극복됐다고 하는 힘에 대한 우리의 감정(힘의 감정으로서의 기쁨)의 긴장관계, 그것은 환상인가?

원인의 개념을 우리가 그것을 끌어온 유일한 영역 안에서 다시 번역해 보자. 그때는, 힘에의 의지가 없는 어떤 **변화**도 구상할 수 없다. 하나의 **힘**이 **다른 하나의 힘**을 잠식하지 않는다면, 우리는 변화라는 것을 확정할 수 없을 것이다.

기계론은 우리에게 결과들만을 보여 줄 뿐이다. 그리고 그것도 이미지의 형태로(운동이라는 것은 은유적인 어법이다). 중력 그 자체에는 어떤 원인도 없다. 왜냐하면 중력 그 자체가 결과들이 존재하기 위한 이유이기 때문이다.

힘의 축적의 의지는 생명현상에, 영양섭취에, 생식에, 유전에, 사회·국가·관습·풍속·권위에 특유한 것이다. 우리는 이 의지를 화학에서처럼 원인으로서 가정해야 하지 않을까? 그리고 우주의 차원에서도 그래야 하지 않을까?

에너지의 항상성뿐만 아니라, 최대한의 소비 절약. 따라서 **힘들의 핵심으로부터 출발하여 더-강하게-의지하는-것**이 유일한 현실을 구성한다. 자기의 보존이 **아니라** 찬탈을 의지하는 것, 무언가의 주인, 더 큰 것, 더 강한 것이 되기를 의지하는 것.

과학이 가능하다는 사실이 **인과의 법칙**을 우리에게 증명하는 데 충분한가? '동일한 원인들로부터는 동일한 결과들이', '사물의 영원한 법칙', '불변하는 질서'? 어떤 사물이 계산가능하기 때문에 필연적인 것인가? 어떤 것이 이런 식으로 일어나고 다른 식으로는 일어나지 않는다면, 거기에는 어떤 '원리'도, 어떤 '법칙'도, 어떤 '질서'도 존재하지 않는다. 존재하는 것은 단지 다른 모든 에너지 **양자들**quanta에 힘을 행사하는 것을 본질로 하는 에너지 **양자들**의 작용일 뿐이다.

쾌와 불쾌의 감정이 없다면, 다시 말해 힘의 증가와 감소의 감정이 없다면, 우리는 힘에의 열망을 가정할 수 있을까? 기계론이란, 의지의 양자들이 서로 싸우고 극복하는 내적 사건들의 세계에 적용할 수 있는 기호론일 뿐인가? 기계론에 선재하는 모든 가정들(물질, 원자, 중량, 압력, 충격)은 사건 그 자체가 아니라, **심리적 허구**의 도움을 받는 해석들이다. 생명(우리에게 가장 잘 알려진 존재의 형태로서)이란 특수한 에너지 축적의 의지이다. 생명의 모든 과정들은 여기서 그 지렛대를 갖는다. 어느 것도 자기를 보존하려고 의지하지 않으므로, 모든 것은 거기에서 전체화되고 축적되어야 한다.

(그로부터 출발하여 실존 전체의 성격에 관한 가설이 만들어지는) 독특한 사례로서의 생명은 힘의 최대한의 감정을 열망한다. 그것은 본질적으로 더 많은 힘을 열망한다. 열망한다는 것은 힘을 열망하는 것에 다름이 아니다. 가장 잠재적이고 가장 내적인 것은 이 의지이다(기계론, 결론들의 순수한 기호론).[11]

＊＊＊

영혼의 음조의 강도와 **에너지의 운동**은 서로가 서로의 전거가 될 수 있었다. 힘의 밀물과 썰물, 그것은 **목적도 의미/방향도 없는** 악순환에 의해 지시된다. 에너지도 강도도 **지속**을 추구하지 않는다. 그것들은 단지 증가하고 감소하고, 상승하고 하강한다.

유기체들의 운동은 전혀 다르다. 왜냐하면 유기체들에서도 여전히 힘이 증가한다고 한다면, 그 힘은 **전체의 지속**으로서 실현된 **의미/방향**과 **목적**이라는, 하나의 실현의 기쁨 안에서 완결된다. 그리고 과학은 생물계 안에서 에너지의 변화가능성과 차원을 달리하는 힘들의 공존을 지적하지만, 니체가 동일한 생물계 안에서 성장과 쇠퇴의 법칙에 따라서 힘의 이미지뿐만 아니라, 힘을 **의지하는** 이미지를 발견했다는 것은 분명하다. 그리고 이 의지는 에너지가 그 자체로 결여된 **목적**과 **의미/방향**을 따른다. 그리고 이 의지하기가 자극에 대한 충동의 반응이거나 유기체에 의해 축적된 힘의 방출일 뿐이라 해도, 유기체 수준에서의 이러한 자극이나 힘의 해방이라는 표상을 니체는 여전히 **목적**과 **의미/방향**으로 해석했다.

모든 사물들의 영원회귀의 체험으로부터 출발하여 니체가 탐구한 것, 그것은 **의도**로부터 **강도**로의 갱신이었고, 목적도 의미/방향도 없는 에너지가 그것을 다시 확인해 주었다.

그런데 더 많은 힘을 의지하는 것과 영원회귀의 요청에 따라 강도에 응하는 삶을 재-의지하는 것에 관해 말하자면, 니체가 **유기체들의 성장과 쇠퇴**에 관련된 에너지이론과 생물학이론을 함께 참조하여 그 이론들을 사회들과 개인들의 삶(사회들은 개인들의 이익에 따라 해체된다)에 적용할

---

11) Schlechta, Vol. 3, p. 775ff.

때, 그는 자신의 고유한 열망들에 따라 이 두 가지 현상들로부터 그 자신의 교의에 대한 모순적인 증명을 요구하게 된다. **어떤 의미/방향도 목적도 없는,** 에너지로서의 그 동일한 힘이 유기체들의 삶 안에, 인간사회의 역사적 수준에서 **하나의 목적**을 추구하는 (힘에의) **의지**로서, 이 유기체들이 스스로에게 부여하는 **의미/방향**에 복종하면서 지속하려는 그러한 목적을 추구하는 의지로서 존재한다면, 이 **의지**는 어떤 의미/방향도 목적도 없는 에너지로서의 **그 힘 이외에 어떤 대상도** 갖지 않아야 했다. **에너지는 어떤 균형도 허용하지 않는다.** 에너지를 지시하는 원환운동이 그것을 에너지에게 금지한다. 유기체의 삶은 이 균형을 추구하고, 오랜 시간을 들여 그것을 발견한다. 그리고 마지막으로 에너지의 성급함과 유기체의 안전으로부터 발생한 개인이란 것은 균형에서 결국 불편함을 느낀다. 니체는 이 불편함 때문에 악순환 안에 하나의 목적과 하나의 의미를 기입하기로 결심하는데, 그렇다고 해서 **원환** 자체가 이 **목적과 의미라고** 고백하는 것은 아니다.

"자신에게 새로운 목표들을 세우는 정신성의 넘쳐나는 힘……"
영원회귀의 부조리한 운동을 극복하기 위해서, 이 부조리가 힘에 의해 **해체작용**(허무주의)을 한다는 구실을 주지 않기 위해서, **힘에는** 하나의 **목적이 정해져야** 하고, 따라서 하나의 의미를 뽑아내야 한다.
힘에의 의지가 자신에게 목적을 정하고, **의미가** 그 의지에 필요하게 되고, 우리의 **미래가** 우리에게 **새로운 과업들을** 부여하게 되면, **지고의 사유**(영원회귀)는 성격을 바꾼다. 니체가 싸우던 신인동형론, 표면적으로는 가장 객관적인 과학이론 안에서까지 그가 비판하는 신인동형론, 그것을 니체는 지금 재도입해서 그것과 공범이 된다. 분명히 그것은 인간의 감정을 수호하기 위해서가 아니라, 그의 말로는 그 감정을 '극복하기' 위해서, 실제로는 사유를 비인간화하기 위해서였다.

우주적 에너지의 정점(시기로서의, 하지만 힘의 '정신화'의 시기로서의 '신'), **이 정점은 영혼의 높은 음조와 일치하는 것일까?** 질스-마리아의 황홀의 음조의 강도와.

오히려 그 반대인 것처럼 보인다. 우주적 에너지의 손실이 인간의 도덕적 영역 안에서, 즉 지적·사회적 수준에서의 허무주의에 의해서, 그러므로 "조직할 그 무엇도 없으므로" 파괴에 의해서 '탈정신화' déspiritulisation로서 반영될 때, 고립된 개인 안에서 그 에너지는 **정점**으로부터 **최저점**에 이르기까지 최후의 **반향**으로서 깨어난다. 그러나 **정점**도 **최저점**도 회고적 해석일 뿐이다. 그 해석은, 그 자체로는 의도가 없는 힘들의 우주적 체계와 **그 힘들의 무의미함**을 실감하는 영혼의 상태가 **의도적으로** 혼동되고 있다는 것을 보여 준다. 그리고 영혼이 이러한 반향을 **의미하는** 경우, 영혼은 그 반향을, 심연을 앞에 둔 현기증으로 또는 임박한 **카오스**로 인한 불안으로 느낀다(그런데 **심연**이나 **카오스**는 명확한 형태나 확고한 기반으로부터 출발하여, 그러므로 **항상성**으로부터 출발하여 비항상성을 지시하는 용어들일 따름이다).

하강하는 운동, 즉 최저점('기계론'이 다시 등장하는 것은 이 **최저점**이다)까지 후퇴하는 운동 안에 **탈정신화**가 존재한다면, 그 탈정신화가 가능한 것은 자신의 강도의 폭력에 의해 **자신의 밖으로** 내던져진 영혼의 높은 음조 안에서, 강도가 다시 확립되어서가 아닐까? 모든 정신화의 **대극**pôle opposé에서 **영원회귀**의 **원환**의 기호를 따라 자신을 지시하면서, 어떤 목적도 어떤 의미도 갖지 않는, 자신이 스스로의 의미이고 목적인, (영혼을 자기 자신의 밖으로, 자신의 동일성의 바깥으로 내던졌기 때문에) 자신 외에 어떤 의미도 목적도 갖지 않는 **순수한 에너지**로서 강도가 다시 확립되어서가 아닐까?

그런데 **강도의 파동**이 보이는 것은 그것이 남긴 **흔적**에 의해서, 즉 어떤 기호의 **의미**에 의해서가 아닌가. **원환**의 기호는 (정신 안에서) 흔적인 **동시에**, 의미이자 강도 자체이다. 그 기호(**신이라는 악순환**) 안에서는 그 흔적을 재활성화한 후, 그것을 그 자체의 공허 안으로 버리는 운동 안에서 모든 것은 뒤섞여 있다.

그러나 이 **흔적**이 **원환**을 의미하기에 충분한 강도로서 이렇게 느껴지는 것은 개별적 사례의 **특권적인** 순간 안에서일 뿐이다. 즉 **자아**의 기호가 그 음조 안에서 정확하게 **강도를 잃는** 단계에서, 이 자아로부터 출발하여 모든 의미가 비워지는 단계에서, 즉 **최저점**에서.

강도가 지금 공간적으로 한정된 **에너지**로서 여겨지기 위해서, 의미작용을 하는 지점에서 절정을 이루고, 무의미할 때는 최저로 떨어지는(탈정신화-비조직화) **양적 힘**으로서 여겨지기 위해서, 에너지의 양이 더 이상 질로 변환되지 않는다고 여전히 말할 수 있을까? 니체에 따르면, 에너지의 양은 **그 자체로 질**이다 : **모든 폭력을 강요하고 저항하는 '의지'**인가? **비신성화**의 단계에서 실존은 어떻게 **다시 신성화**될 것인가? 오히려 **그 순간**에 실존은 그래서 신성한 것이 아닌가? 실존은 신성한 것이기를 멈추었는가? 최저점과 최고점의 절대적 일치인가?

「원칙에 대한 혁신」이라는 단편에서 니체의 성찰은 힘의 최고의 정신화가 그 극단적 **예속성**으로 역전되는 것을 묘사한다. 왜 **'예속성'**인가? 그것은 사회들의 차원에서 힘이 역사의 방향 안에서 자신을 힘에의 의지라거나 힘에의 의지의 부재라고 하는 것이 이곳이기 때문이다. 사회들의 **구성기준들**과 그 사회들을 구성하는 **개인들에 의한 사회 해체의 기준들**에 따르면, **힘에의 의지**는 **영원회귀**의 통역이 된다. 지배의 논리로서의 **악순환**은 에너지를 역사화해서 그 부조리한 자동운동을 역사 안에 도입한다. 어떤 경우에는 소수의 특권자들이 예속된 사회들에게 승리하고, 어떤 경우에는 다수의 약자들이 특권자들에게 승리한다. 이 단편의 최후의 단락은 영원회귀의 계시의 내용을 언급한다. "**우리는 개인 이상의 존재이다. 게다가 우리는 사슬 전체이며, 사슬의 모든 미래들의 과업들을 책임지고 있다.**"

상승하고 하강하는 운동의 비전 안에서 영원회귀의 체험으로부터 나온 요청이 재기입된다. **즉 원환에 암묵적으로 포함된 모든 일련의 개인들을 주파하는 것.** 하지만 현저히 다른 하나(개인의 **우연성**)가 있다. 그것을 니체는 나중에 다시 다룰 것이다. 그 개인의 **우연성**은 새로운 관심사로 대체된다. 그것은 사슬의 **모든 미래들의 과업들**, 즉 하나의 목적의 **설정**이다.

그러나 힘이라는 것이 끊임없이 **더 많은 힘**을 원하지 않을 수 없는 것이므로, 그 힘은 **자신에게 목적을 부과하지** 않는다면, 어떻게 그리고 무엇으로부터 출발하여 **끊임없는 증대**를 원해야 할 것인가? 힘이 목표를 넘어서면, 또 다른 목표가 필요해진다. **생각할 수 있는 모든 목표가 달성될** 때까지. 그런데 그때 균형과 **최후의 무기력 상태**가 출현할 것이라고 니체는 말한다. 그리고 어떤 균형도 결코 유지될 수 없다는 것은 어떤 달성된 목표도 결코 에너지의 총량이 흡수된 것을 나타낼 수 없다는 것을 증명한다. **목표와 그것을 달성하는 수단의 불균형**은 이렇게 균형의 끊임없는 **파괴를** 원한다. 에너지는 항상 목표를 초과한다.

에너지가 항상 목표를 초과한다면, 그것은 목표는 **에너지 자체** 이외에 어떤 것도 아니고, 힘이 최대한으로 축적된 수준에서 힘은 반드시 이 최대한이 **의미하는** 바와는 **반대**방향으로 **방향을 전환할** 뿐이라는 말이다. 에너지가 달성된 목표를 넘어선다면, 그것은 또한 에너지가 그 자체로서 자신의 목표일 뿐만 아니라, 수단이 목적보다 중요하다는 것이다. 이는 니체의 사유가 이후에 다듬어지면서 그 중요성을 더할 것이다. 사용된 수단들은 추구된 목표에 의식이 부여하는 **의미** 자체보다 중요하고, 목표의 **무의식**은 의식적으로 정해진 목표보다 중요하다. 그런 이유로 **수단들에 대**

한 의식은 어떤 목적에 대한 의식보다 우위에 서고, **의식이 되는 것은 수단들밖에는 없게 된다. 따라서 의식이라는 조각은 삶의 전개와 연장 안에서 추가된 하나의 수단일 뿐이다.**

그러나 에너지가 그 정신화의 최고의 상태('신')인 힘의 최대한의 상태를 넘어선다는 것은, **무의미로서** 자신을 의미하는 것을 속성으로 하는 힘에 대해 이 신이라는 **호칭**이 적합할 수 없다는 것이다. 그런 이유로 **악순환**은 자신과 다시 만나기 위해 언제나 도주하는 것이 본질인 신이다. 그리고 정신화의 정도도 그 악순환이 순수한 양적인 힘이라는 최종상태 속으로 뛰어드는 것, 그래서 모든 지속적인 의미를 벗어나는 것을 만류할 수 없을 것이다.

그 전체의 크기가 어떻든지, 이 **에너지**는 언제나 **자기 자신**에게 동일한 것으로 남아 있다. 수단들이란 이 에너지의 **유한수의 조합들**이고, 그 표면적인 목적들은 그것의 **고유한 목적**의 **변형들**일 따름이다. 즉 언제나 동일한 **양**의 에너지로 남으려는 목적의. 일단 모든 조합들이 고갈되면, 필연적으로 목적은 그 조합들을 다시 만들어 내야 하고, 이 필연성은 에너지의 본질 안에 기입되어 있다. 그런데 이 반복은 영원한 반복이고, 따라서 시작도 끝도 없는 반복이다. 그러나 실존의 정의로서의 이 우주의 구조와 경제의 구조, 이들과 성장·쇠퇴의 생물학적 법칙들 사이에는 이 생물학적 법칙들과 사회들의 역사적 발전과정들 사이보다 더 깊은 차이들이 존재한다. 반면에 사회들 안의 개인들의 형성과정에 대한 **무리적 충동들**과 **독특한 사례들** 사이에는 에너지의 운동에 대한 이 개념보다 더 커다란 유사성과 친연성이 존재한다.

역사의 원환적 개념은 본래 니체가 만든 것이 아니고, **양자들**에 관한 그의 기계론적 고찰은 **영원회귀**의 첫번째 체험에 어떤 것도 더해 주지 못한다. 하지만 의지가 힘의 의미를 말하는 통역일지라도, 이러한 참조로부터 최소한 악순환의 부조리가 힘의 운동과 일치한다는 원리가 도출된다. 즉 **힘은 무의미이다.** 그리고 그 자체로서 무의미한 것은 그로 인해 최대의 폭력을 행사한다. 폭력이 줄어들수록, **해석**은 늘어나고 의미는 많아진다. 그리고 실제로 만약 '정신화'의 **정점**이 '신'(이전에 설명한 도식이 보여 주었듯이)이고, 따라서 의미의 극한이라면, 이 정점의 순간으로부터 이미 이 의미는 **파괴되어야 하는 균형상태**가 된다. 그러므로 모든 가능한 의미의 부재에서 **최대의 폭력이 되살아나는** 것은 **최후의 단계**(에너지가 만든 것을 에너지가 **해체하는 단계**)에서이다.

그러나 해석불가능한 **힘 안에 무의미함**이 있다면, 힘에의 **의지**가 해석하고 의미한다는 것은 무슨 말인가? 새로운 애매함. 힘에의 의지는 충동 이외에 어떤 것도 아니고, 모든 충동은 자신을 생산하기 위해 하나의 의미, 하나의 목표를 전제한다. 만족의 상태는 도달돼야 하고, 불만족의 상태는 피해야 한다. 따라서 체험된, 해석 가능한 상태들 사이에는 비교가 존재한다.

이렇게 니체는 모든 목표와 모든 의미를 배제하는 힘들의 묘사를 참조하는데, 그것은 한편으로는 그 힘들의 '부조리한' 운동을 사회들의 조직적 창조 안에서 **목표**로서 탐구하기 위해서이다. 만약 실제로 힘의 행사가 그렇게 검증된다면, **주권구성체들**이라는 것은 자신의 창조의 **조직적** 목표에 의해 자신들의 주권의 **목표와 의미의 부재를 감추는 것**만을 임무로 삼을 것이다.

어떤 목적으로의 표면적인 일치는 단지 **모든 사건 안에서 펼쳐지는 힘에의 의지의 결과이다.** 더 강해지는 것은 조직화를 초래하는데, 이 조직화는 목적의 기도projet와 유사하다. 표면적인 목적들은 의도적이지 않다. 그렇지만 더 작은 힘에 대한 우월성이 확립되고, 이 작은 힘이 가장 큰 힘

의 기능으로서 작용하면, 조직의 위계질서는 수단들과 목적들의 표면적인 질서를 제안해야 한다.[12]

니체는 이 두번째 도식에서 다음과 같이 말한다. **"동일한 양의 에너지는 발전의 다른 단계들에서 다른 무언가를 의미한다."** 이에 대해서 다른 단계들에 존재하는 것은 동일한 종류의 에너지가 아니라고 반박할 수 있다. 명확하게 다른 힘들은 그들의 고유한 리듬에 따라 **공존하고**, 그들 사이의 상호작용이 **유기체의 삶**이라는 것을 생산한다. 이 상호작용의 기원에 동일한 에너지를 가정하는 것은 곧 일종의 신학(악순환으로서의 신의 신학, 즉 본질적으로 니체의 감동)으로 회귀하게 된다. 실제로 이 감동에 이끌린 니체는 한 순간 망각된 하나의 차원에 이른다. 즉 근거를 댈 필요가 없고, 표현하기 위해 검증할 필요가 없는 **진정성**에 대응하는 유일한 차원을 발견한다. 그리고 이 진정성, 그것은 니체를 이론들 안에서 길을 잃게 해서, 그 이론들을 항상 수정하고 극복하고, 설득이 지나쳐 스스로 모순되게 말하도록 **강제했다**.

양적인 에너지의 이론으로부터 도출된 근본적 사유. 즉 힘의(의도의 관점으로부터는 **해석불가능한** 힘의) **무의미**. 니체는 그것을 그가 **주권구성체들**Herrschaftsgebilde이라고 부르는 것에 어떻게 적용할 것인가? 이 힘의 **무의미**, 즉 힘이 그 **부조리성**에 의해 **행사하는 폭력**은 이 구성체들 안에서 전거를 발견할 수 없었다. 전거가 발견되는 것은, 그 구성체들이 그것들의 설립을 주재한 의미들과 **목표들**을 구실삼아 추구한 **은폐되고** 따라서 **무의식적인** 목표 안에서였다. 역으로 말하자면, 이 **주권구성체들**이 **폭력으로서의 부조리**를 행사한다고 더 이상 주장할 수 없었던 것은, 단지 스스로에게

---

12) KSA, Vol. 12, p. 386, 9[91], 1887[『전집』 20권, 64쪽].

하나의 의미를, 예속성과 예속된 힘들이 참가하는 하나의 의미를 부여하는 경우에 한해서였다. 그리고 이 의미는 **순수한 부조리함의** 의미가 결코 될 수 없었다.

그러므로 이제부터 이 주권구성체들이 스스로를 재건축하기 위해 자신들에게 새로운 목표를 부여하는 것이 문제라면, **그것들에게 힘에는 증대하는 것 외에 다른 목표는 없다고 말하는 것**은 그것들이 이 원칙에 따라서 의식적으로 스스로를 개혁하는 데 충분하지 않을 것이다. 이 구성체들이 **힘을 얻게 된** 것은 바로 이것들이 **하나의 의미**를 품었기 때문이다. 왜냐하면 어떤 의미작용이 힘의 어떤 상태에 대응한다면, 반대로 이 힘의 상태도 자신을 유지하기 위해 이 의미작용을 요구하기 때문이다.

니체가 **주권구성체들**에게 **균형파괴**의 법칙을 의식할 것을 촉구하면서 니체의 글은 더 명확해진다. 그는 이 균형파괴의 법칙을 지금은 주권구성체들의 활동에 필요불가결한 조건으로 규정하기 위해 서술하려고 노력한다. 즉 모든 **주권구성체**는 이렇게 자신의 해체의 정해진 순간을 **예견**해야 할 것이다. 추구하는 새로운 목표로부터 출발하여 새로운 의미작용을 다시 만드는 것. 따라서 새로운 기관들을 재창조하는 것. 그렇게 함으로써 다음과 같이 고백하는 것. 즉 **무의미**는 **최고의 폭력**이므로, 이 폭력이 행사될 수 있는 것은 단지 부조리한 **삶**을 **최고의 풍요로움**으로 보이게 하고 그것에 의해 부조리함을 정신성으로 전환하는, 그런 **가치**(의미)의 이름에 의해서라고.

어떤 **주권구성체**도 명확해지기 위해 이러한 의식화를 견뎌 내지 못할 것이다. 왜냐하면 주권구성체가 자신의 구성요소들인 개인들 안에서 의식화되자마자, **이 개인들은 주권구성체를 해체한다.** 여기에서 니체 자신이 개인 안에서의 **무리적인 것**(종의 보존)과 **특이적인 것**에 대한 자신의 구별을 비판한다. **주권**은 무리짓기 안에서 이 특이성을 배제하는 것과 개인 안에서 무리짓기를 배제하는 것에 관여한다. 소수의 **특권자들**은 특이성들의 집단이고, 이로써 무리적인 것의 가치저하를 표현한다. 무리짓기 차원에서 **하층민들**(보잘것없는 인간들)이 특권자들의 존재를 참아내는 것은 이 특권자들이 자신들의 특이적 집단을 위해 무리의 존재이유를 유지하기 때문이다. 그런데 이 특이적 집단의 행동이 실존의 부조리성을 명백하게 보여 주자마자, 이 집단이 행사하는 것이 바로 폭력이다. 달리 말하자면, 무의미한 에너지는 목표로서 제시될 수 없다. 그로부터 역방향에서의 예속성이 드러난다. **특이적 사례들**은 보잘것없는 인간들인 하층민들의 무리짓기를 위해 제외되고, 이번에는 이 하층민들이 종의 **특유한 의미**라는 이름으로 폭력을 행사한다.

6장_ 선별의 교의로서의 악순환/영원회귀의 정치적 판본/악순환의 음모

'훈련과 선별'의 계획들은 니체의 병리학 안에서 무엇을 의미하는가?

"현실적으로 행동할 때부터, 우리는 우리 감정의 편견들을 따라야 한다"고 니체는 말한다. 새로운 목적과 의미를 제시하려는 의도에서 그가 행하는 것은 바로 그곳이다.

니체는 지금 착란의 임박에 대항해서, **또한 이 위협과 '현실원칙' 사이의 균형을 획득하기 위해서 투쟁하는 것**처럼 보인다. 그를 불안하게 하는 것은 인류의 운명이라는 문제도 결코 아니고, 그를 이끄는 것은 인간들의 고통과 비탄에 대한 강박관념도 아니다. 그것은 외부에 대해 행동할 필요성이고, **자신의 의식의 붕괴를 벗어나기 위해 의식들에 스스로를 동화할** 필요성이다. 그의 계획들과 기획들——그것은 두 개, 세 개 또는 네 개의 주요한 정의들 사이를 갈마든다('**미래의 철학**' 또는 '**생성의 무구**' Innocence 또는 '**영원회귀**' 또는 '**힘에의 의지**')—— 안에서 말해진 주제들을 전개하기 위해 그가 반복해서 노력하는 것은 이 때문이다.

회피하는 것. 개인적 비애 속에서 한 번 이상 그의 뇌리를 스쳐 간 자살의 생각이 아니라, 가장 매혹적인 **시련**을 회피하듯이 자신의 변모라는 끊임없는 투쟁을 회피하는 것. 자기 자신의 변모라는 시련을 회피하고, 자신이 **명석한** 채로 살아남는 것을 지켜보는 하나의 증명이자 최후의 실험으로서 시련을 연기延期하는 것. 때는 아직 오지 않았거나, 이미 지나갔다. …… 이러한 시련은, 그 자신이 실행을 연기했음에도 불구하고 그가 모르게 이미 은밀히 이뤄지고 있었다. 만약 역으로 그가 **직접행동**을 하는 데 성공했더라면, 또는 적어도 그 행동을 규정하고, **수단들**을 백일하에 드러내는 데, 그 수단들을 선취하는 데 성공했다면, 그때는 아마 이 의도적 시련도 그가 다른 곳에서 **주요 저작**이라고 부른 것 안에 흡수됐을 것이다. 그런데 그는 제목들과 소제목들을 일렬로 세우고, 목차를 만들고, 여기저기에서 짧은 논평만을 삽입할 뿐이다. 하지만 그 사이에도 그는 아포리즘 작품을 끊임없이 만들었다. 『인간적인 너무나 인간적인』, 『즐거운 학문』, 『선악의 저편』, 『도덕의 계보학』으로부터 그의 최후의 사유들을 전해 줄 소논문들에 이르기까지. 1884년부터 1886년까지 집필한 『차라투스트라는 이렇게 말했다』는 이미지들, 비유적 표현들, 애매함들로만 영원회귀의 체험이 표현된다는 의미에서 어쩌면 개념적 전개의 장해물이 될지도 모른다. 그러나 니체가 계속해서 그런 형식으로 집필하지 않았다는 사실은, 그 형식도 그의 갈등을 나중에 해결할 수 없었다는 것을 증명한다.

* * *

"**자연은 어떤 목적도 갖지 않지만, 무언가를 실현한다. 우리 인간은 목적을 갖지만, 이 목적이 아닌 다른 것을 획득한다.**"[1]

우리의 은폐된 충동들, 우리는 그것들을 **결과를 초래하는 원인**의 존재를 가정하는 제도적 언어에 따라 의지로서 **해석한다**. 힘들의 놀이, 힘들의 관계들, 그것들은 잘못 해석되었다.

---

1) GS, Vol. 16, p. 199.

명석함이란 어떻게 가능한가? 상상할 수 있는 유일한 명석함은 우리의 예속상태를 인정하는 명석함이다. 그러나 이 명석함의 수준에서만 자신을 유지하기 위해서는 **우리 자신으로부터도 그리고 자연으로부터도 우리를 자유롭게 해방시키는** 지속적인 노력이 필요하다. 달리 말하면 이런 것이다. 우리는 우리의 메커니즘을 알고 있다. 이 메커니즘을 탈구시켜야 한다. 왜냐하면 그것을 탈구하는 것은 또한 그 부품들을 사용해 그것을 재건하는 것이기 때문이다. 따라서 '자연'을 우리의 '목적'을 향해 이끄는 것이다. 그러나 이렇게 추론할 때마다, 우리는 우리를 이끄는 충동을 다시 감춘다. 물론 우리는 무언가를 획득한 다음에 그것을 **의도된 것**으로 **해석할 것이다**. 하지만 아무것도 의지하지 않은 채 다른 '목적들'을 위해서 자신을 실현하는 것은 자연일 것이다.

> **인간 운명의 전 역사에 목적이 없다면**, 우리는 하나를 집어넣어야 한다. 다시 말해, 우리가 한편으로는 목적을 **필요로 하지만**, 다른 한편으로는 내재적 종말이라는 환상을 들여다볼 수 있게 되었다고 전제할 경우에 말이다. 그런데 우리에게 목적이 필요한 것은 우리의 척추라 할 수 있는 의지가 필요하기 때문이다. **신앙의 보상으로서의 의지**, 우리의 의도를 통해 무언가를 계획하는 의지, 신적인 의지가 있다는 생각에 대한 보상으로서의 의지 ……[2]

그러나 다른 한편으로 실존에 의미와 목적을 부여하는 것은 결국 무엇으로 귀착될까? 무無로, 실존이 자신으로부터(즉 인간의 운명이라는 관점에서 보면) 개인들과 사회들을 통해 그것들을 만들어 내는 한에서.

---

2) KSA, Vol. 12, pp. 236, 6[9], 1886~1887[『전집』 19권, 293쪽].

니체의 머릿속에는 두 가지 전망이 그려진다. 그것들은 니체 자신을 둘로 분할한다. 반면에 그는 그 두 전망들로부터 하나의 유일하고 일관적인 결정을 내리려고 한다.

첫번째, 영원회귀는 우주가 자신을 '**설명하는**' 방법이다.

두번째, 역사의 종착점인 허무주의는 '**가치들의 가치전환**'을 요구하고, 그 가치전환에 의해 종의 새로운 '선택'의 기준이 설정될 것이다.

이로부터 일련의 양자택일이 파생한다.

영원회귀의 법칙이 실존의 **양상**이고 힘이 실존의 **본질**이라고 한다면, 그 법칙으로부터 의지 자체가 파생한다고 하는 이외에, 이 법칙은 **어떤 의지의 개입도 없이** 존재들의 **선별작업**을 수행한다고 생각해야 한다.

그러나 니체는 **약자**에게는 유리하고 강자에게는 그렇지 않은 '자연선택'(반反-다윈주의적인)을 결론으로 도출한다. 그렇다면 그러한 니체의 관찰에 대해 앞의 법칙은 어떤 확증을 주는 것일까? 영원회귀를 충분히 **사유하는 것**은 에너지와 쇠약의 **교대**를 인정하는 것일 뿐이다.

첫번째 양자택일, 영원회귀는 의식적이거나 무의식적인 모든 개입에 좌우되지 않고 그 자체에 의해 선별하거나, 또는 **영원회귀가 니체에게 계시된** 결과로 의식적이고 의지적인 선별이 개입한다. 그런데 그의 원리에 따르면 영원회귀는 무수히 **계시됐다**.

따라서 **두번째 양자택일**, 만약 영원회귀가 무수히 계시되었다면, 의식적이고 의지적인 선별도 또한 무수히 실행되었을 것이다! 그러나 그것이 뭐가 중요한가! 왜냐하면 **니체가 질스-마리아에서 우연히 체험한 순간까지는 누구도 생각하지 못한** 그 선별이 지금 **새롭게 계시되었기** 때문이다. 다시 긴급하게 질문이 제기된다.

세번째 양자택일. 선별은 영원회귀의 **확산**에 의존하거나(악순환의 기호로서의, 인류의 시련으로서의 영원회귀. 결과는 새로운 종, 또는 오히려 그곳으로부터 모든 **방향**, 모든 결정, 모든 행동이 변하는, 그러한 더 높은 차원으로의 도달. 영원회귀의 **과학적 증명**의 필요성) 또는 **비밀(악순환)**로부터 출발하여 작동할 것이다. 말하자면, 선별은 **비밀의 이름으로** 실험자들(대지의 주인들)의 손에 의해 시도될 것이다. 순수하게 실험적인 선별의 교리는 '정치' 철학으로서 적용될 것이다.

　　이 경우에, 악순환의 비밀은 니체의 **환영**에 의해서 **발명된** 하나의 시뮬라크르로 간주될 수도 있다.

* * *

허무주의자의 발생사

자신이 실제로 아는 것을 감당하는 용기는 나중에야 갖게 된다. 내가 지금까지 근본적으로 허무주의자였다는 점을 나는 얼마 전에야 비로소 시인했다. 나를 허무주의자로 계속 나아가게 했던 에너지와 무기력[3]이 내게 이러한 근본적인 사실을 잘못 판단하게 했다. **하나의 목적을 향해 나아가면, '무목적성 자체'가 우리의 신앙의 원리가 될 수 있다는 것은 생각할 수 없는 것처럼 보인다.**[4]

* * *

---

3) 이 부분을 슐레히타는 **급진주의**라고 읽었지만, 몬티나리는 **무기력**이라고 읽었다. ―지은이
4) KSA, Vol. 12, p. 407~8, 9[123], 1887[『전집』 20권, 89쪽]. 강조는 인용자.

가치들의 가치전환의 몇몇 계획들에서 니체 자신이 예고하는 미래의 철학자는 어떤 때는 '실험자'로, 어떤 때는 '사기꾼'으로 등장한다.

다른 계획들, 훈련과 선별의 계획들에서는 주인과 노예가 문제가 된다. 거기에서는, 과거의 (전통적) 위계질서들 안에서의 양자의 관계와 현존하는 질서(자유민주주의 유럽) 안에서 존속하는 양자의 관계를 구별하고, 마지막으로는 니체의 예언 대상인 이 주권구성체들과의 관계에서 변동하는 우리의 조직을 구별하는 것이 과제이다. 그러나 과거의 위계질서(그리스-로마의 노예국가, 봉건-귀족제)는 그것이 생산한 여러 특징적 형태들과 함께 철학자의 사변에 출발점으로 사용되고, 그 사변은 근대적 조건들 안에서 실험적 계획들('훈련과 선별')에 이르게 될 것이다.

어떤 계획들은 실험자-철학자와 '미래의 주인'을 엄격히 나누고, 다른 계획들은 이 양자를 혼동한다. '훈련과 선별'을 처음으로 실행하는 것은 주인들이 아니라 학자들과 철학자들이고, 그들은 일반적 예속성의 상태(우리 근대산업의 상태) 안으로 새로운 방법들을 처음으로 도입한다.

실험자는 단지 '주인'의 형상을 공들여 만들기만 한다. '주인'이란 실험의 성과이므로. 여기에서 문제인 것은 자신의 조건을 기능으로서 행사하는 주인도 아니고, 이 주인에게 '새로운' 노예들을 만들어 주는 것도 아니다. 주인과 노예는 제각기 시련의 결과로 나타나는 상태들이다. 그리고 이 시련은 언제나 악순환의 기호에 동의하는 것 또는 반대하는 것이다. 그러므로 악순환의(영원회귀의) 기호는 훈련과 선별이라는 계획들의 접합점이자 원동력이다. 이 점에서도 이미 사람들이 이 계획들과의 관계를 지적하며 비난할 수 있다고 생각한 정치체제들과의 혼동은 불가능해진다.

주인과 노예의 이런 성격에 대한 상세한 논의에 들어가기 전에, 니체가 허용하는 범위에서 철학자의 용모를(따라서 니체의 사유 자체의 한 측면을) 기술하거나 암시하는 그의 묘사에 시선을 던지는 것이 좋을 것이다. 니체 자신은 이 역할 안에서 어떻게 행동하는가?

'정치' 철학 또는 '사회학적' 철학 또는 단순히 '구체적' 철학이 어떤 과업을 맡는가라는 관점 아래에서, 니체의 사유 안으로 수렴하는 다양한 동기들은 한 번 더 전체로서의 **문화**에 대한 개인적인 반응임에 틀림없다. 그것은 역사나 역사과학도, 자연과학이나 생리학을, 그리고 마침내 또한 언제나 예술의 창조행위들까지도 포함하는 것이다. 이 마지막 관점은 니체가 그것으로부터 출발해, 그것에 의해서 역사와 과학을 동시에 포용하는 그의 기본적인 관점이다. 그런 이유로 여기 니체의 사유 안에서 **암시**로서, 나아가 **강박관념**으로서 개입하는 역사적 **유형들**을 구분할 필요가 있는 것이다. 그러한 **강박관념**은 과학 실험이라고 하는 우회로를 통해 니체가 실행하고 싶어 하는 '창조행위'라는 관념과 처음에는 하나였다. 다음으로 우리는 니체가 이 강박관념 자체를 어떻게 파악했고, 그것을 어떻게 '사기꾼 철학자'라는 관념 안에서 언어화했는지를 살펴볼 것이다.

때때로 니체의 텍스트에 나타나는 '**시도하는 자**' Versucher라는 말에는 실험자와 유혹자라는 이중의 의미가 있다. 모든 창조자는 타자를 유혹하는 자인 동시에, 아직 존재하지 않는 것(**작용할 수 있고, 존재하는 것을 변하게** 할 수 있는 힘들의 전체)을 창조하기 위해 **자신에 대해서 그리고 타자에 대해서 무언가를 실험하는(시도하는)** 자이다.

행동의 '**기계장치**' machinerie 전체가 조각조각 분해될 때, 즉 그 기계장치에 작용하는 내부의 동기들과 그 동기들을 유발하는 외부의 압력들에 의해 분해될 때, 하나의 유혹이 깨어난다. 이 행동을 어떤 일정한 방향과 목적을 향해 작용하게 하려면 어떤 조건이 필요한가? 그러한 예측가능한 조건은 어떻게 유발해야 하는가? 부정적으로 영속하는 다른 조건들은 어떻게 파괴할 것인가? 인류 전체가 그렇게 취약하고 수동적이라면, 변화를 유발하기 위해서는 어떠한 장기간의 관습을 도입해야 할 것인가?

동시대의 인간이 지닌 근대적 조건들에 반대하여, 말하자면 그 조건들에도 불구하고 행동할 수 있는 인간유형의 가능성에 대해 자문할 때마다, 니체는 몇몇 탁월한 개인들을 만들어 내는 데 기여한 과거의 **우연적 조건들을 체계적으로 복원할** 수단을 찾는다. 영원회귀에 대한 최초의 해석과는 더 이상 모순되지 않는 그 생각은 인간존재에 대한 그의 '생리학적' 비전과 '응용생리학'에 도달하기 위한 결론들로부터 나온 것이다. 즉, 이 자연보다 더 비옥하고, 더 풍요롭고, 더 유순한 것은 존재하지 않는다는 것이다. 하지만 이를 위한 조건은, 자연에 (사유·강박관념·관습·습관·명령으로서의) **강제들**을 부과하고, 그 전체를 교묘하게 안배하여 자연에 이 강제들을 접종하는 것이다. 이제부터 이렇게 말하자. 니체는 이런 종류의 특이적 예언 안에서 우리 자신의 산업화된 사회장치를 파악하고, 선취할 수 있다고 생각했다고. 그는 이 사회장치를 예감했으므로, 그것을 두려워했다. 니체는 어떤 방법으로든 권력을 잡을 사회집단들이 사용할 수 있는 대중조작의 방법들을 예견하는 만큼 그 사회장치가 더 두려웠던 것이다. 그러나 그것은 어떤 집단들인가? 한 번 더 무리짓기가 특이적 사례들에 승리할 것이다.

니체의 사유가 **건강한 것**과 **병든 것**, **무리적인 것**과 **특이적인 것**이라는 자신의 고유한 판단기준들을 다시 다루는[손질하는] 것은 이 '응용생리학'의 관점 안에서이다. 그는 동시대의 과학이 예고하는 역사와 미래의 사례들과의 상관관계에서 그 기준들을 선택한다. 그리고 이렇게 부르주아적 기독교 도덕과 그 상업주의적 사회로의 확대에 대항하는 니체의 투쟁은 인도적 사회주의 운동으로까지 확장돼서, 이 후기기독교 부르주아 도덕과 그 도덕 자체의 경제적 이율배반들을 조합해, 그로부터 **유일무이한** 적의 **형상**을 구성한다. 즉 **존재하거나 도래할 무리짓기**라는 적이다. 하지만 이 무리짓기는 그 자신의 창조적 야심이라는 본질을 제공해야 한다.

* * *

'**훈련과 선별**'이라는 계획들 중 몇몇이 **악순환**의 교의와의 관계에 대한 **명확한** 설명 없이 미래의 **대지의 주인들**의 모습을 언급한다.

이 단편들로부터 실험자에게 요구되는 자질들이 드러난다. 그것은 강자들('**배포가 큰 범죄자들**')에게서 보이는 자질들이다. 그것은 자신의 평판, 자신의 상태, 자신의 기원에 대해서만큼이나 자신의 의무감에 대해서도 **법을 벗어난** 실존의 용기를 보이고, **어떤 목표**에 도달하기 위해서 **어떤 수단**을 사용하는/의지하는 것에 관하여 거리낌이 **전혀 없음**을 말하는 것이다. 니체가 실험자—철학자를 묘사할 때, 이 실험자—철학자는 강자들의 기괴한 모습에 눈길을 던지지 않을 수 없다. 그러나 이러한 묘사들은 이 실험들이 **어떻게** 존속할 수 있을지는 말하지 않는다. 몇몇 단편들이 넌지시 알려주듯이, 실험들이 인명의 희생과 낭비로 끝난다는 사실도, 이 실험들이 시도될 방식을 설명하지는 못한다. 이 실험들의 의미를 이해하기 위해서는, 먼저 생리학적 실험들의 가설을 인정하지 않고, 다음으로는 **악순환**이 도덕적 시련을 부과한다는 것에 마음을 쓰지 않아야 한다. 하지만 다음과 같은 문제의 단편들 안에서는 이 시련이 정확하게 언급되지는 않는다.

실행력 있는 자들의 염세주의. 격렬하게 싸우고 나서, 심지어는 자신에게 승리를 거둔 후에도 "왜?"라고 묻는다. 우리의 기분이 좋은가 나쁜가를 아는 것보다도 무엇인가가 백 배나 더 중요하다는 것. 모든 강한 존재들의 근원적 본능이다. 따라서 다른 자가 기분이 좋은가 나쁜가를 아는 것보다도 더 중요하다. 요컨대 우리는 그것을 위해서 **인명의 희생**을 주저하지 않고, 모든 위험을 무릅쓰기를 주저하지 않으며, 나쁜 모든 것과 가장

나쁜 것도 짊어지기를 주저하지 않는 하나의 목표를 갖는다. 즉 위대한 열정.[5]

모든 탁월한 창조의 의미가 범용을 억압하는 체제에만 **배타적으로** 유용한 목적을 향해 항상 실존들을 인도하는 무리적 관습들을 이미 타파했다면, 실험 영역에서 **창조하는 것은** 곧 존재하는 것에, 따라서 또한 존재들 전체에 **폭력을 행하는** 것이다. 새로운 유형의 창조는 하나의 **위험상**태를 유발해야 한다. 창조는 현실의 가장자리에서의 유희이기를 멈춘다. 그때부터 창조자는 재-생산하는 것이 아니라 스스로 **현실**을 생산한다.

* * *

첫번째 문제는 이렇다. '진리에의 의지'가 어느 정도까지 '사물'의 본질로 침투하는가? 사람들은 유기체의 보존 수단과 연관지어 무의식의 가치 전체를, 이와 동시에 단순화 **일반**의 가치를, 그리고 예를 들어 논리적 허구와 같은 규제적 **허구**의 가치를 측정한다. 사람들은 특히 **숙고된 해석**의 가치를 평가하고, **"그것이 존재한다"**가 아니라 **"그것이 의미한다"**가 어느 정도까지 존속하는가를 평가한다. 이렇게 사람들은 이러한 해결책에 이르게 된다. '진리에의 의지'는 '힘에의 의지'에 봉사하며 전개된다. 그리고 정확히 보면 그 본래 과업은 **특정한 종류의 비-진리가 승리하고 지속되도록 돕고, 서로 연관되는 날조 전체를 특정한 생물종의 보존에 고유한 기반으로 여긴다.**
두번째 문제. 선bonté에의 의지는 어느 정도까지 사물의 본질에 도달하

---

5) KSA, Vol. 12, p. 398, 9[107], 1887[『전집』 20권, 78쪽].

는가? 사람들은 도처에서, 즉 식물이나 동물에게서 그 반대의 것을 보게 된다. 즉 무관심이나 혹독함이나 잔인성을('공정함'이나 '처벌'을). 해결책 : **동정은 보다 큰 전체가 그보다 작은 전체를 희생해 자기를 보존한다고 하는 사실의 결과로서** 사회구성체들(거기에는 인간의 육체가 속하고, 그것을 구성하는 살아 있는 개별적 존재들은 공동의 감정을 갖는다)에만 존재할 뿐이다. 다시 말해 세계의 체계에서 **선은 불필요한 원리가 될 수 있기 때문이다.**

세번째 문제. 이성은 얼마나 깊게 사물의 본질에 다가서게 되는가? **목적과 수단에 대한** (사실 관계가 아니라, 항상 해석에 의해 투사된 관계일 뿐이라는) **비판. 낭비나 정신착란이란 성격은 전체의 체계 안에서 정상적인 것이다. '지성'은 광기의 독특한 형식이며, 거의 그것의 가장 악의적인 캐리커처로 보인다.** 고도의 합리성이 언제나 쇠퇴하는 종족들의 징후이자 삶의 빈곤화인 것은 어느 정도까지인가?

네번째 문제. 미에의 의지는 어느 정도까지 펼쳐지는가? **가차 없는** 형식들의 **발달. 가장 아름다운 사람이란 가장 강한 사람일 뿐이다.** 승리에 찬 삶으로서 그들은 스스로를 유지하며, 그들의 유형, 즉 번식에 기뻐한다(철학마저 일종의 성적 충동, 생식적 충동일 것이라는 플라톤의 믿음).

그러므로 우리가 지금까지 '진', '선', '이성적인 것', '미'라고 평가해 왔던 것들은 전도된 힘들의 개별적 사례들로서 드러난다. 나는 인간이라는 종이 <u>스스로를</u> 확립하는 데 도움을 주는 관점주의적 날조를 비웃는다. 인간이 자신에게서 기뻐하는 것은 자신의 삶의 조건이다(인간은 자신을 보존하는 수단들에서 즐거움을 느낀다. 이 수단들에는 인간은 기만당하길 원치 않는다는 것, 인간들은 서로 돕고 이해할 준비가 되어 있다는 것, 전체적으로, 성공한 인간들은 불운한 인간들의 희생으로 사는 법을 알고 있다는 것이 있다). **이 모든 것에서 기만의 수단들을 걱정하지 않고 파악**

할 수 있는 힘에의 의지가 표현된다. 그리고 우리는 인간이 스스로를 찬미하는 광경을 보고 신이 느끼는 악의적 기쁨을 생각할 수 있다.

요컨대, 힘에의 의지이다.

결론. 이 생각이 우리에게 **적대적**이라면, 왜 우리는 그러한 생각에 굴복하는가?······ **우리에게 아름다운 시뮬라크르를! 인류의 사기꾼이자 윤색가가 되자!** 사실 이것이 본래 **철학자의 참모습**이다.[6]

사기꾼 철학자의 시뮬라크르, 환영 그리고 현실원칙

니체를 정당하게 평가하기 위해서는, "우리에게 시뮬라크르를! 인류의 사기꾼이자 윤색가가 되자!"라는 명제의 충격적인 점을 먼저 강조해야 한다. 이 말은 무엇보다도 그 이름에 어울리는 모든 전제군주들의 혼잣말이라고 간주된다. 그러나 니체는 이제 학자 자신이 그런 종류의 말을 하기를 원한다. 이런 의미에서, 그는 **정치적 기만의 신비한 표상**을 이어받아서, 그것을 **철학자들의 손에 넘긴다.** 이러한 비교秘教적 전통에 따르면(이 전통은 소피스트들로까지 거슬러 올라갔다가 호엔슈타우펜Hohenstaufen 왕조의 프리드리히 2세를 거쳐 백과전서파와 볼테르, 사드에게까지 이른다) **사람들이 기만을 폭로하는 것은 더 잘 기만하기 위해서이다.** 그러나 처음에는 권력의 이용과 연결되었던 이 프로그램이 이제는 하나의 사유의 원칙, 하나의 형이상학적 개념이 되고, 존재의 체제를 향한, 따라서 인간의 운명과 행동과 관련되는 하나의 판단이 된다. 그것은 단순히 지성의 **도덕적 폐허**와 어렴풋한 힘들의 등장으로부터 출발하여 진실과 거짓의 개념을 없애는 문제가 아니다.

---

6) KSA, Vol. 11, pp. 699~700, 43[1], 1885[『전집』 18권, 559~61쪽].

여기에서 우리는 거짓의 긍정적 개념이 작동하는 것을 본다. 그것은 예술적 창조의 근거로서 **실존이 제기하는 모든 문제로까지 확장된다.** 니체에게 기만은 단지 전제군주가 행동하는 방식이 아니다. 그것은 실존의 토대다. 기만을 폭로하는 것은 지금까지는 학자의 고백하지 않은 행위에 속했다. 그러나 **더 잘 기만하기 위해서 기만을 폭로하는 것,** 더 이상 속이기 abuser 위해서가 아니라 **어렴풋한 힘들을** 창조적이고 생산적으로 **활성화**하기 위해서 기만을 폭로하는 것은 이제 철학자가 아니라 **심리학자의** 실천이 된다. 그리고 니체의, 특히 학문적 기만이 가치들을 파괴하며 서구인들을 몰아 간 그 비참함을 극복하려고 노력하는 니체의 실천이 된다. 그것에 대한 치료약은 그러므로 삶의 새로운 조건들을 만들어 내는, 충동들의 창조적 힘을 가치 있게 만드는 **재기만**remystification일 것이다.

언뜻 보기에는 그것이 앞서의 명제의 의도일 것이다. 하지만 이성적 차원에서 볼 때, 기만과 재기만이라는 말들이 이 계획에 대응하는 것처럼 보인다면, 그 말들은 실은 이 계획이 실행불가능하다는 것을 보여 주고 있을 뿐이다.

그러므로 니체는 시뮬라크르의 발명을 통한 사기행위의 실행 이외의 것을 염두에 두어야 한다.

"**우리에게 보장되어 있는 유일한 존재는 자신을 표상하고, 따라서 변화하고, 스스로와 비동일적이며, 완전히 상대적인 존재이다**"[7]라고, 즉 실존은 날조에 의해서만 유지된다고 단언한다면, 그것은 분명하게 실존이 날조라고 말하는 것이다. 그래서 서구에서 **열반주의**nirwanisme가 확장되는 것을 두려워하는 니체는 사실 이 열반주의를 시뮬라크르의 실천으로 전도할 생각만 한다. 즉, 허무의 매혹이라는 것은 부처가 청산하려 했던 환영들

---

7) KSA, Vol. 9, p. 570, 11[330], 1881[『전집』 12권, 581쪽].

의 전개에 의해서만 극복될 수 있다.

"(수동적인 의미에서의) 허무주의는 새로운 허구들을 발명하는 힘과 그것들을 해석하는 힘이 고갈되면 등장한다."[8] 니체가 사기꾼 철학자의 역할을 생각할 때, 동시대의 도덕적 상황이 그에게 나타나는 방식이 이런 것이다. 사기꾼 철학자는 곧 문화와 사회의 과정으로부터 결론을 이끌어 낼 줄 아는 정신이다. 즉 행동뿐만 아니라 인식의 **기준들**을 만드는 **도덕들**은 (그리고 이번에는 이 기준들이 새로운 도덕들을 만든다) 어느 결정된 심리 수준에서의 인간의 해석에 배타적으로 의존한다는 것이다. 인간심리의 환영들은 시뮬라크르 안에서 객관화된다. 기존의 시뮬라크르가 죽어 가고 새로운 시뮬라크르가 부재하는 상황에서, 지성과 충동의 환영은 절망적인 대치상태에 빠진다. 이 양자가 상호소통이 안 되는 까닭에, 니체가 **지성은 광란의 캐리커처**라고 말할 수 있는 것이다(지성이 지성으로 인정되지 않으므로, 지성은 새로운 시뮬라크르가 부재하는 상황에서 그 자체가 환영이 된다. '자연주의'와 과학만능주의적 '객관성'이 그 환영의 형태들이다). 시뮬라크르를 발명할 수 없는 무력함은 그러므로 퇴화의 징후일 따름이다. 다시 말하면, 자신의 환영들을 생산할 뿐만 아니라 아직 그것들을 해석할 수 있는 특정한 충동에 의해 유지된 발명의 힘을 좌절시키는 상황의 징후이다.

본질적으로 **환영들을 생산하는 충동들** 이외에 존재하는 것은 아무것도 없다.

시뮬라크르는 환영의 산물이 아니라, 그것의 교묘한 복제이다. 그 복제에 의해 인간은 자기 자신을 생산할 수 있다. 충동에 의해 이처럼 정화되고 길들여진 힘들로부터 출발하여.

---

8) cf. KSA, Vol. 12, p. 366, 9[60], 1887[『전집』 20권, 41쪽].

'사기꾼' 철학자의 수중에서, **허상**Trugbild(시뮬라크르)은 충동의 삶에서 태어난 의지되지 않은 환영들의 **의지된** 복제가 된다.

자신의 강제력을 행사하기 위해 시뮬라크르는 환영의 필요성에 응답해야 한다. 충동이 이미 자신을 위해 무언가를 해석한다면, 환영은 의식의 차원 아래에서 비가지적인 것으로 남는다. 그것은 단지 **삶의 한 상태**에 대한 지성의 **경직된 몰이해**일 뿐이다. 이 때문에 지성은 한 번 더 '광기'의 가장 악의적인 캐리커처를, 말하자면 충동의 삶의 캐리커처를 표상한다. 게다가 지성은 환영이 '말하려는' 것을 변형시킨다.

그러나 그 자체로의 환영은 지성의 시간과 지성의 공간 밖에서는 어떤 의미도 가질 수 없다. 이는 무언가 기괴한 것이 이해할 수 없는 것의 한계설정에 의해서만 자신의 윤곽을 갖춘다는 것이다. 지성에 있어서(원인에서 결과까지) 연속성과 관련된 것이 환영 안에서는 전제 없이 존재한다. 즉 몸짓·행동·사건의 환영은 잔재인 동시에, 이미 완료된 또는 앞으로 도래할 몸짓·행동·사건의 가치를 가진다. 그런데 환영이 '원하는' 것을 말해 줄 수 있는 매개자는 오직 하나이다. 그것은 무엇보다도 예술인데, 예술은 자신의 양식화된 절차들을 통해 환영을 구성한 충동의 강도들의 조건들을 자신의 고유한 형상들 안에서 복원한다. 지성과의 관계에서, 시뮬라크르는 지성이 예술에 부여하는 방종이다. 즉 현실원칙을 중지하는 **유희**.

그러나 여기서 우리가 보는 것은, 현실에 대한 인간행동을 변화시킨다는 구실로 사기꾼 철학자가 과학적 방법을 사용해서 이 시뮬라크르의 방종을 사유와 실존의 모든 영역에서 실험하려는 것이다. **이른바 현실의** 원칙을 폐지하기 위해서는 '생리학'으로부터 최종결론들을 끌어내는 것으로 충분하다. 물론 지성의 검열이 과학적 방법들을 이 원칙의 한계들 안에 아직 유지하고 있다는 지성의 기만적 독점을 고발할 각오로 말이다.

환영들이 '비가지적' 기호들로 나타난다면, 그 덧없는 현현顯現들의 책임은 어떤 도덕적 검열이 아니라, 그 검열이 현실원칙과 일치하는 데 있다. 자신의 고유한 제한된 영역 안에서만 움직이는 한에서, 예술 자체가 이 검열의 공범자이다. 과학이 어느 정도 우주와 삶을 탐구한다고 해도 결코 현실원칙에 관한 인간의 행동에 대해 최소한의 결론조차 이끌어 내지 못한다. 이 현실원칙이 실존의 (무리적인) 연속성을 위해 안전의 이유로 마련된 본질적으로 제도적인 원칙이라는 사실, 이 사실이 한 번 더 철학적 **사기**라는 이 계획의 배경적 사유를 형성한다.

하나의 목적을 정하는 것, 하나의 의미를 **부여하는 것**. 단지 살아 있는 힘들에 방향성을 부여하기 위해서뿐만 아니라, **힘들의 새로운 중심들을** 유도하기 위해서. 이것이 바로 시뮬라크르가 하는 일이다. 목적의, 의미의 시뮬라크르를 **발명하는 것**! 무엇으로부터? 충동의 삶의 환영들로부터. '**힘에의 의지**'로서의 충동은 이미 그 첫번째 통역자/해석자이다.

그러나 반론할 수 있을 것이다. 만약 충동에서 강도의 파동들이 지성에 의해 무리적 안전의 보증자들인 의미와 목적을 따라 필연적으로 전도된다면, 무리/떼troupeau의 '힘에의 의지'가 다른 모든 충동들보다 우위에 서는 것은 말할 나위도 없다. **지성**과 그 **범주들**이 이 원초적 충동(종의 보존)의 조직적 산물이라는 것은 너무나 확실하지 않은가. 그리고 다른 곳에서처럼 이곳에도 환영이 존재한다면, 그것은 자신의 고유한 **시뮬라크르**를, 인류사의 가장 유효한 시뮬라크르를 만들어 내는 데 성공한 환영이라는 것도 너무나 확실하지 않은가. 그 시뮬라크르로부터 인간의 행동은 그 자신을 위해 다양한 영역들, 즉 **현실원칙의 양상들**(활동과 비활동을 구분하는 양상들) 전체를 창조했다. 그런데 인식은 처음에는 관조적이고 이론적이다가 점차 실험적이 되므로, 그 또한 하나의 해석하는 '힘에의 의지'이고, 그 의지는 자신의 대상들을 이해하고 조작하는 방식들에 따라서 그때마다 **매번 현실을 재창조한다.** 여기에서 두 개의 힘에의 의지들이 충돌한다. 즉 무리적인 힘에의 의지와 개인의 주도권을 통해서 무리짓기를 부수는 힘에의 의지가 충돌한다.

개입하고 재창조하려는 인식의 충동을 위해서 현실은 어디에서 시작하고, 어디에서 멈추는가? 탐구를 하면 할수록 과학은 **자신이 아는 것**을 통해 자신이 어느 정도로 **무지한지를** 더 잘 알게 되고, 가정된 현실은 X로서 과학에 더 심하게 저항한다.

하지만 니체에게 있어서, **과학 안에서 현실원칙으로서 그에게 저항한 것은 무리적 충동**이었다. 그것은 한계점이었고, 그 지점으로부터 인식은 종이 몰락하는 곳인 **카오스를 향해 열린다.** 니체가 여러 번 반복하지 않았는가. '진리'로서의 이 '벌어진 틈'이라는 개념은 삶의 기능에 동화될 수 없는 것이고, 진리라는 이름은 단지 한 생물종의 존속에 필수 불가결한 **착오**일 뿐이라고. 하지만 종의 안전이 무슨 상관인가!

* * *

요컨대, 학문은 **인간**(개인이 **아니라**)이 모든 사물과 자기 자신에 대해 어떻게 지각하는지 밝혀 내려고 한다. 그래서 개별 존재들과 집단의 특이성을 **제거하여,** 이처럼 **영속적인** 관계를 정립하려고 한다. 특히 인간이 존재하는 모든 시대에서, 이렇게 인식된 것은 진리가 아니라 인간이다. **이 말은 하나의 환영이 세워져**[9], 모든 사람이 그 일에 끊임없이 동참한다는 것이다. 그것은 인간의 본질에 속하므로, 이 점에 대해서는 **만장일치가 이루어질 수밖에 없다.** 이때 알게 되는 것은, 우리가 오랫동안 믿어 왔

---

9) 강조는 인용자.

던 것과는 달리 무수한 것들이 본질적이지 않았다는 점, **인간의 실존이 지금까지 이 '실재'**(육체, 지속, 실체 따위 등)에 대한 믿음에 의존했다는 것 이외에 본질적인 것을 확립함으로써 실재에 대해 증명할 수 있는 것은 아무것도 없다는 점이다. **이렇게 학문은 종의 본질을 구성한 과정을 그냥 계속 진행하여, 몇 가지 믿음을 공고히 뿌리내리게 하고 믿지 않는 자를 가려내어 사멸시킨다.** 지각의 유사성 중 획득된 것(공간에 대한 지각, 시간 감각과 크고 작은 것에 대한 감각)이 종의 생존조건이 되었다. 그러나 그건 진리와는 아무런 관련이 없다. '광인', '뇌의 혼란', 특이성은 어떤 표상이 비-진리라는 것을 증명하는 것이 아니라, 그것이 비정상이라는 것을 증명한다. 비정상은 대중 속에서 **살아갈** 수 없게 만든다. 인식에서도 대중심리가 지배한다. 대중은 더 오래 살기 위해 자신의 고유한 생존조건을 끊임없이 더 잘 인식하길 원한다. 감정의 획일성은 전에는 사회나 종교가 추구한 것이었지만, 지금은 과학이 추구한다. 모든 사물에 대한 **정상적 취향**은 확립됐다. 인식은 지속에 대한 믿음에 기초하여, 지속의 **좀더 허술한 형식들**(대중, 민족, 인류)에 사용되고 있으며, 더 정교한 형식들, 특이한 취향은 배제하고 죽여 없앤다. 인식은 **개체화**에 반대하는, **오직 한 사람**에게 있어서만 생존조건이 되는 취향에 반대하는 작업을 한다. 종은 더 허술한 오류이고, 개인은 더 정교한 오류이다. 이것은 **나중에** 온다. 개인은 자신의 고유한 실존을 위해, 자신의 새로운 취향을 위해, 모든 사물에 대해 비교적 **유일한** 자신의 입장을 위해 **투쟁한다.** 개인은 자신의 이러한 입장을 보편적 취향보다 더 나은 것으로 간주하고, 보편적 취향을 경멸한다. 개인은 **다스리고자** 한다. 그러나 그때 개인은 스스로가 변화하는 어떤 것이며, 자신의 취향도 자꾸 변한다는 사실을 알게 된다. 자신의 섬세함으로 인해 개인은, 개인은 존재하지 않는다는 비밀, 찰나의 순간에도 개인은 바로 다음의 것과 다른 어떤 것이라는 비밀, 자신의 생존조건은 무수한 개인들의 생존조건이라는 비밀을 폭로하게 된다. **무한히 작은 순간**은 실재, 더 높은 차원의 진리이다. 그것은 영원한 흐름으로부터 떠오르는 섬광 같은 영상이다. 이렇게 해서 개인은 앎을 **향유하는** 모든 인식이 종이라는 허술한 오류에, 개인이라는 더 정교한 오류들에, 창조적 순간이라는 가장 정교한 오류에 근거한다는 것을 배운다.[10]

* * *

그러므로 과학은 자신 안에서 표현되는 두 대립하는 충동들(하나는 인식, 다른 하나는 종의 보존본능)로 분할될 수 있다. 하지만 인식은 니체의 말에 의하면 **종의 보존을 위해 생존조건들을 해석하는 무리적 힘에의 의지가 아니던가?** 니체의 체험을 규정하는 것은 언제나 동일한 현실원칙이 아닌가? **현실적인 것**을 정하는 니체의 방법은 그럼 무엇인가? 사기꾼 철학자는 이 중요한 지점(이 한계점, 그곳에서 충동의 환영들로부터 시뮬라크르를 생산하는 그의 고유한 의도는 학자의 행동과 일치한다)에 대해서 어떻게 해야 할지를 안다.

시뮬라시옹은 **존재 자체의 속성**이므로, 그것은 또한 인식의 원리 자체가 된다. 모든 충동이 자신의 환영을 '생존조건'으로서, 즉 지배의 수단이자 저항하는 것에 대한 억제력을 획득하는 수단으로서 해석하듯이, 과학도 주어진 현상과 접촉할 때 자신의 고유한 **환영들**을 해석한다. 과학은 이 환영들에 합치하는 시뮬라크르를 발명한다(그리고 언제나 모든 기호론을 구성하는 안정적인 단위들의 동일한 도식들에 따라서). 그 시뮬라크르에 의해 인간정신은 자신에게 **본성상 이질적인 것의 행동을 파악하기보**

---

10) KSA, Vol. 9, p. 500~2, 11[156], 1881〔『전집』 12권, 495~7쪽〕.

다는 모방한다. 인간정신이 이질적인 것을 동화하기 위해서는 **과정들을 재현해야** 하는데, 이 과정들을 과학은 **유효성**의 차원에서 검토한다. 그러나 이 유효성은 영원한 신인동형적 미신에 대응하고, 그것에 의해 정신은 이성의 부재가, 그렇지 않으면 의도의 부재가 **어떤 현상의 기원**에 있다는 것을 허용하지 않는다. 그런데 과학은 원칙적으로는 **어떤 과정의 기원에는** 아무 **의도도** 없다는 것을 인정하지만, 그럼에도 그 과정을 **재현할** 때, 그것을 재생산한다는 바로 그 행위에 의해 이미 그 과정에 **의도**를 도입하는 것이다. 재구성된 과정이 재구성될 수 있는 것은 오직 **단위들의** 시뮬라크르(즉 단위들을 검증하는 **계산**)에 의해서이다. 그러나 과정을 계산하면서, 시뮬라크르에 의해 인식자의 의도가, 곧 유효성이라는 의도가 개입한다.

계산의 시뮬라크르는 계산자가 재구성된 과정의 **위장된 작가**이기를 바란다. 지성은 (무의식적) 현상의 의식으로서 소개되어, '이전에는' 현상에 없었던 의도를 위장한다.

이와 같이 어떤 현상의 과정의 **'법칙들'**을 적용하는 것은 유효성의 **해방적** 기능을 설명해 준다. 그 유효성은 다음을 전제한다 : 인간은 자신이 분석하는 과정들과 자신을 혼동하는 대신에, 그 과정들을 같은 숫자의 환영들로 자신 안에 보존하는 것이 아니라, 오히려 그 과정들을 이용한다는 구실로 그것들을 외재화한다는 것을. 그렇게 인간은 **인간 외적인 대상들의 영역**을 창조한다. 그것은 그 대상들을 착취해 자신의 안녕과 물질적 안전을 얻기 위해서가 아니라, 자신의 이성을 검증하고, 자신의 심리적·도덕적 안전을 보장하기 위해서이다.

그러나 그 대신 인간 자체가 처음에는 인간 외적인 이 영역에 의해 대상으로서 점차 독점되어, 그 결과 인간의 심리적·도덕적 안전도 위협받는다는 것, 그 사실을 과학은 전혀 인정하고 싶어 하지 않는다. 오래전부터 과학이 스스로 그 수호자이길 원하는 **현실원칙** 자체가, 과학 안에서 행동하고, 안전성의 모든 개념을 공격하는 아주 다른 충동과 완전히 부조화를 이룬다.

만약 인간이 자신이 분석하는 자연현상들을 그 현상들을 재구성하도록 허용하는 시뮬라크르들을 사용해 **모방한다면**, 그것은 인간 안에 종의 **지속적인 고정성**을 허용하길 거부하는 힘이 있기 때문이다. 과학과 예술이라는 우회를 통해 인간은 이미 여러 번 이 **고정성**에 대항해 반란을 일으켰고, 자신의 종의 보존에는 조금도 신경쓰지 않았다. 그러나 이 능력에도 불구하고, 무리적 충동은 과학 안에서, 과학에 의해서 이 반란을 실패하게 만들었다. 인간이 **의도 없는 현상들**처럼 행동할 수 있는 날(왜냐하면 인간의 차원에서 모든 의도는 자신의 보존, 자신의 지속에 항상 복종하기 때문이다), 바로 그날 새로운 창조물이 실존의 완전함을 선언할 것이다.

* * *

"우리는 **존재**에 대해 하나의 확신만을 지닐 뿐이다, 즉 존재는 스스로를 표상하는, **자기 자신 앞에 놓여진 무엇이다**"라고 니체가 말했을 때, **존재에 부여된** 이런 종류의 **날조**는 **카오스**라는 말에서 다시 나타난다. **대항하는 힘들**이라는 카오스의 정의가 개입하지 않는 한, 카오스는 이 **자기 날조** 이전의 상태이다. 힘에의 의지라는 정식화도 날조인 것이다. **주관주의의** 의미에서가 아니라, 인간을 초월하는 행동이라는 의미에서.

카오스는 니체에게 있어서 이미 하나의 **환영**이다(반박하는 사람도 있을 것이다). 따라서 **환경들 중 가장 먼 것을 위장하는 용어이고, 그러므로 가장 가까운 지역에서, 가장 직접적인** (개인이 자기 자신과 타자에 대해 갖는) **환경에서 생겨나는** 모든 **환영이 호소하는 최고심급**이다. "과학에서 **카오스**는 존재하지 않는다, **종도 개인도 존재하지 않는 것처럼**"이라고 니체는 말할 것이다. **법칙들도** 오직 우리가 **계산해야** 하는 필요성 때문에 존재할 뿐이다. **힘의 양들**quantités만이 존재한다. **카오스**는 이미 우리가 우리 자신의 삶의 조건들에 근거해 정립된 부정적 정식화의 용어일 뿐이다. 카오스는 **의도**로서 존재하지 않는다. 그리고 우리는 의도가 없는 우리 자신을 상상할 수가 없다. 이 불가능성은 어디서 유래하는가? 우리가 부당하게 '카오스'라고 부르는 힘들이 **아무** 의도도 지니지 않는다는 사실로부터이다. 니체가 **고백할 수 없는 주제는 의도 없이 행동한다는 것, 곧 불가능한 도덕이다.** 그런데 의도 없는 우주의 완전한 구조는 의도가 있는 존재들을 창조한다. '인간'이라는 종은 이처럼 **아주 우연히** 생겨난 피조물, 거기에서 힘들의 강도는 **의도**로 전도되는 그러한 피조물이다. 즉, 도덕의 산물이다. **인간의 의도를 힘들의 강도로**, 환영들을 만들어 내는 힘들의 강도로 **되돌리는 것**, 그것이 바로 시뮬라크르의 기능이다. 그것은 과학의 기능이 아니다. 과학은 의도를 부정하면서, 유익하고 **유효한** 활동을 통해 그 의도의 부정을 **보상**한다.

* * *

인간이 변모하여 전형이 형성되기 위해선, 처음에는 수천 년이 걸리고 그 다음에는 몇 세대가 걸린다. 결국 한 명의 인간은 일생 동안 **다수의** 개체들을 두루 거친다.

왜 우리는 중국인이 나무에게 할 줄 알았던 것(나무 한 쪽에는 장미가 피고, 다른 한 쪽에는 배가 열리는)을 인간에게서는 성공할 수 없는 것일까? 예를 들어, 지금까지 극심하게 느리고 서투르게 행해져 온 **인간 재배라**는 자연적 과정은 인간의 손으로 넘어올 수 있을 것이다. 인종의 우둔함, 인종 분쟁, 민족의 열광, 개인적 질투는 적어도 실험상으로는 짧은 기간으로 압축될 수 있을 것이다. 그때부터 지구가 통째로 이러한 **의식적인 실험**에 헌신할 것이다![11]

* * *

니체는 방법들(즉 **수단들**)의 창조자로서의 과학 발달과 도덕적 의식 (인간의 **목적**으로서) 규범들의 미발달 사이의 절대적 부조화를 고발한다.

도덕적 규범의 미발달은 과학적 방법들의 창조력을 억제하고, 그 방법들이 인간의 특유한 고정성을 뒤흔들 수 있는 주도권을 잡는 것을 방해한다. 과학적 현실의 개념은 자아와 타자의 현실이라는 도덕적 개념에 의해서 재해석되는 것일 뿐이다. 이렇게 과학적 현실이란 개념은 인격의 완전함이라는 도덕적 현실을, 그리고 일반적으로 **인간 종의 특유한 고정성**을 확증한다. 과학은 이 특유한 고정성과 완전함에 근거한다. 인식하거나 인식할 수 있다는 사실은 이 완전함에 속하기 때문이다. …… 앎을 통해 자신의 근본적인 존엄이 구성되는 자가 어떻게 이 존엄을 자신의 앎을 통해 의문에 부칠 수 있겠는가! ……

이런 것이 니체가 스스로에게 야기했던 논쟁의 종류이다. 그때 그는 '인간 재배'라는 자신의 환영에 사로잡혀서, 과학이 (무리적인) 현실원칙을 파괴하는 대신에 그것을 강화한다고 탓한다. 그로부터 이중의 검열이 작동하고, 니체의 사유는 그것을 단호하게 위반한다.

모든 실험적 한계를 뒤로 미루고, 마침내 제도들과 그 지시의 코드를 의문에 부치는 것을 자신에게 허용하면서(**의식과 무의식**의 개념과 함께 예방적 정신의학의 원칙을 폐기하는 것. 그렇게 되면 실험의 주도권은 이제부

---

11) KSA, Vol. 9, pp. 547~8, 11[276], 1881[『전집』 12권, 554쪽].

터 특이적 사례들에 속하게 되고, 특이적 사례들의 파토스는 행동의 기준들을 설정할 것이다).

또한 다음을 각오하면서, ('인종주의적으로 비열한 짓'을 보증했다는 비난을 후세의 '존경할 만한' 모든 철학의 이름으로 감수하는 것을──그 인종주의적으로 비열한 짓이란, 니체 자신이 말하는 것처럼 그가 권장한 '인간 재배'라는 이 환영 없이, 무리적인 최악의 우둔함이 착수하려던 것이었다. 그리고 이 사실로부터) 자기 자신이 과학의 (실험적) 대상이, 즉 당대와 후세의 정신의학자들의 연구 대상이 되는 것을. 그리고 이렇게 그 정신의학자들의 목록을 풍성하게 한다는 구실로 특이적 사례들의 감시를 위해 수많은 논쟁거리들을 제공한다는 것을. 그러므로 또한 의식의 (긍정적) 개념과 무의식의 (부정적) 개념에 대한 니체 자신의 사유의 예속을 영속시키는 것을.

그런데 니체가 '의식적 범주들'을 경시하면서, 무의식의 보호를 '병리학적 사례들'에 맡겨야 했다고 단언한 적이 있었는가? 그 자신이 자신의 초고들에서 '퇴화된 것들'에게는 가장 엄격한 제한(**변식의 금지**)을 부과할 것을 권고하지 않았는가? 그리고 **위험한 전염**을 예방한다는 명목으로 아주 고통스러운 방식으로 '혼전검사'를 계획하면서, 공중위생에 관해 염려하는 척까지 하지 않았는가? 거기에서 다시 자신이 퇴화된 가계의 자손이라는 또는 어떤 쾌락의 우발적 사고로 태어난 것이라는 그 자신의 의심이 드러난다. 다소 애매한 온갖 구실들이 여기에서 이 맬서스주의적인 열광을 부추긴다. 그 열광의 지속적인 동기는 모든 무리적 현상에 대한 그의 병적인 혐오에서도 확인된다.

하지만 해석하는 **힘**으로부터 **시뮬라크르의 발명**이 요청되고, 무엇이 **유효**하고, 무엇이 **현실적**이고 무엇이 **비현실적**인가를 **확립하기 위해 (초심리학자**의 파토스일지라도) 특이적 사례의 파토스가 요구되자, 니체의 입장은 딜레마에 빠진다.

인간의 완전함이 그때부터 한 번 이상 공격을 당하고, 짓밟히고, 파괴되는 것은, 단지 최악의 인종주의적·국민적 '비열한 짓'의 이름으로 행해질 뿐 아니라, 또한 더 교묘하고 악랄한 방법으로 그리고 언제나 인간에 대한 존엄과 종의 보존이라는 이름으로 행해지는 것이다. 이 모든 것이 아마 니체의 시야에 포착됐을 것이다. 그 이후의 전개를 우리는 여기서 추적해야 한다.

＊ ＊ ＊

두려운 모든 것을 하나하나씩 한 걸음씩 실험적 방법으로 **이용하는 것**. 이것이 바로 문화의 과업이 원하는 것이다. 그러나 그것을 위해 충분히 강해질 때까지, 문화는 두려운 그 모든 것에 대항하여 싸워야 하고, 그것을 누그러뜨리고, 은폐하고, 저주까지도 해야 한다……

문화가 **악을 설정하는** 모든 곳에서, 문화는 그 설정으로 **공포관계**를 표현한다. 따라서 **약함**을 표현한다……

명제 : (현재의) 모든 선은 사용에 적합하도록 변모된 이전의 악이다.

척도 : 한 시대와 한 민족과 한 개인이 **수단으로서** 사용할 수 있기에, 그들에게 허용될 수 있는 열정들이 더 공포감을 주고 강해질수록, **그들의 문화는 더 고상해진다**(악의 영역은 점점 더 **좁아진다**……).

한 인간이 평균적이고, 약하고, 비굴하며, 비겁할수록, 그는 더욱 악을 한정하려고 한다. 그에게는 악의 영역이 가장 넓으며, 가장 저열한 인간은 모든 사물에서 악을 볼 것이다(즉 그에게 금지되고 적대적인 것).[12]

---

12) KSA, Vol. 12, pp. 413~4, 9[138], 1887[『전집』 20권, 96쪽].

결국 : 열정들의 약화나 절멸이 아니라, 열정들을 지배하기!

의지의 주권이 커지면 커질수록 열정들에 더 많은 자유가 주어진다.

'위대한 인간'의 위대성은 그 갈망들의 자유로운 유지공간에, 그리고 그가 이 훌륭한 괴물들을 마음대로 다룰 수 있는 더 큰 힘 안에 있다.

'선한 인간'은 문명의 각 단계에서 **위험하지 않은 동시에 유용한 자**이다. 중간 종──전체의 의식 안에서, 두려워할 필요는 없지만 그렇다고 경멸할 수도 없는 인간으로 표현되는 자⋯⋯.

교육 : **본질적으로** 규칙을 위해 일탈로서의, 유혹으로서의, 병적인 감염으로서의 **예외를 말살하는 수단.**[13]

교양 : 본질적으로 평균자들에게 유리하도록 예외를 배제하는 취향을 유도하는 수단.

이것은 냉혹하다 : **그러나 경제적으로 고찰하면 완벽하게 이성적이다.**[14] 적어도 이 **오랜 시간 동안**⋯⋯

이 순간부터 문화가 과잉된 힘들을 지배하고, 고급문화를 위한 온실로서 그 교양이 가능하게 된다.⋯⋯

힘들의 거대한 풍요로움의 결과인 예외, 실험, 위험, 뉘앙스의 문화. 모든 귀족적 문화는 이 경향을 따른다.[15]

문화의 정점과 문명의 정점은 **별개로** 성립된다. 이 두 개념의 대립에 조금도 미혹되어서는 안 된다.

문화의 위대한 순간들은 도덕적 의미에서 **부패**의 시기들이다. 인간이 의지하고 획득한 강제(문명)의 시기들은 가장 정신적이고 가장 대담한 존

---

13) 강조는 인용자.
14) 강조는 인용자.
15) KSA, Vol. 12, p. 414, 9[139], 1887[『전집』 20권, 97쪽].

재들에 대한, 그리고 가장 적대하는 자들에 대한 불관용의 시기들이다.[16]

* * *

과학의 **현실원칙**과 (무리적 기원의) 도덕의 **현실원칙**은 의식과 제도적 언어에 의해 혼동되어, 니체는 그것들을 분리하고, 대립시키고, 마침내는 폐기한다. 그때 그는 **주어진 상태에 대한 평가를 강요하는 힘**이 유일하고 유효한 현실이라고 선언하다. 이 힘이 개인과 사회에 결여되자마자, 이 개인과 사회는 도덕과 과학이라는 두 원칙을 무리적 언어의 현실원칙이란 형태로 혼동하기 시작한다.

이 사회와 개인을 첫번째로 재검토하는 과학은 자신의 고유한 방법으로 다음을 증명한다. 즉 과학이 끊임없이 공들여 만드는 **수단들은**, 그것들[힘들] 자체로는 **목표도 목적도 없지만**, 그 조합에 의해 이런저런 결과를 얻는 **힘들의 놀이를 외부**에 단지 복제/재생산만 하고 있다는 것을. 이 **복제/재생산** 덕분에 의식은 지식의 효율적 적용에 의해 자기 밖에서 뚜렷하게 드러난다. 그것은 의식의 제도적 명시화와는 별개의 것이다.

그런데 과학은 이번에는 자신의 원칙에 반항하는 사회를 불모상태로 만든다. 하지만 어떤 과학도 아직 사회적으로 구성된 집단과 떨어져서 발전할 수는 없다. **과학에 의한 사회집단의 재검토**를 예방하기 위해서, 사회집단은 과학을 손에 넣고, '비생산적'이라는 이유로, 자신의 필요와 보존을 위해 그것[과학]을 자신과 혼합하여 '생산적'으로 만든다.

다양한 산업적 계획경제 안으로 과학이 완전히 통합된 오늘날, 과학의 자율성은 거의 상상할 수 없는 것처럼 보인다.

---

16) KSA, Vol. 12, p. 416, 9[142], 1887[『전집』 20권, 99쪽].

그러면 과학은 어떻게 자신의 자율성을 회복할 수 있을까? 과학이 지난날 자율성을 지녔던 것은 단지 몇몇 개인들에 의해서였는데, 그들은 이 사실로 인해 박해받거나 아니면 항상 의심받거나 감시당했다.

니체의 희망에 따르면, 어떤 음모가 과학과 예술이 의심스러운 목적들을 갖고 있다고 모함해야 한다면, 산업사회는 **과학과 예술**에 일종의 '**연출**'을 제공함으로써 이 음모를 사전에 좌절시키는 것처럼 보일 것이다. 그렇지 않으면 산업사회는 이 음모가 유보해 둔 것을 **실제로** 겪어야 할 것이다. 즉 사회를 복수pluralité의 실험영역으로 은폐하는 제도적 구조들의 붕괴가 근대(사회발전의 최종단계라고 니체가 생각한)의 진정한 얼굴을 마침내 폭로한다. 이러한 시각에서, 예술과 과학은 니체가 자신의 반-'사회학'의 대상이라고 말한 이 **주권적 구성체들**로서 나타날 것이다. 예술과 과학은 제도들의 폐허 위에 **지배적 권력**으로서 정립된다.

이는 다음을 전제한다. 즉 생산의 산업적 조건들에 의한 제도들의 법적·도덕적 왜곡에 따라, 형성 중인 권력은 자신에게 되돌아오는 생산수단들을 회복할 것이라는 사실을. 그리고 이 권력은 기존의 산업사회가 자신의 이익에 따라 정서의 **특이적 환영들**을 **불모화해서** 그 고유한 표현을 억누르는 수단들을 전유할 것이라는 사실을.

그런데 **실험 자체**에 관해서 말하자면, 그것은 실험자의 정신의 안전을 요구한다. 즉 실험자가 **홀로, 안전한 장소에** 있고, 성공에 앞선 모든 **실패**의 단계들에 증인 없이 전념할 수 있어야 한다. 니체는 **발명자**의 특이성을, 즉 무엇보다 **예술가(특이적 사례)**를 믿는다. 따라서 전제군주적 철학자들과 폭군적 예술가들의 공모를 상상하는 것을 각오하고 말이다. 엄밀히 말하자면, 그가 이 공모의 유일한 대표자이다.

* * *

이제부터는 훨씬 더 포괄적인 **주권구성체들**을 위한 유리한 전제조건이 있을 것이다. 그와 같은 것은 아직 없었다. 그리고 그것은 아직 최고로 중요한 것이 아니다. 최고로 중요한 것은 **국제유전**(傳)**협회**의 형성이 가능한가 하는 것이다. 그 협회의 과업은 **주인 종족**, 미래의 '**대지의 주인들**'을 양육하는 것이다. 가장 엄격한 자기**입법** 위에 건설된 새로운 엄청난 귀족정치, 이 정치에서는 **철학자들과 폭군적 예술가들의 전제군주적 의지**가 수천 년 지속된다. 자신들의 의지·지식·부와 영향력의 우월 덕택에, 지구의 운명을 떠맡기 위하여, '**인간' 자체의 형상**을 예술가로 형성하기 위하여, 자신들이 가진 **가장 유연하고 사용하기 쉬운 도구로서 민주적 유럽**을 사용할 보다 고귀한 종류의 인간들. 요컨대, **정치에 관한 사고방식을 바꾸게 될 시대**가 도래한다.[17]

* * *

분노? 농담? 아니면 둘 다인가? 니체는 여기에서 **응용생리학의 있는 그대로의 판본**을 보여 준다. 게다가 **과학의 수단들**이 **초월한 현실원칙의 수호자인 과학**에 대해 니체가 제기하는 소송은 인간의 특유한 행동을 **생리학적으로 변경할 가능성**을 명확히 노린다.

사회적 토대들로부터 **해방된** 과학, 어떤 제도에도 종속되지 않는, 자신들의 실험에 필요한 수단들을 얻기 위해서 어떤 산업에도 의존하지 않는 소수 개인들의 집단의 손에 장악된 과학. 그것이 니체에게는 **모든 가치들의 가치전환**의 계획에 전제가 되는 구체적 조건들의 환상적 표상이다. 과학의 관점에서, **가치전환**은 지식이 사용하는 **수단들**이 많아질수록 목표

---

17) KSA, Vol. 12, pp. 87~8, 2[57], 1885~1886[『진집』 19권, 108~9쪽].

와 목적에 대한 배려는 덜 중요해진다는 사실에 기반을 둔다. 목적들의 숫자만큼 **수단들**이 있다. 추구되고 도달된 목표는 단지 새로운 **수단들**을 생겨나게 하는 구실일 뿐이다. **창조하는 것**, 그것은 자의적인 특이성이 승리하는 길을 연다. 무리적인 사유와 감각의 관습들을 당혹시키는 특이성이 승리하는 길을.

다음과 같은 과학의 여러 측면들. (목적에 대한 배려 없는) 방법들의 **연속적 전개, 실험을 하는 힘**, 과학의 창조성을 저해하는 **목적들로의 종속**, 그리고 마지막으로 **경제로의 편입**. 이것들은 니체가 예언하는 환영들 속에서 같은 수의 동기들로서 개입한다. 즉 니체가 과학 안에 도입하려는 **창조의 명령**에 대한 같은 수의 장애물로서. 이 명령의 이름으로, 실험자는 흔하지 않은 몇몇 개인들의 발달에, 종이라는 것의 유일한 정당화와 유일한 존재이유가 될 이 인간유형의 밑그림에 알맞은 생리적·심리적 조건들을 탐구해야 한다. 이 '정당화하는 유형'은 따라서 환영의 자의적인 복제일 것이다. 그런데 이 복제가 자의적으로 보이는 것은 현존하는 종과의 관계에서만 그럴 뿐이다. 그러나 우리의 종을 통과하는 존재를 낳으려는 충동적 필요는 이 창조적 주도를 이끈다. 이 환영은 무엇인가, 다음과 같은 것이 아니라면. **"인간은 존재하지는 않지만 자신의 실존에 목적을 주는 어떤 존재를 전제한다. 이것이 모든 의지의 자유이다. 따라서 모든 독단의 자유이다! 그 목적에 사랑, 완전한 보기**vision**, 향수**nostalgie**가 놓여 있다!"**[18]

이렇게 정식화된 '위버멘쉬'의 공준은 개인이 아니라 **상태**이다. 실존의 어떤 목적도 믿지 않는 니체는, 이 공준에 의해 **실존에 하나의 의미**를 부여하고 **추구할 하나의 목적을 정한다**. 이렇게 니체는 실존의 무수한 우연들을 한 개인의 창조적 주도로 대체하려고 한다. 그렇게 하면서 그는

---

18) KSA, Vol. 10, p. 209, 5[1]203, 1882~1883(『전집』 16권, 274쪽).

자신의 사유에서 결정적인 점을 삭제한다. 즉 이 '우연들'이 영원회귀에 암묵적으로 포함되어 있었다는 사유, 영원회귀만이 인간들의 의지 또는 비의지와 상관없이 이 우연들을 생산할 수 있다는 사유를.

니체는 영원회귀의 계시를 **망각할** 수 없어서, 그 기호**만을** 간직하고 서 그것을 **이용한다.** 그는 '현실원칙'을 넘어서자마자 곧바로 이 원칙의 **이쪽으로** 떨어져서, 과학의 힘을 빌려, 영원회귀의 법칙을 **자발적으로** 재구성함으로써 현실원칙을 복원한다.

> 인류와 함께 무언가를 이룩하기 위해 수없이 많은 존재들을 바칠 수 있는 것. 사람들은 어떻게 위대한 한 인간이 등장하게 되는지를 연구해야 한다. 지금까지의 모든 윤리학은 무한히 한정적이며 지역적이었다. 그리고 현실의 원칙들 앞에서는 맹목적이며 기만적이었다. 윤리학은 특정 행위들을 설명하기 위해서가 아니라 방해하기 위해서 존재했다. 그 행위들을 산출하기 위해서는 결코 아니었고.
> 학문이란 위험한 것이다. 우리가 그것으로 인해 박해받기 전에는 그 '존귀함'이란 아무것도 아닐 것이다.[19]

'**대지의 주인들**'이라는 예언적 환영을 통해 니체가 의미하는 것을 더 잘 이해하기 위해, 그러한 주인들에 봉사하는 '노예들'이 누구인지를 알고 싶을 것이다.

니체가 다음과 같이 물을 때, 그 자신이 이 물음에 대해 답하는 것처럼 보인다. "**이 모든 노예들이 받드는 주인들은 어디에 있는가?**" 이 말의 의미는, 산업사회는 그것이 모든 활동들에 요구하는 '기능적' 성격, 달리

---

19) KSA, Vol. 11, pp. 91~2, 25[309], 1884[『전집』 17권, 118쪽].

말하면 '생산적인', 따라서 **탐욕스러운 성격**의 보편화 없이는 구상될 수 없다는 것이다.

이런 식으로, 우리는 '주인'의 성격을 어느 정도 정확하게 그려 볼 수가 있다. 이 성격이 영원회귀라는 교리 신봉자의 성격과 일치한다는 사실은 단지 니체의 묘사의 한 측면일 뿐이다.

계급제도로부터 차용된 이 용어는 처음부터 니체의 사유 안에서 노동과 금전 그리고 마지막으로 잉여생산에 기초한 사회에 대한 거부의 태도를 표현할 따름이다. 만약 니체가 이 단계에 머물러 있다면, 그의 항의는 단순히 몽상적 차원에 불과할 것이고, 그것은 보들레르, 포, 플로베르 그리고 다른 많은 사람들 (이러한 **'데카당들'**)이 보여 준 반응들과 전혀 다르지 않을 것이다.

그런데 니체는 우리 산업사회의 기존질서에 반기를 든 **반항적 몽상가** 로서 자신의 예언적 투쟁을 이끈 것은 아니다. 그의 계획의 출발점은 근대경제는 과학에 근거하고, 과학에 의해서만 유지된다는 사실이다. 그러므로 '금권', 기업, 그리고 숙련공이든 아니든 기술자와 노동자로 이루어진 오늘날의 기업의 군대밖에는 없다는 사실이다. 이 힘들이 생산의 **차원** **에서** 그들의 고유한 기술을 발전시키는 것은, 그들이 생산하는 제품의 조작에 필요한 지식과 이 제품의 소비를 위한 교환을 지배하는 법칙에 의해서이다.

과학과 경제의 밀접한 상호의존성과 이 상호의존성이 산출하고 발전시키는 방법이 그 자체로 이미 산업적 현상에 고유한 '창조적' 충동의 결과라는 것을 아는 것은 지금 문제가 아니다. 니체가 무엇보다도 문제로 삼는 사실은 이 산업적 현상이 고도로 무리적 현상이라는 것이다. 그 때문에 오늘날 우리는 다음과 같이 말할 수 있을 것이다. 즉 산업적으로 무리지어진 [집단화된] 힘이 실존의 **도덕적으로 새로운** 조직화를 촉발하는 것은, 니체의 예언들이 그것에 부과하는 지속적인 위협, 이 무리지어진 힘이 니체의 예언들을 자신의 방식으로 실현하며 그 수단들을 독점하는 것 같다는 위협 아래에서이다.

이른바 훈련과 선별의 계획들 중에서 가장 치명적인 것들이 우리 경제조직의 맥락 안에서 마침 가장 **돋보이는** 것은 이런 까닭이다. 이 계획들이 공격적 성향을 지니게 된 것은 **점진적 사회주의화**에 대한 니체의 적대감 때문이라기보다는 산업화 정신이 과도한 무리짓기의 이름으로 전개해 나갈 모든 것에 대한 그의 불안 때문이다.

니체의 '귀족주의'는 과거의 계급제도에 대한 어떤 향수와도 무관하므로, 그는 이 귀족주의를 실현하기 위해 퇴행적 경제조건을 요구하지 않는다. 그 반대로, 정서들에 대한 경제의 불가역적 영향력과 경제적 목적들을 위한 정서들의 완전한 이용을 확신하는 니체가 사회주의 체제들을 삶의 가장 강력한 충동에 대한 **염세적인** 부정으로 끊임없이 해석한다고 해도, 그의 몇몇 단편들은 평범한 요구들을 대규모로 만족시키는 과정(이 과정은 동화를 거부하는 집단——이 집단은 '상위의' 카스트이다——의 **분리**에 필요불가결한 것이다)을 촉진하면서 사회주의적 사회가 제공하는 이점을 자문하기에 이른다. 그 결과 니체는 사회주의 실험이 결국 실패할 것이라고 믿고, 그 실험은 인명의 막대한 손실로 끝날 것이라고 확신하여, 그것이 실제로 시도되는 것을 보고 싶다는 욕망까지도 표현한다. 결국 니체는 어떤 체제도, 동화되지 않는 힘들이 그 체제에 반기를 드는 것을 피할 수는 없다고 생각하는 것이다. 그런데 언제나 현 상태에 대한 반응과 유토피아적 기분 사이를 왕래하는 즉흥성을 보여 주는 이 초고들에서 가장 주목할 만한 것은 우리의 근대세계의 징후로서 그가 꼽은 것이다. 그것은 가치판단의 상업화로, 이는 모든 '비생산적' 상태를 힘들의 유용流用으로 비난하면서, 어떤 범주의 개인들을 물질적 의미에서만이 아니라 도덕적·정서적 의미에서도 유죄로 만든다.

우리는 여기에서 다시 과학의 현실원칙과 무리적 도덕의 현실원칙의 제도적 혼동을 언급할 것이다.

예전에는 광기와 관련해서 이성에 의해 형성됐던 **현실원칙**이 상식을 벗어난 수많은 실험들의 실패가 초래한 수많은 대재앙들을 겪은 이래로, 오늘날에는 전보다 훨씬 더 깨지기 쉬워졌다.

사회는 모든 분야에서 실험의 **과도함** 없이는 존속할 수 없으므로, 끊임없이 갱신되는 과학과 경제의 규범들에 대한 제도적 규범들의 부적합성은 개인과 사회의 갈마드는 불균형들을 야기한다. 이 부적합성이 근대의 **일상** 안에서 명확해질수록, 시대착오적인 제도의 이름보다는 교환가능한 재화의 생산이라는 이름으로 행사되는 검열은 더 가혹하게 맹위를 떨친다. 물품의 생산과 교환만이 **가지적인 것**의 영역을 형성한다. 그리고 교환가능한 것을 생산하는 능력은 **'건강'**과 **'질병'**의, 나아가 사회적 정당성의 다양한 규범을 정립한다. 도덕적으로 말하자면, 이 검열은 누구라도 검열을 위반하면 **비가지성**이라는 처벌을 내리거나 **비생산성**이라는 낙인을 찍는다.

이에 대한 답인 것처럼, 어떤 단편들은 **생활 방식이 달라서 갈라진 두 개의 카스트**를 환기한다. 이 두 카스트와 관련하여, 관조는 행동방식의 완전한 자유를 배제하지 않으므로 관조적 카스트를 상위에 두고, 노동하거나 분주한 상업적 카스트를 하위에 두는 것은 가치에 대한 순수한 판단기준이다. 왜냐하면 도덕적으로도 또는 물질적으로도 부담스러운 모든 자유를 부여하는 것은 노동하는 카스트의 이익에 반한다고 이 판단기준은 생각하기 때문이다.

이 계획들이 사회적 과정들에 대응하는 전략을 상정하지 않는 한, 이 것들은 그 자체로는 어떤 결론을 맺지도, 어떤 결과를 이끌어 내지도 않는다. 그 반대로, 진정한 의미에서의 '선별'의 계획들은 근대적 사회생활의 구체적 현실이라는 토대 위에서 전개되고, 그 계획들이 **무리짓기**와 예외적·특이적 사례라는 같은 기준들에서 출발한다고 해도, 그것은 정서들의 경제적 요인과 무리짓기 사이의 밀접한 관계를 주목한다. 19세기의 모든 사회이론가들의 머릿속에서 떠나지 않았던 카스트의 관념은 니체에 의해 강조된다. 그 강조는 한편으로는 『마누법전』의 관점에서(이 시기에 니체는 친구인 도이센Paul Deussen으로부터 배운 힌두교에 대한 모든 것 이외에, 『마누법전』의 아주 의심스러운 프랑스어판을 연구하고 있었다), 그리고 다른 한편으로는 오귀스트 콩트의 계급적 구조에 이의를 제기하면서 이루어진다. 콩트의 계급적 구조 대신에, 니체는 '미래의 귀족계급'을 어느 정도 복사하여, 경제적 (앵글로-색슨적인) 낙관주의가 추구하고 있다고 주장하는 목적들에 관해서는 공격적인, 그와 동시에 보편적인, 따라서 전 세계적인 균등화에 이르는 과정에 관해서는 그 모든 단계들에 공범적인 하나의 행동을 만들어 낸다. '과잉된 힘들'의 점진적인 이질화로부터 출발하여, 메커니즘의 완벽함 자체로부터 니체는 저항의 운동을 기대한다. 이 이질화가 **악순환**의 교의의 폭로와 혼동되므로 물질적 또는 도덕적 파국을 동반할 것이라는 니체의 믿음, 교리를 전수받은 자들이 은밀하게 개입해야 한다는 니체의 암시, 이 모든 것은 단편들 곳곳에서 아주 모호하게, 특히 전체적 일관성을 결여하는 방식으로 나타난다(다양한 일련의 유고들에서, 경제적 과정·태어날 상위 카스트의 역할 그리고 선별을 동시에 거론하는 글들이 발견되지는 않는다. 하지만 그래도 선별이 교의의 폭로로부터 도덕적으로 발생했는지의 여부가 언제나 명확한 것은 아니다).

경제적·전략적 수준의 고찰들 안에서 제기된 원칙은 언제나 미래를 위해 힘을 비축해 둬야 한다는 것이다. 바로 여기에서 **훈련**dressage과 **길들이기**domestication에 대한 니체의 구별이 개입한다.

a. **훈련**(규율적인)과 **길들이기**를 혼동하는 것보다 최악의 혼동은 없다는 것. 그것이 우리가 저지른 일이다. 훈련은 내가 이해하는 바로는 인류의 엄청난 힘의 저장 수단이며, 그것에 의해 후세대들은 선조들의 일을 이어갈 수 있게 된다. 외적으로뿐만 아니라 내적으로도, 그들로부터 더욱 강한 것으로 유기적으로 성장하면서.

b. 인류가 전체로서 지속적으로 성장하고 더 강하게 되고, 개인들이 침체되고 동등하며 평균적이 된다고 믿는 데에는 대단한 위험이 도사리고 있다. …… **인류는 하나의 추상물이다**. 훈련의 목표는 가장 개별적인 경우에도 늘 **더 강한 인간**이 될 수 있다는 것이다(훈련되지 않은 인간은 약하고, 낭비적이며, 불안정하다).[20]

여기에서도, 니체가 (슈티르너Max Stirner적 의미에서 순수한 추상으로서의) 인류의 운명에 관해서 어떤 우려도 하지 않는다는 것은 분명하다. 니체는 인류를 언제나 엄격하게 '예술적' 관점에서의 재료로 여길 뿐이다. 미래의 세대들은 언제나 **개인적인 성공들에** 의해서만 가치를 지니고, 지닐 것이다. 하지만 이 **편견은** 여기서 어떻게 표현되는가? 정확하게 **인류의 질**qualité**에 대한 불안감**으로서이다. 이 **불안감은 인류의 운명에 대한 도덕적 지지를** 사색하는 불안감이다. 그때 사실상 그것은 그 자체로 구경거리인 특이성을 만족시키기 위한 수단들의 문제일 뿐이다. 지고의 **오만의** 개화開花.

이 특이성은 수단들에 대해서 **오만하지** 않을 수 없다. 그것은 정의상 자신이 부정하는 것(무리적 토대) 안에서 수단들을 발견해야 하기 때문이다. 종種이 자신의 평범함(이 평범함은 정확하게 에너지를 절약하기 위한 수

---

20) KSA, Vol. 13, p. 450, 15[65], 1888[『전집』 21권, 300쪽].

단이다)으로 자신을 보존하지만, 개인이 이 에너지의 수혜자로서 자신을 위해 에너지를 소비함으로써 그 에너지를 낭비하거나, 이 개인이 만약 주권자라면, 그는 스스로에게 낭비와 변덕을 허용할 수 있다…….

* * *

인류가 안정을 오로지 **보존** 안에서, **보존**에 의해서 추구하는 이상, 인류는 그만큼 더 불안정에 빠진다. 실존의 **작인들**의 수가 증가함에 비례해서 각각의 힘은 감소한다. 힘이 이미 부조리한 것의 폭력이라면, 무리짓기의 차원에서 그 힘이 개체적 작인 안에서 종의 어떤 의미를 발견하는 것은 있을 수 없는 일이다. 그러므로 종이 증대할수록, 종은 더욱더 의미도 없이 영속하게 된다. 왜냐하면 전체로서의 종은 각각의 **특이성**을 고려하는 실존의 **유일한 작인**으로서 행동하는 법을 모르기 때문이다.

종의 차원에서, 폭발적 번식력은 종의 존재이유를 파괴한다. 힘은 그 자체로 자신의 존재이유가 될 수 없다. 그것의 존재이유는 오로지 **차이들**에서 생겨난다. 이 차이들은 힘이 자기 자신과의 관계에서, 실존의 강도의 다양한 단계들과의 관계에서 생산할 수 있는 것들이다. 살아남는 것의 수가 증가할수록, 이 차이들은 지워진다. 왜냐하면 각각의 차이는 그때부터 **동일한 리듬으로 재생산되고**, 그 결과 균일한 전체를 재형성하는데, 그 안에서는 이 차이가 소멸되기 때문이다.

이렇게 종의 번식 안에서 작동하는 힘은 이제 실존의 **유일한 작인**으로 간주되어, 균형 상태에 도달할 것이다. 그 균형 상태는 종의 **고정성**에 의해 검증된다. 그러나 (에너지 이론을 사용해 니체가 증명했듯이) 힘은 **모든 균형 상태를 증오해서**, 자신의 증가로 그 균형을 파괴한다. 마찬가지로, **번식으로서의 힘** 또한 **실존의 유일한 작인**으로서, 인간 종을 넘어선다. 그리고 그것을 넘어섬으로써, 힘은 종을 **폭발적으로 번식하는 기괴한 것으로** 만든다. 이 단계에서, **종은 더 이상 자기 운명의 지배자가 아니다.** 힘이 새로운 작인을 만들려고 자신을 소비하려는 것은 헛수고이다. 그러므로 힘은 자신이 완전히 마모될 때까지 항상 **동일자**에게로 회귀해야 한다. 그런데 동일한 악순환이 여전히 문제이긴 하지만, 이 부조리한 재생산에 대립하는 것은 영원회귀의 부조리이다. **실존을 찬탈하는 작인**으로서, 종의 번식에 의한 전체적 가치저하가 보상되는 것은 **특이적 사례** 안에서일 뿐이다. 과잉된 힘은 **특이적 사례** 안에서 자신의 이미지(우연의 이미지)를 발견한다. 왜냐하면 **특이적 사례**가 무리짓기와 관련해서는 부정적으로 정의되지만, 힘에 대해서는 긍정적으로 정의되기 때문이다. 특이적 사례는 유전적인 것이 아니므로, 그 독창성은 물려줄 수 없는 것이다. 오히려 그 반대로 특이적 사례는 종으로서의 종에게는 하나의 위협이다. 특이적 사례와의 관계에서 무리짓기는 사실상 우연의 작업에 고유한, 순수한 살아 있는 **재료**일 뿐이다.

'개인'과 '종'이라는 개념들은 모두 거짓이고 순수하게 표면적인 것이다. '종'의 개념은 다음과 같다. 즉, 유사한 존재들의 한 무리가 동시에 출현한다는 것, 연속적인 성장과 자기의 변용의 리듬이 오랜 기간 동안 늦추어졌다는 것. 그 결과, 증가하는 성장은 너무나 약해서 고려의 대상이 되지 못한다(발전의 그 단계에서는, 성장의 사실이 눈에 띄지 않으므로 균형이 달성된 **것처럼 생각되어**, 이 균형 ——발전의 목적 자체——과 함께 **목표가 이루어졌다**는 잘못된 표상이 가능해진다……).[21]

---

21) Schlechta, Vol. 3, p. 525.

인구통계학적 현상을 니체는 명시적으로 고찰하지는 않았다. 그러나 그것은 니체가 종에게 연기演技하도록 하는 **실험재료**의 역할 속에 암시되어 있다. 인류의 **낭비**에 대한 의식 가능성이 이제부터 니체의 사색의 대상이 된다.

이 관점에서 첫번째 요점은 지금까지 **인류**를 한 **개인**으로, 따라서 실존의 **유일한 작인**으로 취급한 것은 잘못이었다는 것이다.

두번째 요점은, **가치들**의 새로운 일람표, 따라서 하나의 목적, 하나의 새로운 의미를 가르치는 것이 문제이므로, 그 가치들은 오직 개인들에게만 교육되어야 한다는 것이다.

세번째 요점은, 그 자신의 교의에 관해서인데, 이 교의가 힘을 발휘하기 위해서는 각자 안에서는 **무리적 관계**를, 그리고 전체 안에서는 종의 **후견인적 심급들**에 근거하는 것을 **근절해야** 한다는 것이다.

니체는 **삶을 있는 그대로 재의지하기**와 같은, 명령에 의한 교의의 도덕적 선별을 포기한다. 그러나 그는 '무리적' 의식을 여전히 요구할 모든 이들에게, 악순환의 이름으로 **'절망'**이 군림하도록 하는 은폐된 활동의 필요성에 집착한다. 이 사실로부터 니체는 무리짓기의 관점으로는 폭력으로, **악순환**의 관점으로는 실험적으로 해석될 수 있는 상태를 가정한다. 이 폭력의 상태는 실은 사실 안에서 충분히 군림한다. 그러나 니체는 자신 안에서 이 **사실상태**état de fait를 자신의 공준을 승인하는 기준으로서 투영한다.

이제 교의는 확립된 폭력의 군림에 대한 하나의 **해석**처럼 보인다. 그러나 **선별과 훈련**으로서, 교의는 그 해석을 보편적 경제의 **정의**justice로서 실행한다. 그때부터 '주인'이든지 '노예'이든지, 그들의 행동이 이 경제에서 아무것도 바꾸지는 못할 것이다. 이제 경제가 누구에게는 **정의**이고,

누구에게는 **순수한 경제**이기 위해서, 그들 자신을 **바꾸는 것**은 그들에게
달려 있는 문제일 것이기 때문이다. 여기에서 누가 주인이고, 누가 노예
인가? 하나는 예외적 사례들로부터 자신을 지키는 종을 가리키고, 다른
하나는 이 사례들 중의 하나이다. 이들 각자는 상대를 착취하는 자 또는
상대로부터 착취당하는 자를 포함한다. 그런데 **영원회귀의 악순환**이 표상
하는 이 경제, 곧 **원환의 정의**는 근대 세계의 경제적 과정을 흉내 낸 **실험
적** 선별의 초안들을 야기한다. 만약 선별의 계획들로부터 완전히 사라지
지 않는다면 말이다. 그로부터 언제나 모호한 하나의 해석이 제시된다.
그 해석에 따르면, 영원회귀의 교의를 '전수받은 자들'은 '악순환'의 부
조리에 의해 권위를 부여받아, 전세계적인 균등화로부터 초래된 경련들
의 의지된 순간으로부터 위버멘쉬의 새로운 유형을 만들기 위해 주저 없
이 행동하고 개입할 것이다.

* * *

노예제 스스로는 인정하지 않지만, 노예제는 세계 어디에서나 보인다.
우리는 도처에 존재하면서 노예제의 모든 상황을 알고, 노예제의 의견
들을 가장 잘 대변하도록 노력해야 한다. 그렇게 할 때만 우리는 노예제
를 다스리고 이용할 수 있을 것이다. 우리의 정체를 드러내서는 안 된다.
총체적인 혼란 속에서 독재를 행사했지만, **도구와 기능**으로 자처했던 예
수회 회원들처럼 말이다. 우리의 기능은 무엇이고, 우리를 가려 주는 노
예제의 외투는 무엇인가? 우리의 가르침은 무엇인가? 노예제는 필요한
것이기 때문에 말살되어서는 안 된다. 우리는 정치적·상업적 힘들을 가
진 엄청난 대중들이 쓸데없이 스스로를 소모하지 않도록 하기 위해 남
의 노동으로 살아가는 어떤 것들(인간들)이 생겨나는 것을 단순히 지켜

볼 것이다. 심지어 **관객**이면서 더 이상 **공연 참여자는 아닌 사람들**이 있다 는 것까지![22]

* * *

무리짓기의 중요성과 인구의 증가는 산업적 현상의 이면일 뿐이다. 충족해야 할 욕구들이 점점 더 많아진다면, 새로운 욕구들이 이른바 '생 활수준의 향상'을 전제한다고 해도 그 증가 자체는 욕구들을, 따라서 욕 구들의 만족을 또한 통속화한다. 무리짓기의 새로운 형태.

이 현상을 진원지로 하여 먼 곳에서 발생한 도덕적·사회적 결론들 을 니체는 지진계와 같은 정밀함으로 수립한다. 개발이 진행됨에 따라서 착취는 **대량의 수요를 평균적으로 충족**시킨다는 명목으로 개인들의 **욕구**의 자발성을 **완전히 조건화된 반사**들로 대규모로 대체할 것을 요구한다. 그 결과, 그것은 전 지구적 계획경제의 **전형**인 1·2차 세계대전 경제의 본질 적으로 처벌적인 요소로부터 물려받은 '도덕적'·'정신 공학적' 임무를 가로챈다. 이 임무는 인간본성에서 **감정적 힘의 증대**를 유발하는 모든 충 동을, 특히 작인으로서 개인을 **초월하는** 모든 것을 탐구하기 위해서 자신 의 **'유용한' 특수성**을 위태롭게 하는 개인의 모든 성향을 말살하는 것이 다. 그 성향은 다시 말하면, 자신의 타고난 예속성을 초월하는 **황홀경**을 야기할 수 있는, 따라서 자신의 고유한 환영들(이 환영들 자체가 **타고난 예 속성**, 따라서 확대된 예속성에 기인하는 것일지라도)의 충동의 **강제**에 상당 하는 강도를 생산할 수 있는 섬세한 영혼의 상태를 탐구하는 그러한 성향 이다.

---

22) KSA, Vol. 9, p. 527, 11[221], 1881 [『전집』 12권, 528~9쪽].

다른 단편에서 니체가 **"미덕의 모든 명령에 대한 자유"**[23]라고 명명하는 것, 그것은 이러한 충동들의 실천이다. 즉 **체험된 문화** 속에서, 또는 살아가고, 행동하고, 사유하고, 느끼는 방식의 고유한 영역 속에서 그것들이 피어나는 모습들을 발견하는 것으로서의 실천이다.

이 충동들은 물질적 부로부터 필연적으로 탄생하지는 않는다. 오히려 '부'를 이용하는 방식 안에서의 **정신의 유전**으로부터, 즉 **지식**으로부터 생겨난다. 그리고 이 충동들은 사회적 수준에서 말하자면, 더 이상 어떤 종류의 기원에 의해서 정의되지 않는, 오히려 **친화력**에 의해서 정의되는, 친화력의 오랜 관습이 그 집단의 결속력(공격과 방어 양면에서)을 이루는 인간집단에 **고립**을 야기한다. 그런 것이 '사치' luxe(그러나 그런 것이 또한 문화이다)이고, '귀족주의'다. 니체에 따르면, 이것은 인류의 부분이 아니라, 그 **잉여**로서(그러므로 전체로서는 근절하고 총살할 수 있는 추악한 거머리와 같은) 최소한 하나의 집단, 하나의 특이적 사례에 의해 표상되어야 한다. 그리고 이 집단 또는 이 특이적 사례는 (만약 **잉여의 실존**을 떠맡길 원한다면) 전체성으로부터 도덕적으로 **거리를 유지해야만** 이 '사치' · '귀족주의'를 체험할 수 있을 것이다. 전체성은 잉여에서 오로지 반항적이거나 병적이거나 퇴행적인 자신의 일부밖에는 보지 못하므로, 그 자신의 '잉여'를 거부한다. 그리고 이 집단, 이 특이적 사례는 전체성이 자신에게 품는 분노 · 적의 · 질책으로부터 자신의 힘을 길어 올린다.

'잉여'라는 말은 산업적 과정 자체에 의해 새로운 '주인과 노예'의 카스트가 형성되는 것을 보여 준다.

이 개념은 이미 여러 시대의 계획들에 잠재해 있었던 것으로 보인다. 이 계획들은 **반항할 수 없는**, 그래서 자신만의 욕구들의 만족에 예속된

---

23) KSA, Vol. 12, p. 424~6, 9[153], 1887[『전집』 20권, 110쪽].

(우리 소비사회의 선취와 같은) 새로운 상업적 계급을 그린다. 이 계급으로부터 배제된 자들은 그들 자신의 정신적 불만에 의해 배제된 것이다. 그들은 우월한 인간들로, 사람들을 피해 근엄하고 소박하게 살아간다. 그러나 **"본질적인 관점은 (콩트가 행했듯이) 고등한 종의 과업을 열등한 종을 이끄는 것이라고 보지 않고, 오히려 열등한 종을 바로 고등한 종의 토대로 보는 것이다"**.[24)]

『즐거운 학문』을 집필하던 시기의 다른 단편은 '**잉여의 인간들**' 을 거론한다.

잉여의 인간들

자기 자신의 주인들인 그대들이여! 절대군주들인 그대들이여! 종속을 본성으로 삼는 모든 인간들, 이 셀 수 없이 많은 자들이 노동하는 것은 그대들을 위해서이다! 피상적인 눈에는 다르게 보이겠지만! 이 제후들, 이 상인들, 이 농민들, 이 군인들, 이들은 아마도 그대들보다 자신들을 훨씬 더 높게 평가할 것이다. 하지만 그들 모두는 영원한 필연성에 의해 그들 자신을 위해서는 노동하지 않는 노예들이다! 결코 주인 없는 노예란 없다. 그리고 그대들은 언제나 사람들이 노동을 제공하는 주인들이 될 것이다. 지금부터 한 세기 후에, 현재는 분간할 수 없는 이 광경에 사람들은 주목할 것이다! 그들이 자신들의 노예 노동을 정당화하고 감추는 데 사용하는 그들의 견해와 환상을 그냥 내버려 두어라. 노예들을 위한 연민을 표현하는 그들의 의견에 대항해서 싸우지 마라! 그러나 문명의 이 엄청난 노력이, 이 땀, 이 먼지, 이 소란이 일하지 않고도 이 모든 것을 이용할 줄 아는 인간들을 위해서 봉사한다는 것을 항상 마음에 간

---

24) KSA, Vol. 12, p. 357, 9[44], 1887[『전집』 20권, 30쪽].

직하라. 전세계적인 초과노동에 의해 유지되는 잉여의 인간들이 존재해야 한다는 것을, 그리고 이 잉여의 인간들이 이 모든 동요의 의미와 찬미를 구성한다는 것을 마음에 간직하라! 그러므로 그대들은 물레방앗간의 주인이 되어서, 이 냇물로 하여금 그대들의 물레바퀴를 돌리게 하여라! 그들과의 싸움도, 그들의 소란의 격렬한 소음도 걱정하지 마라! 그로부터 어떤 국가형태가, 어떤 사회형태가 생겨나더라도, **그것들은 모두 영원히 예속의 형태에 불과할 것이다.** 그리고 그대들은 거기서 언제나 절대군주들이 될 것이다. 그대들만이 그대들 자신에게 속해 있기 때문이다. 그리고 저들은 언제나 **부속품들**이어야 할 것이다!²⁵⁾

* * *

주인들의 '창조적 과업들'의 요구에 부응하여 **엄격하고 소박한 주인들을 위해 일하는, 자신의 운명에 만족하는 배부른 노예들**의 '계급'을 예견하는 계획은 기존의 질서 안에서 니체가 확인한 것의 체계화에 다름이 아니다. 이른바 지배계급이라는 거짓 계급이 그것으로, 이 계급은 대중 속에 감춰져 있는 가장 희소한 개인들의 운명을 결정한다고 생각하지만, 실제로는 반대의 은밀한 계급(일반적 이익에 동화하지 않는 '잉여의 인간들'이 형성하는 계급)을 그들의 가장 저급한 과업들로부터 해방시킨다. '지배자들'(산업가, 군인, 은행가, 상인, 공무원 등)은 그들의 다양한 업무들에 의해 사실상의 노예들일 뿐이고, **그들도 모르게** 이 **은폐된 주인들**을 위해서, 따라서 삶의 '가치들'과 의미를 끊임없이 형성하는 **관조적 카스트**를 위해 일한다.

---

25) KSA, Vol. 9, pp. 664~5, 16[23], 1881~2[『전집』 12권, 704~5쪽].

그러나 이것은 단지 예비단계일 뿐이다. 지금은 은폐된 방식으로만 존재하는 것이 어느 날 한 사건을 통해 분명하게 그 모습을 드러낼 때, 악순환의 기호는 그 부조리와 실존의 절대적 무의미의 모든 광휘 속 보편적 의식의 창공에서 빛날 것이다. 그때 의미뿐만 아니라 모든 사물의 흐름까지도 **결정하는 것**은 오직 이 주인들에게만 속하는 일이 될 것이다. 이 사건은 어떻게 일어날 것인가?

악순환의 사유가 행사하는 강제를 예견하는 데에는 두 가지 방식이 있다. 그 하나는, 이 사유가 너무나 **참을 수 없을** 정도가 되어, 가장 약한 자들이 자살할 것이라는 사실이다. 다른 하나는, 절망이 무관심을 대체할 가능성이 거의 없으므로, '실험자들'이 '배부른 자들'과 **반항할 수 없는** '부자들'에게 삶을 불가능하게 만들 주도권을 잡는 것을 니체가 악순환의 기호 아래에서 상상하는 것이다.

이 예언이 그때부터 '모든 희망을 넘어' 몇 번이나 실현될 것이라고 믿는 것은 너무나 당연하다. 그러나 아직 **가짜 주인들**(무의식적 노예들)이 있다. 그들은 은폐된 계급을 위해 자신들도 모르게 활동하면서, 실험에 언제나 수반되는 저속한 모든 것을 이 계급으로부터 면제해 주지 못했다. **가짜** 주인들은 **목적**을 추구하고, 은폐된 자들이 비웃는 **의미**를 자신들에게 부여하기 때문이다.

이 **의미**와 **목적**은 니체가 거의 한 세기 전에 예견한, 전 지구적인 계획경제 또는 관리이다. 니체의 시대에 정착된 위계들은 그것에 관한 어떤 개념도 지니지 않았다. 니체의 예언들이 관련되는 것은 오늘날의 위계들이다. 정도의 차이는 있어도mutatis mutandis 현재 존재하는 위계들과 은폐된 위계들의 관계는 동일한 것으로 남아 있다. 전자는 최선이든 최악이든 작업하고 노동하고 계획을 세운다. 그러나 은폐된 위계들은 세대를 거치면서 때를 기다리고 있다. 그 **의지된** 순간에 그들은 최종적인 '의미'를 뒤집고, '무의식적 노예들'의 이 거대한 노동으로부터 결론을 이끌어 낼 것이다. **교회와 러시아**에 대해서 니체가 말했듯이, 은폐된 위계들은 **기다릴** 수 있다.

* * *

점차로 경제적인 경향을 강화하는 인간과 인류에 대하여, 점차로 밀접하게 연결되는 실행(생산)과 이익의 기계장치에 대하여, **하나의 반대-운동**을 도입해야 한다는 증명의 **필요성.** 이 운동을 나는 **인류의 과잉된 사치의 제거**라고 명명한다. 이 운동 안에서 평균적인 인간과는 다른 형성 조건들과 보존 조건들을 지닌 더욱 강한 종, 더 높은 유형이 출현해야 한다. 이 인간유형에 대한 나의 개념, **나의 비유**는 사람들이 이미 알고 있듯이 '위버멘쉬'라는 단어이다.

지금 완전히 예견할 수 있는 저 첫번째 길에서는 순응 · 평균화 · 고차원의 '중국취미' · 본능의 자제 · 왜소화에 대한 만족이 (일종의 **인간존재의 수준의 정체**stagnation가) 형성된다. 세계경제의 총체적 관리가 필연적으로 개입할 것이므로, 그 총체적 관리를 손에 넣게 되면, 인류는 자신의 최고의 의미를 그 자신이 이것에 봉사하는 기계장치인 데에서 발견할 수 **있을 것이다.** 점점 더 작아지고 점점 더 정교하게 '맞추어진' 톱니바퀴들로 이루어진 거대한 톱니바퀴 장치로서. 지배하고 명령하는 모든 요소들은 점점 더 불필요한 생성으로서. 개개의 구성요소들은 **극소의 힘들**과 **극소의 가치들을** 나타내는 거대한 힘들의 전체로서. 이렇듯 특수화된 유용성으로 인간이 왜소화되어, 이 유용성에 순응하는 것과는 반대의 운동, 즉 **종합적이고, 총체화하며, 정당화하는 인간존재**를 산출하는 운동이 필요해진다. 이러한 인간존재에게 인류의 기계화란 그 자신의 더 높은 존재형식을 그 위에서 고안해 낼 수 있게 하는 하부구조로서 그의 실존의 전제 조건이다 …….

마찬가지로 이 인간에겐 '평준화된' 군중이라는 **적수**가 필요하고, 이들과 비교할 때 차이가 있다라는 느낌이 필요하다. 그는 **이 군중**을 기반으로 하여, **이 군중에 의해 살아간다.** 이러한 더 높은 **귀족주의** 형식은 미래의 형식이다. 도덕적으로 말하자면, 이 총체적 기계장치, 모든 톱니바퀴들의 연대성은 **인간착취**의 극대를 표현한다. **그렇지만 이 기계장치는 이러한 착취에 의미를 부여하는 인간들을 전제로 갖는다.** 그렇지 않을 경우라면 이 기계장치는 실제로는 인간**유형**의 가치하락(대대적인 **퇴행현상**)에 불과할 것이다.

사람들은 내가 투쟁하는 대상이 **경제적** 낙관주의임을 알 것이다. 즉 만인의 비용이 증대하면서 마치 만인의 이익 또한 필연적으로 증대해야만 한다고 하는. 그렇지만 내게는 그 반대가 실제의 경우라고 여겨진다. **만인의 비용은 총체적 손실로 총계되고 인간은 더욱 보잘것없어져서,** 사람들은 이 거대한 과정이 도대체 무슨 목적에 기여해 왔는지를 더 이상 알지 못하게 된다. 무슨 목적으로? 하나의 새로운 "무슨 목적으로?"라는 물음. 이것이 바로 인류가 필요로 하는 것이다. ……[26]

사회 내부에서의 정서들의 **분업.** 이렇게 해서 개인들과 계급들은 **불완전하지만,** 바로 그래서 **더욱 유용한** 종류의 영혼을 육성한다. 모든 사회적 유형에서(사회의 내부에서) 어느 정도로 (다른 정서를 더 강력하게 발달시키기 위하여) 몇몇 정서들이 거의 미발달했는지.

도덕의 정당화를 위하여

---

26) KSA, Vol. 12, pp. 462~3, 10[17], 1887 [『전집』 20권, 151~3쪽].

경제적인 (정당화) : 온갖 예외 방식으로 낭비되는 것에 맞서서 개인의 힘을 가능한 한 남김없이 이용하려는 의도.

미학적인 (정당화) : 자신의 고유한 영역에서 느끼는 쾌감과 함께 견고한 여러 (사회적) 유형들의 형태화.

정치적인 (정당화) : 다양한 힘 정도들의 격렬한 긴장관계들을 감내하는 기술로서.

심리학적인 (정당화) : 발육이 부진한 자들이나 열등한 자들에게 유리한, 약자의 보존을 위한 가치평가의 상상적 우세로서.[27)]

미래의 강자들

부분적으로는 필연성이, 부분적으로는 우연이, 여기저기에서 이루어 낸 것은 **더 강한** 종의 생산을 위한 전제조건들이다. 이것을 우리는 이제 이해하고 **의식적으로 원할 수** 있다. **우리는 그러한 고양을 가능하게 하는 여러 조건들을 만들 수 있다.**

지금까지 '교육' 은 사회의 이익만을 염두에 두고 있었다. 미래를 위한 가능한 한 최대의 이익이 **아니라**, 지금 현존하는 사회의 이익을 말이다. 사람들은 현존하는 사회를 위한 '도구들' 만을 원했다. **힘들이 더 풍부해**진다면, 사회의 이익이 아니라 미래의 이익을 목표로 삼는 **힘들의 배출**을 생각해 볼 수 있을 것이다.

현 사회의 형식이 **더 이상은 그 자신을 위해서가 아니라**, 언젠가는 더 강한 종족의 손에 놓이는 **수단**으로만 존재할 수 있기 위해서 어느 정도로 급격히 변하는지가 잘 이해되면, 이러한 과업이 제기될 수 있을 것이다.

인간의 점점 도를 더해 가는 열악함이 바로 **더 강한 종족**의 훈련을 생각

---

27) KSA, Vol. 12, p. 458, 10[8], 1887[『전집』 20권, 146~7쪽].

하게 하는 추진력이다. 열악한 종족이 더 약해지게 될 곳에 바로 이 추진력(의지, 책임감, 자신감, 스스로에게 목표들을 설정할 수 있음)이 넘쳐 흐를 것이다.

수단은 역사가 가르치는 바로 그것일 것이다. 즉 **오늘날의 평균적인 보존에 대한 관심과는 반대인 보존에 대한 관심을 통한 고립.** 역전된 가치들의 실행. 파토스로서의 거리. 오늘날 가장 과소평가되고 가장 비난의 대상이 되는 모든 것 안에서의 자유로운 의식.

유럽인의 **평준화**는 오늘날 되돌릴 수 없는 거대한 과정이다. 오히려 그 진행을 더 촉진해야 한다.

이 사실로부터 **간격을 벌릴** 필연성, **거리와 서열**의 필연성이 주어진다. 위의 과정을 느리게 해야 한다는 필연성이 **아니라.**

이런 **평준화된 종**은 평준화가 이루어진 즉시 **정당화**를 요구한다. 평준화된 종은 주권적인 종에 봉사한다. 후자는 전자를 기반으로 하며, 이렇게 할 때 비로소 후자는 자신의 과업으로 스스로를 고양시킬 수 있다.

자신의 과업을 단지 통치하는 것만으로 소진하는 군주종족뿐 아니라, **자신의 고유한 삶의 영역**을 가지며, 가장 정신적인 것에까지 이르는 아름다움과 용기와 문화와 태도를 위해서 넘치는 힘을 갖는 종족, **이러한 커다란 사치를 스스로에게 부여할 수 있는 긍정하는 종족 …… 미덕의 명령에 의한 압제도,** 검약도, 현학취미도 필요하지 않은, 선악의 저편에 있는 충분히 강한 종족. 그것이 진귀하고 특이한 식물들을 위한 온실이 된다.[28]

* * *

28) KSA, Vol. 12, pp. 424~6, 9[153], 1887[『전집』 20권, 109~110쪽].

이 세 개의 단편들 중에서 첫번째 것은 우리의 현 상황에 대한 반론의 여지가 없는 묘사처럼 보인다. 세번째 단편은 이미 앞의 두 단편들에서 고찰된 비가역적인 과정의 최후 단계들로부터 이끌어 낸 결론들을 검토한다. 상호보완적인 단편들은 '전 지구적 관리'의 과정이 그 자체로 **'이성적인'** 한에서만 '착란적인' 하나의 공리에 의해 완성된다. 니체의 공리는 필연성을 결여한다. 그것이, 니체에게는 정당한 것일지라도, 하찮은 것은 이런 까닭이다. **전 지구적 관리**는 실천가능하다. 그러므로 그것을 정당화할 필요는 없다. 그래도 니체가 정당화를 요구한다면, 무언가가 삶 앞에서 예속성을 정당화해야 한다. 삶에게 정의가 필요 없다면, 그것은 삶이 부정을 감당할 만큼 충분히 강하다는 것이다. 그리고 **모든 사람의 예속성**이 부조리하다면, 그것에는 최소한 하나의 의미가 주어져야 한다.

여기서 검토의 대상인 **구체적** 실현의 **한 쪽에서**, 논점선취의 오류 petitio principii〔논증해야 할 것을 전제로 내세우는 오류〕로부터 영감을 얻는 니체의 논법을 기억하자. 첫번째로, **'우월한'** 종의 형성을 위한 **전제조건들**을 이제부터 우리는 **의식적으로 의지할** 수 있고, 그러므로 **생산할** 수 있다고 하는 니체의 단정.

두번째로, **사회는 강력한 변형 과정 안에 있다는, 그것에 의해 사회는 더 이상 자기 자신을 위해 존재할 수 없다는** 단정.

이것은 무엇을 의미하는 것일까. (과학과 경제가 발전시킨) 착취의 경제적 메커니즘이 자신의 제도적 구조를 수단들의 집합ensemble으로 **해체하는** 것이 아니라면. 이로부터 다음과 같은 결과가 파생한다.

한편으로, 사회는 그 자체가 하나의 메커니즘의 도구가 되었으므로, 자신의 목적을 위한 '도구'로서 그 구성원들을 양성할 수 없을 것이다.

다른 한편으로, 메커니즘에 의해 제거된 힘들의 '과잉'은 다른 인간 유형의 형성에 사용할 수 있게 된다.

그러나 여기에서 니체의 음모적 환영이 시작된다. **누가** 이 인간유형을 발달시킬 것인가? 그 답으로 니체가 **'힘들의 제거'** 또는 힘들의 **고립**이라고 명명한 것을 고찰하는 것만으로는 누구도 납득하지 못할 것이다.

남은 질문은 이런 것이다. 이 인간유형은 동화되지 않는 것들(과잉된 것들)을 배제하는 메커니즘에 따라 발달하는가, 아니면 여기에서 신중한 개입을 예상해야 하는가?

니체가 말한다. 그 인간유형에 도달하기 위해서는, 발전하고 있는 목표와는 반대로 보이는 과정 — **평등화**(따라서 산업사회가 실천하는 민주화의 이면에 있는), 그것은 니체에 있어 인간의 왜소화를 의미한다 — 과 싸우기보다는 단지 그 과정을 촉진해야 한다고. **'생활수준의 향상'**은 사람들이 **욕구들의 질**과 그 욕구들을 만족시키는 수단들의 질을 혼동하게 한다. 이 **평등화**(즉 불만이 가장 심한 자들의 상대적 만족)**가 확대**될수록, 사람들이 마음대로 처분할 **기반**은 더 커질 것이다. 이 기반은 정확히 **평균적 수준을 보존하려는 관심들**에 의해 구성될 것이다. 그리고 니체의 예감을 반박할 수 없는 것은 여기에서이다. 그것은 **욕구들의 만족에 있어 차이의 완전한 소멸과 느끼고 사유하는 습관들의 균일화**가 도덕적·정서적 무감각이라는 결과를 초래할 것이라는 예감이다. 이 무감각이 느껴지든 안 느껴지든 니체가 다른 곳에서처럼 여기에서도 **정당화**에 대해서 말한다면, 그는 **인간은 자신으로부터 벗어났다고 느끼지 않을 것이고**, 자신의 실체로부터도 자신의 권력으로부터도 벗어났다고 느끼지 않을 것이라고 말하고 싶은 것이다. 인간이 이제부터 다른 혹성들을 개척할 수 있다고 하더라도.

이 말은 **영원회귀의 충동 자체**가 자신의 법칙의 은밀한 의식의 아득한 저편으로 인간을 끌고 가면서, 인간이 **이 냉혹한 법칙과는 반대로 살아가도록** 자극할 것이라는 뜻인가? 경제가 인간에게 할당하는 운명에 대한 최후의 **정당화**에 대해 니체가 자문하는 것은, 이 동일한 법칙이 실현되는 것이 여전히 삶의 방식 안에서이기 때문이다. 그러므로 문화와 과학의 수단들이 있는 그대로의 사회들의 실존을, 사람들을 전세계적으로 예속하는 경제 안에서 그리고 그 경제에 의해서 재검토한다면, 그리고 그것이 원환의 한 순간(그 어두운 단계)이라면, 이 원환의 운동은 출발점까지 추적돼야 한다. 그 출발점에서, 이 예속은 우리를 그 운동의 극단으로 돌려보낼 것이다. 만약 **모든 사람의 예속**이 **정의**, 실천할 수 있는 유일한 정의와 일치한다면, 그것은 예속만이 **공정한** 의미를 가질 수 있는 이 **부당하고** 부조리한 단계에서도 어딘가에서 자유가 반짝이는 빛을 발하기 때문이다. 이런 점에서 불길한 원환의 빛나는 성취가 그 모습을 드러내는 것은, 이 긴장상태 안에서, 이 최후의 강도 안에서이다.

* * *

격리가, 한 인간집단의 **고립**이 일련의 '귀중하고 특이한 식물들'을 창조하기 위한 **방법**의 역할을 한다는 생각(한 '종족'이 미덕의 모든 명령으로부터 해방된 **자신의 고유한 생활권**을 갖는다는 생각). 실행 불가능한 계획의 이 실험적 성격——그것이 만약 음모의 의도 자체를 만드는 것이 아니라면. 왜냐하면 어떤 '계획경제'도 이런 종류의 '**온실**'을 결코 예상하지 못했을 테니까. 이 실험적 성격은 어떻게 보면 경제의 과정 자체에 의해 기입되고, 생산되어야 할 것이다(그리고 사실상, 오늘날 어떤 체제라도 어떤 형태로든지 이 '실험적' 성격을 갖고 있지 않다. 이 체제가 실행하는 방법을 위해 사용되는 목적들이 무엇이든지 거기에는 '실험자들'의 위계, '자신의 고유한 생활권'을 지닌 인류의 한 부분이 존재한다. 이 실험자들은, 이유를 알고 있지만, 아무것도 생산할 수 없음에도 불구하고, 최소한 '귀중하고 특이한 식물들'의 작은 싹들을 마치 독보리처럼 근절하는 것을 자신의 장기로 삼아서, 그로부터 특권을 향수한다. …… 그 예방조치는 아마도 그 식물들을 재배하는 것만큼의 비용이 들 것이다).

그러나 니체가 주장하는 (경제적) 과정의 **제거하는** 단계, 즉 (이 과정이 배제하는) **정서적 유형들의 비동화**désassimilation에 대해 말하자면, 니체가 '지배자' 이기를 바라는 하나의 '카스트' 가 격려되는 것은 이미 모든 사회의 삶 자체에 내재해 있을 것이다. 살고, 사유하고, 느끼는 몇몇 방식들의 **가장 광대한 회로 안에서 교환 불가능한 (전달 불가능한)** 성격에 근거한 친화력들에 따라서 선별은 자발적으로 일어난다.

그런데 '전 지구적 관리' 의 유일하고 유효한 '합법화' 로서, 무리적이고 근면한 전체성의 맥락 안에서 '비생산적인' 삶의 방식을 주권의 속성으로 하는 인간유형을 부양하는 과업을 정하는 것, 그것이 **기생**parasitisme을 신성화하기에 이른다.

이 도전은 모든 산업적 도덕이 **이미 한** 것이다. 그 도덕의 생산법칙은 교환 불가능한 것 안에서 사는 사람이면 누구든지 **꺼림칙한 마음**을 갖게 하고, 전체적 생산성에 어떤 식으로든지 통합되지도 예속되지도 않는 어떤 문화, 어떤 생활권도 더 이상 용인하지 않는다. 니체는 **정서들의 위협**이라는 이 기획의 확대를 측정해서, 이 기도에 대항하여 자신의 고유한 **선별계획들**을 그 숫자만큼의 위협들로 제기한다. 이 계획들은 귀중하고, 특이하고, 확실하게 유독한 식물들을 남몰래 재배할 수 있는 적절한 시기를 보장해야 한다. 그러면 이 식물들은 **미덕의 모든 명령**에 대항하는 정서들의 반란과 같은 꽃을 피울 것이다. 최고로 비생산적인, '지고의 카스트' 의 출현이 '악순환' 속에 새겨져 있음을 니체는 알고 있다. 그래서 니체는 그 출현의 전제조건들을 무의식적으로 확실히 준비하는 일을 무리 짓기의 점진적 '기능화' 에 맡긴다.

하지만 어떤 의미에서의 전제조건들인가? 산업세력이 무리적 증식으로부터 야기하는 고유한 딜레마로부터 이 조건들이 파생한다는 의미에서이다. 당대 정치미학의 영향을 너무나 강하게 받은 니체의 시각에 따라서, 최고로 비생산적인 종이 '카스트'의 형태를 취하는지의 여부는 중요하지 않다. 오히려 그 종의 특유한 성격은 세대들의 **예견할 수 없는 힘**에 있는 것으로 보인다. 종의 번식력은 이미 **그 종을 증식한 도구**에 적대적이다. 산업정신은 무리짓기를 실존의 **유일한 작인**의 반열에 올렸으므로, 따라서 자신만의 파괴자들도 만들어 낼 것이다. 외양에도 불구하고, "미덕의 어떤 명령에도 따를 필요가 없을 정도로 충분히 강한" 새로운 종은 아직 군림하지 않는다. 그리고 그 새로운 종이 이미 교실의 의자들에 앉아 그때를 준비하지 않는다면, 그 종이 가져올 가장 두려운 것은 아마도 아직 요람 속에서 잠들어 있는 것이다.

* * *

허무주의적 철학자는 모든 사건이 무의미하고 헛된 것이며, **무의미하고 헛된 존재란 있어서는 안 된다**고 확신한다. 그러나 '있어서는 안 된다는 것'은 어디로부터 오는가? **이러한 '의미'** 는 어디서 **취하는가**? **이런 척도는?** 근본적으로 허무주의자는 황폐하고 쓸모없는 존재를 바라보는 일이 우울하고 절망적인 방법으로 철학자의 불만을 초래한다고 생각한다. 이런 종류의 이해는 우리가 철학자인 한에서, 우리의 더 섬세한 감성에 혐오감을 일으킨다. 이로부터 다음과 같은 부조리한 평가가 생겨난다. 만약 삶[실존]이 승인돼야 한다면, **삶의 특성은 철학자를 즐겁게 해야 할 것이다.** ……

그런데 쾌와 불쾌가 사건의 내부에서는 단지 **수단들**의 의미만을 가질 수 있다는 점을 쉽게 알 수 있다. 남아 있는 의문은 우리가 '의미'와 '목적'을 도대체 알 수 있는지, 부조리와 그 반대물의 문제는 우리가 해결할 수 없는 문제가 아닌지 하는 점이다.[29]

허무주의란 '헛됨!'에 대한 고찰만도 아니고, 모든 것이 몰락할 만하다고 믿는 것만도 아니다. 사람들이 적극적으로 손을 뻗어 몰락으로 향한다. …… 이것은 말하자면 **비논리적**이다. 그러나 허무주의자는 논리적일 필요가 있다고 믿지 않는다. …… 이는 강한 정신들과 의지들의 상태이며, 이것들이 '부정'하는 판단에 머물러 있기란 불가능하다. 본성상 그들은 행동에 의한 부정을 한다. 판단에 의한 무화annihilation가 손에 의한 무화를 돕는다.[30]

＊ ＊ ＊

음모는 이제부터 영원회귀의 교의가 실험 도구로 전도된 진정한 동기로 보인다. 니체의 사유 안에 음모라는 표상이 없다면, 그것은 이 단계에서 그 사유가 실존에 대해 판단을 내리는 것에 더 이상 만족하지 않는다는 것이다. 사유는 **사유 밖에서 사유 없이 일어나는** 것과 같은 **유효성**을 가져야 한다. 이 사유는 장기적으로 **사건으로서 도래하기**를 원한다. 니체의 사유가 **스스로를 음모로서** 상상하기 위해서는, 그 사유는 사건들의 진행을 **미리 계획된** 행위에 따르는 것처럼 파악했어야 한다.

니체가 다윈의 자연선택 개념을 현실적 선택의 왜곡(**삶의 의미와 가치**

---

29) KSA, Vol. 13, pp. 45~6, 11[97], 1887~1888[『전집』 20권, 341~2쪽].
30) KSA, Vol. 13, pp. 59~60, 11[123], 1887~1888[『전집』 20권, 358쪽].

를 손상하는 자들의 지배를 보장하는)이라고 거부한 것은, 다윈적 선택이 **평범한** 존재들을 **강하고**, 풍부하고, 힘센 존재들처럼 표현하면서 **무리짓기와 공모하고** 있다고 느꼈기 때문이다. 니체의 관점에서 강한 존재들은 지금까지 실제적으로 **배제된** 예외적이고 특이적인 사례들일 뿐이다. 다윈이 제시하는 선택은 부르주아 도덕과 완전히 일치한다. 그것은 외부의 음모, 제도들의 과학과 도덕의 음모이다. 이에 대항해 니체는 악순환의 음모를 계획한다. 이 악순환의 기호는 이제부터 실험적 행위를 고취할 것이다. 그것은 영원회귀, 즉 특이적이고 특권적인 사례에 의해 **체험된 사실**에 대한 해석의 본질 자체로부터 나오는 일종의 반-선별이다. 그러므로 체험의 **비가지적 토대**는 전달할 수 있고, 가지적이고, 교환할 수 있는 모든 것을 통해 표현되었듯이, 그 자체로 무리적 경향들에 대한 도전이다.

그렇지만 실험적 의도에 의해, 그 음모는 '악순환'의 진정성 자체를 부인하는 것처럼 보인다. 한편으로, **실존의 무의미**는 철학자가 무엇에도 구애받지 않고 단호하게 대처하기 위한 **논거**로 사용된다. 다른 한편으로, 영원회귀의 '**진실**'은 공상이라고 잠재적으로 **부정되어** 순수한 환영으로 간주된다. 그러므로 목적의 시뮬라크르, 곧 '위버멘쉬'를 추구하는 자들이 환기할 것은 교의의 시뮬라크르이다. 사실상 '위버멘쉬'는 악순환과 일체가 되어야 하고, 이 경우에는 환영과 일체가 될 것이다. 왜냐하면 만약 **영원회귀**가 니체에게 있어서 하나의 공상에 불과했다면, "인간 종의 역사에 하나의 **목적**, 하나의 **의미**를 삽입하는 것", 이 목적을 의지하는 것, 이 의미를 이해하는 것은 위버멘쉬라는 이 두번째 시뮬라크르에 복종하는 것일 뿐이기 때문이다. 만약에 반대로, **악순환**에 의해서 **모든 것이 회귀하는 것이 진실**이라면, **제시된 의미와 목적은 공상일 것이다.** 그리고 모든 실험들은 사기일 것이다.

니체가 다양하게 되풀이하며 '정치의 재전환' reconversion에 대해 말할 때, 그는 **실험의 자유**를 언급하는 것이다. 만약 그것이 **철학자**(학자와 예술가)**에게 맡겨지지 않는다면, 군중에게** 맡겨질 위험이 있다. 그러나 바로 그때 가장 대담한 **실험작업**은 종의 보존이라는 이름으로 다시 비난을 받는다. 그러므로 실존의 **무의미한** 토대는 종의 '이성적' 진보를 압도해야 한다. 그리고 그것이 압도하기 위해서는 철학자가 **정서적 힘들**에 하나의 **목적**을 부여하여, 거기에서 정서적 힘들이 만족을 찾고, 이로 인해 종에, 따라서 세계의 조직에 **유용한** 소비보다도 정서의 **무용한 소비**가 더 우세해져야만 한다.

만약 '악순환'이 '악순환이라는 신'의 신학에 대해 말하지 않기 위해서 표면적으로 비가역적인 역사의 진행을 퇴행운동(언제나 비결정적인 출발점을 향하는)으로 뒤집을 뿐만 아니라, 여전히 종을 **'특이적 사례들'**이 결정할 **실험적 주도권들**에 완전히 종속하는 '최초의' 상태로 유지한다면, 사람들이 저항하려는 모든 결정의 예측 불가능성 안에서 무엇이 참이고 거짓인지의 기준들을 누구도 더 이상 참조하지 못할 것이다. 왜냐하면 **현실원칙은 모두와 각자의 동일성의 원칙과 함께 소멸하기 때문이다.** 유일한 현실은 완전히 자의적인 현실이다. 그것은 어떤 충동의 상태와 관련하여 (가치로서) 설립된 시뮬라크르들에 의해 표현된 현실이다. 이 충동의 상태의 파동들은 특이적 사례들의 크고 작은 해석력에 따라서 의미를 바꾼다. **도래하는 것의 의미와 목적은 실험의** 실패만큼 그 성공에 의해서도 취소할 수 있으므로.

오버베크에게 그리고 나중에 스트린드베리[31]에게도 썼듯이, 니체는 인류의 역사를, 그리고 인류 자체를 **둘로 쪼개려고** 한다. 사건들의 흐름

---

31) 스트린드베리(John August Strindberg, 1849~1912). 스웨덴의 극작가·소설가. 헨리 입센과 함께 북유럽이 낳은 세계적인 문호로 알려져 있다.

안에서, 체험과 지고의 사유로서의 영원회귀는 역사를 폐지하는 사건을 구성한다. 그런 점에서 니체는 복음을 다시 말한다. **신의 왕국은 이미 그대들 사이에 있다.** 하지만 그대들 사이에 있는 것 ——나쁜(또는 좋은) 소식—— 그것은 '**위버멘쉬**'를 다시 데려오는 악순환이다. 니체는 **비인간** surhumain을 말해야 할 것이다.

악순환의 음모는 특이적 사례에 시각을 열어 주고, 종으로서의 종에게는 모든 출구를 닫아야 한다. 종에 있어서 가지적인 모든 것은 모호하고, 불확실하고, 괴로운 것이 된다.

이러한 관점에서, 니체가 필요한 방법론적 조건들을 기술하려고 결코 애쓰지 않았다고 해도, 그가 윤곽을 잡은 음모는 단지 **그 없이** 실행됐을 뿐 아니라 완벽하게 성공했다고도 말할 수 있다. **자본주의·노동자 계급·과학**을 통해서도 아니고, **사물들 자체에 의해 야기된 방법들**, 그리고 사물들의 성장과 소비의 법칙들을 지닌 생산**양식들**을 통해서. 요컨대, 산업적 현상은 니체의 교의에서 **가장 신랄한 캐리커처**를 갖는 구체적 형상이다. 즉 영원회귀의 **체제**는 인간들 자신과 그들의 삶 사이에서 영원한 **낯섦**의 상태만을 생산하는 그런 인간들의 '생산적' 실존 안에 정착했다.

오늘날 하나의 기술이 된 산업주의는 이렇게 니체의 계획의 한 측면을 실현하면서, 정확하게 그의 공리의 반대물을 형성한다. 그것은 특이적 사례들의 승리도 평범한 자들의 승리도 아닌, 단순히 무리짓기(실존을 정의하는 유일한 작인)의 완전하게 무–도덕적인 새로운 형태이다. 위버멘쉬가 아닌 초超무리짓기surgrégrité, 대지의 주인.

7장_아버지의 망령과의 상담

내 실존의 행복, 내 실존의 유일성은 아마도 내 실존의 숙명 안에 자리하고 있으리라. 수수께끼 형식으로 말하자면, **"나는 내 아버지로서는 이미 사망했고, 내 어머니로서는 아직도 살아서 늙어 가고 있다."**
이런 이중의 기원, 말하자면 삶의 사다리에서 제일 꼭대기와 제일 밑바닥으로 거슬러 올라가는 기원은 데카당이면서 동시에 시작이기도 하다. 이러한 이중의 기원은 아마도 나의 특징을 드러내는, 삶의 전체 문제에 대한 이 중립성, 이 자유로운 공평함을 설명해 준다. ……[1]

『이 사람을 보라』를 집필할 당시의 니체는 어떻게 수수께끼가 **구성되고**, 어떻게 의미가 구성되는지를 알고 있었다. 즉 의미가 어떻게, **해석하려는 의지가** 일부러 빠지는 거울들의 유희에 의존하는 동시에, 자신의 자의성의 공허함을 벗어나기 위해 필연성을 위장하는가를.

"어떤 해석도 필요 없이 하나의 텍스트를 읽을 수 있기". 니체의 이 절실한 요구는 모든 의미작용이 항상 초래하는 예속성에 대한 자신의 반항을 표현하는 것이다. 따라서 어떤 의미작용으로부터 우리를 해방시키고, 해

---

1) KSA, Vol. 6, p. 264[『전집』 15권, 331쪽].

석할 수 없는 실존을 우리에게 회복시켜 줄 것은 무엇인가? '이해하기' Verstehen는(이해해야 하는 것에 **매달리는 것은**) 특정한 의도에 종속되지 않고 **강화**될 수 있는가?

그것이 니체의 '자서전'의 표현에 잠재하는 물음이다. 그는 이해에 몸을 맡긴다. 그는 '텍스트'에 대한 미리 사유된 **해석 안으로 뛰어들면서** 자신의 생각을 밝힌다.

이 수수께끼에서 언뜻 보기에는 투명하게 보이는 것보다 사람을 미혹하는 것은 없다. 해답의 **그림자**가 핵심어의 역할을 하면서 : **나는 내 아버지로서는 이미 사망했고, 내 어머니로서는 아직도 살아서 늙어 가고 있다.** 이 실제 사실의 내재화는 어린 니체가 자신과 말을 주고받는다는 **꿈속 체험**에 새겨진 양상과는 다른 양상을 보여 주지 않을 수가 없다. **꿈속** 체험과 관계가 있는 것은 **이미 사망한 니체의 아버지로, 그 아버지가 동생을 데려가는 것을 니체는 꿈에서 본다.** 어린 니체는 어머니와 누이가 겪은 비탄의 그늘에서 자라나 여성들에게만 교육받은 청년이 된다.

* * *

어린 니체가 꾼 **예지몽**, 그것을 그는 이후 열서너 살(1858)에 처음으로 글로 썼고, 그 다음에는 열일곱 살에 다시 썼다.

예지몽의 첫번째 판본(1858)
그 당시 나는 장례식 때처럼 교회로부터 들려오는 오르간 소리를 듣는 꿈을 꾸었다. 무슨 일이 일어나는지를 보려고 하는데, 갑자기 묘석이 들썩이더니, 수의를 입은 아버지가 무덤에서 나왔다. 그는 교회 안으로 뛰어가더니 곧이어 한 아이를 안고 나왔다. 무덤이 열리고, 그가 안으로 들어

가자 묘석이 다시 입구를 덮었다. 그 순간 울려 퍼지던 오르간 소리는 멈추고 나는 깨어났다.

이 밤이 지나가고 난 다음날, 어린 조제프는 갑자기 괴로워하더니 경련을 일으켰고, 몇 시간이 지난 후에 죽었다. 우리의 비통함은 너무나 컸다. 내 꿈은 완전하게 실현되었다. **게다가, 어린 시신은 아버지의 팔에 안겨 있었다.**[2]

두번째 판본 (1861)

가까운 교회로부터 오르간의 둔중한 소리가 들려오는 것 같았다. 나는 놀라서 교회와 묘지로 향한 **창문을 열었다.** 아버지의 무덤이 열리고, 어떤 하얀 것이 올라오더니 교회 안으로 사라졌다. 불길하고 사람을 불안하게 하는 오르간 소리가 계속해서 울려 퍼졌다. 하얀 것이 무언가를 팔에 안고 있었는데, 그게 무엇인지는 알 수 없었다. 무덤이 들썩이더니, 하얀 것이 그 속으로 내려갔고, 오르간 소리는 멈췄다. 나는 깨어났다.

이튿날, 활발하고 재기 넘치는 아이였던 내 남동생이 경련을 일으키더니 반 시간 만에 죽었다. **동생은 아버지의 무덤 옆에 묻혔다.**[3]

첫번째 판본의 3년 후에 작성된 두번째 판본은 설명하는 식으로 가필을 했다. 교회에서 들려오는 오르간 소리에 의해 꿈의 주체는 꿈속에서 교회와 묘지를 향한 **창문을 연다.** 그 나머지는 첫번째 판본보다도 더 희미하게 표현되고, 강세는 오르간의 **울림**에 놓여진다. 첫번째 판본처럼 위로 움직이는 묘석의 움직임과 망령의 오고 감이 장면의 핵심으로 남아 있다.

---

2) Schlechta, Vol. 3, p. 17.
3) Schlechta, Vol. 3, p. 93.

반면에, 아이는 더 이상 보이지 않지만, 설명을 통해 어린 조제프가 재기가 넘쳤고, 반 시간 만에 죽었다는 것을 알 수 있다. 청년 니체의 이 증언은 그의 주변 사람들에 대한 설명 또는 인상을 전한다. 첫번째 판본에서 아이는 아버지의 팔에 안겨 있었고, 두번째 판본에서는 아버지의 무덤 옆에 묻혔다.

그 후에, 니체는 이 꿈을 적어 둔 사실을 잊은 것 같다. 『이 사람을 보라』에서도 보이듯이, 니체는 아버지와 그 이른 죽음에 대해서는 항상 외경심을 갖고 언급하곤 했지만, 이 악몽에 대해서는 더 이상 말하지 않는다. 그 대신 그는 아버지의 사망연령과 자신이 가장 깊게 우울증에 빠졌던 당시의 나이 사이의 연관성을 발견한다. "아버지는 서른여섯 살에 돌아가셨다. 부드럽고 다정했지만 병약한 분이셨다. 마치 삶을 단지 스치고 지나가도록 …… 삶 자체보다는 오히려 삶에 대한 좋은 기억만을 살도록 운명 지어진 존재 같았다. 그의 삶이 기울던 해에, 나의 삶 또한 기울었다. 서른여섯 살에 나는 내 생명력의 가장 낮은 지점에 이르러 버렸던 것이다……."[4] (1879)

『이 사람을 보라』를 집필하던 토리노 시절에, 자신의 청년기·주변 사람들·선조들에 대한 여러 정보는 모두 순수한 역사적 회고의 차원으로까지 후퇴한다.

어린 동생의 죽음 전날에 아직 여섯 살 아이였던 니체가 이 꿈을 정말 꾼 것이라면, 그것을 니체가 6~7년 후에 일기에 쓰고, 마지막으로 열일곱 살 때 다시 쓰기 위해서는 그 꿈에는 심리적 외상의 재구성에 대한 보상적 가치가 있어야 했다. 여기서 우리의 주목을 끄는 것은 그 어린 나

---

4) KSA, Vol. 6, p. 264〔『전집』 15권, 331쪽〕.

이의 니체가 꿈에 부여하는 예지적 의미가 아니라, 오히려 역으로 이 꿈에 내재하는 해석, 꿈 자체에 의한 해석이다. 그때 예지적이란 의미는 전혀 다른 범위를 취할 것이다.

먼저, 아버지의 죽음은 **청각적 기억(장송곡)**을 남긴다.

다음으로, 교회와 묘지의 **광경**.

장면의 운동 : **무덤이 열린다**. 죽은 아버지가 나타난다. 그가 교회로 들어간다. 아이를 팔에 안고 나온다. 무덤이 다시 열린다. 묘석의 입구가 닫힌다. 장송곡이 멈춘다.

가정된 목표 : 죽은 자는 아이를 교회 안으로 찾으러 갈 것이다. 아이는 **집에 없다**.

음악. 그것이 꿈의 원천이고, 행동의 기원이다. 꿈속에서 니체는 처음에 **오르간 소리**를 듣는다.

나는 창문을 **연다**. 그리고 **무덤이 열린다** : 나는 아버지의 무덤을 열고, 아버지는 **나를** 교회에서 찾는다. 죽은 아버지는 나를 찾아서 데려간다. 왜냐하면 나는 죽은 아버지를 만나려고 애쓰기 때문이다. 나는 죽었다, 내 자신의 아버지는. 나는 자살한다, 음악 안에서 깨어나기 위해. 죽은 아버지는 내게 음악을 들려준다.

* * *

죽은 아버지에 대한 니체의 행동은 어떻게 전개되는가? 처음에는 부정적인 동일화에 의해서 니체는 **데카당**으로서의 자신을 비판하기에 이른다. 그러나 그것은 니체의 자서전의 지적 수준에 속한 사항이다. **나는 어머니로서는 아직도 살아서 늙어가고 있다**. 이 말은 대칭적으로, 어머니가 비상을 표상할 것이라는 의미는 아니다. 니체는 **자신으로 대체**하고, 언제나 자신으로 **대체했다.** 대체된 대상은 오이디푸스 도식을 따르는 **어머니 옆의 아버지가 아니라,** 반대도식에 의해서, 자기가 자기 **자신의 어머니로**서, 아버지 옆의 **어머니이다.** 그것을 이후에 니체는 자신의 자기치유로 설명한다.

니체는 이렇게 **오이디푸스 도식**을 역전하기 위해서, 말하자면 아직 살아 있는 어머니의 반대물인 **죽은 아버지의 망령을** 자신의 앞에 세우기 위해서, **그의 가족, 어머니와 여동생으로부터 점점 멀어져야** 했다. 그리고 그가 이중의 기원이라 부른 것을 재구성해야 했다. **쇠퇴와 비상.** 이 용어들은 여기에서 과거와 미래에 대한 그의 경향들의 재분배, 따라서 그의 숙명을 암시한다.

'오이디푸스 도식'의 이 역전이 처벌을 받지 않는 것은 아니다. **현실**의 어머니는 (그의 여동생과 함께) 가장 증오하고 **가장 경멸하는 형상 하에**서 **삶의 이미지 자체가** 된다. 즉 니체가 단죄하는 것, 그가 괴로워하고 그를 숨 막히게 하는 것은 **병든 아들에 대한 모정이다. 죽은 아버지는** 이중의 명목으로 이 단죄를 요구한다. 첫번째로, 그는 **데카당의 고귀함,** 삶에 대한 초연함을 지녔기 때문이고, 두번째로, 그는 죽음의 한복판에서 진짜 **아들을 다시 낳기** 때문이다. **아버지의 쇠퇴를 재현하면서,** 자신의 실존의 최하지점에 이르러, 그 보상으로 **정신의 충만함을** 얻는 아들을.

고인이 된 아버지와의 (**데카당**으로서의) 동일화는 아직 니체에게 살아갈 힘을 주지 못하지만, 대신에 그것을 얻기 위한 비밀을 가르쳐 준다. '자신의 망령'이었을 뿐이므로, 니체는 더 건강한 개념들과 가치들을 병의 시각에서 포획하려 했고, 더 풍부한 삶으로부터 출발하여 데카당한〔퇴폐적〕 본능들의 비밀스러운 작업을 탐색했다. 이로 인해서 그는 **관점들의 전도에, 따라서 '가치들의 가치전환'**에 이른다. 여기서 **데카당스와 시작**이라는 이중기원에 관해 말하자면, 그는 새로워진 계보학을 설립한다. 니체의 살아 있는 어머니는 **죽은 아버지**와 짝을 이룰 수 없으므로, **시작도 비상도** 표상할 수 없다. 죽은 아버지가 여기서 니체의 **퇴폐적 유전**과 쇠퇴로의 경향을 나타낸다고 해도, 병든 아들이 **관점들을 전도해서** 가치들의 가치전환을 이루는 명석함으로까지 고양시킨 **비법을 전수한 것도** 그 **죽은 아버지**였다.

여기서, 니체는 아버지가 그에게 주지 않은 것(즉 굳건한 건강)을 **보상할** 뿐이고, 이 보상의 추구가(정신적인 것을 부정하는 힘들의 추구가) **고인의 이미지를** 모독하는 한에서("**네가 아버지의 무덤을 더럽힌다**"고 니체와 루의 관계에 대해 어머니가 그에게 말했다는), 니체는 이 보상의 추구를 **고인에 대한 죄책감**으로 느꼈다고 반론하는 사람이 있을 것이다. 그러나 이런 반론도 동일한 동기를 전개시킬 뿐이다. 니체가 자신의 숙명과 투쟁하는 것에 대한 설명으로서의 **죽은 아버지의 현전.** 니체는 이 숙명이 이중기원(데카당스-비상)에서 유래하므로 이 숙명 안에 **자신의 실존의 행복**이 있다고 쓴다. 그때 니체는 최고의 명석함에, 밤의 회귀가 이미 보이는 산꼭대기에 도달해서 그곳에서 자신의 삶을 해석하고 있는 것이다. 그런데 이렇게 **우리가 이러한** 니체의 **해석을 재해석하는 것**은 단지 그 이후에 일어날 것을 알고 있을 뿐 아니라, 젊은 니체의 폭로에 의해 그의 어린 시절을 한순간 뒤흔들었던 것을 이미 알고 있기 때문이다.

경향의 이원성(데카당스와 시작)은 유사한 전거(**나의 아버지로서, 나의 어머니로서**) 안에서 **비대칭**에 의해 특징 지어진다. **살아 있는 어머니는 유사한 작업의 외부에** 남아 있는 반면, **죽은 아버지는 환영이 되었다.** 니체에 있어서 어머니는 그 자체로 삶을 표상할 수가 없지만, '**삶의 의미와 가치의 오염**'은 표상할 수 있다. 이 비대칭 또는 이 불균형을 니체는 자신의 운명에 대한 해석으로 바로잡는다. **아버지의 망령** 옆에 있는 **어머니를** 자신으로 대체함으로써. 그 결과 그의 이해할 수 없는 상태를 걱정하는 **아직 살**

아 있는 어머니는, 그를 돌보고 싶어 하는 바로 그 사실에 의해, 니체에게 는 건강한 삶의 기호가 아니라 **자신의 질병의 기호**가 된다. 그녀는 결코 아들의 운명인 **정신의 충만함의 기호**가 되지는 못할 것이다. 반면에, 죽은 아버지, 아버지의 망령(요절로 인한 체념·삶의 무력함·삶에 대한 초연함의 기호)은 이제 삶의 **의미, 삶의 가치**의 기호가 된다. 하지만 **삶 자체**를 회복하기 위해서, 니체는 **자기 자신의 어머니**로서 스스로를 다시 낳아서 그 자신의 피조물이 된다.

* * *

아주 일찍이, 유서 깊은 루터파 학교 슐포르타의 젊은 학생은 고대 그리스 이교문명에 연대감을 느껴서 미지의 신에게 구원을 빌고, 그때부터 일기에 경건주의적인 문체를 쓰기 시작하여, 이 틀에 박힌 문체 안에서도 탁월한 경지의 놀라운 수사적 조숙함을 보여 준다.

처음에는 무의식적으로 모방을 하지만, 그 모방은 조금씩 부드러움과 흥분, 공포와 환희의 강세를 의도적으로 흉내내기 시작한다. 하지만 이번에는 조숙한 성찰이 개입되어, 진정한 감정들이 그가 전원적 환경의 교육으로부터 받은 껍질을 벗게 한다. '내성적' 분석의 재능이 깨어나고, 그것과 함께 심정의 토로에 대한 불신도 싹튼다. 분석과 함께 아이러니와 의식적 허구도 발생한다. 그의 내면 깊숙한 곳에는 아버지의 유령이 머물러 있고, 그것은 **광기**와 **벌어진 틈**의 유령이 된다. 자신을 건설 중인 젊은 이의 시선은 매혹되어 그곳으로 빠져든다. 그의 귀에 울리는 것은 **장송곡**의 화음이다. 장례는 음성적 쾌락이 되고, 반면에 젊은이를 사로잡기 시작한 리비도의 이미지는 결국 시체 애호적 파렴치를 발달시키면서 표현될 것이다.

1860년의 자전적 단편

이런 경향들의 첫 사례는, 니체가 어린 시절의 추억(1860) 속에서 말하는, **여름방학의 전날, '거짓 출발의 꿈'** 속에서 나타난다. **"이 일화들을 나는 약간 환상적으로 장식할 것이다"**라고 그는 말한다. 니체는 당시에 아직 슐포르타의 기숙사생이었다. 16세였고, 이때가 글을 쓴 무렵이었다.

해가 질 무렵, 소년 니체와 그의 친구 '빌헬름'은 막 슐포르타의 울타리를 벗어난다. 그리고 '암울한' 할레Halle 시로부터 재빠르게 멀어져가면서, 여름밤의 향취를 들이키며 들판을 가로질러 나간다. 그들은 나움부르크를 향해 서둘러 간다.

> 오, 빌헬름! 함께 세계를 탐색하는 것보다 더 큰 기쁨이 있겠는가, 니체는 소리친다. 친구의 사랑, 친구의 성실이여! 황홀한 여름밤의 대기, 꽃들의 향기, 석양의 노을! 사유는 즐거운 종달새의 춤을 따르고, 금으로 장식한 구름 위를 군림한다! 인생은 내 앞에 석양의 멋진 풍경을 펼쳐 놓았다. 나의 날들은 내 앞에 어떤 때는 불길한 빛 아래 모이고, 또 어떤 때는 즐거운 해체의 모습으로 모이지 않는가!
> 그때 예리한 외침의 소리가 내 귓전을 때렸다. 그 소리는 가까운 정신병원으로부터 온 것이었다. 우리는 손을 더 꽉 잡았다. 악령이 괴로운 날개 짓으로 우리를 스쳐 지나가는 것 같았다. 어떤 것도 우리 두 사람을 갈라 놓을 수는 없을 것이다. 죽음의 청년, 악의 힘 외에 어떤 것도! 이 아름다운 우주 안에도 불행한 자들이 있다. 그러나 불행이란 무엇인가?[5]

---

5) Schlechta, Vol. 3, p. 65.

어둠이 내린다. 그리고 '구름들'이 모여들어 회색빛을 띤 밤의 덩어리가 된다. 두 소년은 발걸음을 재촉하며 서로 침묵한다. 길은 숲의 어둠 속으로 사라지고, 불안감이 두 소년을 사로잡는다. 그때 갑자기, 멀리서 빛이 다가온다. 그들은 마음을 고쳐먹고, 그 빛을 만나러 간다. 그러자 랜턴을 든 한 사람의 윤곽이 보인다. 그는 소총을 등에 메고 있고, 짖어 대는 개가 그 뒤를 따르고 있다.

그 낯선 남자가 그들에게 안내를 해주겠다고 하며, 그들 가족에 대해 묻는다. 그런 다음 일행의 말없는 발걸음이 이어진다. 돌연, 그 남자는 호각을 날카롭게 분다. 숲이 활기를 띠고, 횃불이 솟아나고, 가면을 쓴 얼굴들이 사방팔방에서 나타나 두 소년을 에워싼다. **"무슨 일이 일어났는지도 모른 채, 나는 정신을 잃었다."**[6]

젊은 니체가 방학의 추억 속으로 즐겁게 섞어 넣은 이 악몽의 장면(이것이 진짜로 꿈꾼 것이었든지 아니었든지, 또는 단순한 윤색이었든지)은 남동생의 죽음에 대한 꿈과 같은 예지적 요소들이 포함되어 있다는 점에선 차이가 없다.

방학으로의 진짜 출발(가정으로의 귀환)에 앞선 출발의 테마는 니체 삶의 최후의 사건들을 예고하는 이미지들로 이루어진다. 사유를 다 털어낸 니체의 여동생과 어머니 곁으로의 결정적인 귀환. '명석한' 자아의 방학vacances이라는 이 공허vacance. 그것에 대해서 니체 자신이 어떻게 느꼈는지를 우리는 결코 알 수 없을 것이다. 위의 글에서 젊은 니체는 그에게는 고통의 장소인 할레를 벗어나서 석양의 풍경에 취한 모습으로 그려진다. "나의 날들은 내 앞에 어떤 때는 불길한 빛 아래 모이고, 또 어떤 때는 즐거운 해체의 모습으로 모이지 않는가." 곧이어 "가까운 정신병원에서

---

6) Schlechta, Vol. 3, p. 67.

날카로운 비명이 울린다."

유치한 공포의 분위기를 구성하기 위해서 여기서 선택된 이 불길한 기록은, 니체의 명석한 삶의 끝자락에서, 어떻게 그 의미를 지니지 않을 수 있겠는가? **일반적인 의미에서의 광기의 비명**(그것은 **가까운 정신병원에서 들려왔다**es kam aus dem nahen Irrenhaus), 그것은 여기서 상상된 것만큼이나 앞의 문장에 강세를 준다. "나의 날들은 내 앞에 어떤 때는 불길한 빛 아래 모이고, 또 어떤 때는 즐거운 해체의 모습으로 모이지 않는가."

무서운 얼굴의 사냥꾼과의 한밤의 만남, 가면을 쓴 얼굴들을 출현하게 하는 **호각소리, 의식의 상실.** 이런 멜로드라마적 세부사항들은 상상된 꿈에 자기징벌적 뉘앙스를 준다. 단지 **미래의 선취**를 시도한 것에 대한 '자기징벌'. **즐거운 해체**를 가져올 그 미래의.

* * *

그러나 여기에 젊은 니체의 다른 얼굴을 보여 주는 단편이 있다. 그것은 '엽기 소설'의 초안으로, 이 초고를 망각으로부터 구해 냈다고 하는 자들의 말에 따르자면, 포르타의 고등학생이 방학 때 외가 쪽 아저씨인 윌러 목사의 집에 머무르는 동안 쓴 것이 분명한 허풍 떠는 이야기이다. 앞의 단편이 **'즐거운 해체'**의 비전을 투명하게 보여 주듯이, 이 단편은 젊은이의 창작의 고뇌를 통해서 이미 **침울한 환희**의 토대를 잘 보여 준다. 젊은 니체는 이 환희와 함께, 가상의 의대생 '오이포리온'의 이름으로, 인류에 대한 자신의 혐오를 표출한다. 그는 (미래의 실험자로서) 자신의 기술을 증명하기 위해서 다양한 실습들(깡마른 수녀들을 임신시키기, 비만한 사람들을 뼈가 보이도록 마르게 하기, 각성한 미래의 '생리학자'로서 인간 자동인형을 해부하기)을 원할 뿐만 아니라, 여전히 그리고 무엇보다도 젊은이들을 **단기간에** 노인들로 바꾸는 기술의 달인으로 간주되는 것을 뽐낸다. 그런데 그 단편의 앞부분에서부터 이미 니체의 시선이 훤히 드러난다.

거기에서도 다시, **아버지의 망령에 대한 침울한 종속**이 삶의 기능 차원에서 잔혹한 아이러니가 된다. 청춘의 리비도의 힘들은 **고유한 자아**와 가족환경(윌러 목사의 목사관)에 대한 무시무시한 표현의 유치한 증가에 의해서만 자유롭게 흘러갈 뿐이다. 분신分身의 테마(가면과 공모)는 이미 거기에서 명확해진다. 자신이 벗어나고 있는 환경의 산물로서의 자신에 대한 증오, 그리고 친화력으로 맺어진 집단의 추구.

* * *

(오이포리온)

…… 부드럽고 마음을 진정시키는 하모니들의 파도가 내 영혼을 향해 밀려온다. 내 영혼을 그토록 비탄에 잠기게 하는 것은 무엇인가? 아아! 눈물을 흘리고, 죽는 것! 그것으로 끝이다! 쇠약해져서 내 손은 떨린다……

아침놀의 하늘이 온갖 색깔로 춤춘다. 틀에 박힌 불꽃놀이는 지겹다. 내 눈은 다른 열정과 함께 반짝인다. 그 불꽃으로 나는 궁륭에 구멍을 뚫을까 걱정한다. 나는 지금 자신이 완전히 쇠약해졌음을 느낀다. 나는 내 자신을 온몸을 관통해서 알고 있다. 그러나 내 분신의 머리만을 찾을 수 있을 뿐이다! 그의 두뇌를 해부하는 것. 또는 금띠로 장식된 내 아이의 머리를 해부하는 것. 아아…… 20년 전에…… 아이…… 내 귀에 울리는 아주 낯선 말. 그럼 나도 또한 세계라는 낡고 녹슨 기계에 의해 구석구석까지 만들어진, 그런 아이였단 말인가? 이러한 내가 이제부터 사람들이 운명이라고 부르는 줄을 편안하게 천천히 방앗간의 권양기捲揚機처럼 감고 푼다. 도살자가 나를 매장할 때까지, 그리고 고기에 달라붙은 몇 마리 파리들이 내게 약간의 불멸성을 보증해 주는 날이 올 때까지.

이 생각을 하면 나는 거의 웃음이 나올 것 같다. 그러나 다른 한 생각이 나를 곤혹스럽게 만든다. 내가 죽은 후에 내 뼈로부터 작은 꽃들이 피어난다면, 그것은 '부드러운 제비꽃', 또는 우연히 도살자가 내 무덤 위에서 욕구를 만족시킬 때 물망초가 피어날 것이다. 그때 연인들이 찾아올 것이다. …… 추악하다! 더럽다! 이렇게 내가 미래에 대한 이 같은 사유들에 빠져 있는 동안에, 왜냐하면 푸른 하늘 아래에서 식물로 사는 것보다 축축한 땅 밑에서 썩어 가는 것이 더 좋고, 인간(종잡을 수 없는 의문 부호)인 것보다 기름진 벌레로 기어 다니는 것이 더 감미로운 것 같았기 때문이다. 나를 항상 불안하게 하는 것은 사람들이 멋을 부리고, 우아하게 즐거워하며 거리를 산책하는 광경이다. 그들은 누구인가? 옛날에 한 유대인이 말했듯이, 위선자들이다. 내 방은 죽은 듯이 고요하다. 오직 내 펜만이 종이를 긁는 소리를 낸다. 나는 쓰면서 생각하는 것을 좋아한다. 왜냐하면 표현되지 않은, 쓰이지 않은 내 사유들을 어떤 물질 위에 재현하는 기계는 아직 발명되지 않았기 때문이다. 내 앞에 있는 것은 나의 우울한 마음을 익사시킬 잉크병, 목을 자르는 데 익숙해지기 위한 한 벌의 가위, 나를 고문하기 위한 원고, 그리고 요강.

내 집 맞은편에는 한 수녀가 사는데, 그녀의 정직함을 즐기기 위해 나는 가끔 그녀를 방문한다. 나는 그녀를 머리끝에서 발끝까지 내 자신보다 더 정확하게 알고 있다. 전에 그녀는 날씬하고 마른 수녀였다. 나는 의사였다. 내 덕분에 그녀는 곧 뚱뚱해졌다. 그녀의 오빠가 부부처럼 그녀와 살고 있었다. 그는 내 취향엔 너무 발육되어 살이 쪘으므로, 나는 그를 치료했다. 그는 수척해졌다. 마치 해골처럼. 그는 조만간 죽을 것이다.

그 사실이 내 마음에 들었는데, 왜냐하면 나는 그를 해부할 것이므로. 이전에 나는 내 인생 이야기를 썼다. 왜냐하면 이야기의 재미와는 별개로, 그것이 젊은이를 단기간에 늙은이로 바꾸는 기법을 가르쳐 주므로……. 나는 그 기법의 달인이 되었다. 그것을 그럼 누가 읽을 것인가? 나의 분신들이다. 그들 대다수는 이 눈물의 계곡 안을 아직 방황하고 있다.

여기에서 오이포리온은 가볍게 의자에 앉아 신음한다. 왜냐하면 척수가 아팠기 때문이다.[7]

* * *

열아홉 살의 나이에 자신의 청소년기를 요약하면서, 문헌학을 공부하는 젊은 학생은 쓴다.

기쁨이었든지 괴로움이었든지 나에게 도달할 수 있었던 모든 것에 나는 감사의 시선을 보낼 수 있다. 여러 사건들이 나를 지금까지 이끌어 왔다. 마치 어린아이처럼.

아마도 사건들의 고삐를 잡고 인생으로 나아가야 하는 시간이다.

그리고 이렇게 인간은 성장함에 따라 그때까지 자신을 감싸고 있던 모든 것으로부터 벗어나게 된다. 줄들을 끊을 필요는 없다. 신이 명한 것처럼 이 줄들은 모르는 사이에 떨어진다. 그런데 끝까지 그를 감싸고 있는 고리, 그것은 어디에 있을까? 그것은 세계일까? 신일까?[8]

---

7) Friedrich Nietzsche, *Historisch-Kritische Gesamtausgabe*, Werke Bd. 2, München : Beck, 1934, pp. 70ff.
8) Schlechta, Vol. 3, p. 110.

이 물음에 대한 대답이 한참 후에 또 다시 질문으로 나타나는 다음의 회고이다.

영웅의 주위에서는 모든 것이 비극이 된다. 반신demi-dieu의 주위에서는 모든 것이 풍자적 유희로 돌아간다. 그리고 신의 주위에서는 모든 것이, 하지만 무엇을 말할 것인가, 아마 '세계'가 될까?[9]

* * *

니체 자신이 제공하는 회고적 설명은 **아버지**의 중요성을 꾸밈없이 우리에게 보여 준다. 그 아버지는 니체가 자신의 변명을 쓸 때에 다시 나타난다.

우리가 무덤의 장면(무덤이 **열리고**, 아버지의 망령이 나타난다. 이 망령의 **왕래**와 **재하강**, 이 모든 것을 동반하는 **장송곡**)에 주목한다면, 어린 니체가 말한 꿈의 체험으로부터 새로운 암시를 보는 것은 어렵지 않다. 아버지는 **불분명한** 어떤 것과 결합된다. 대지의 가슴은 **방긋이 열렸다.** 그 벌어진 틈이 그리스어로 카오스이다(니체의 사유에 있어서, 이 이름은 너무나 강력해서 **회귀의 체험** 동안에 그는 **우주의 원환운동**과 **카오스**는 전혀 대립하지 않는다고 적는다).

이 용어들의 언어학적 어원만이 아니라 정서적 어원까지 탐구한다면, 어휘들의 비이성적 층과 그것들의 중첩을 탐구한다면, 하나의 공들인 설명이 니체의 주석의 정교함뿐만 아니라 그의 비전 자체도 해명해 주는 것처럼 보인다. 아버지의 망령 그리고 무덤의 이미지가 카오스라는 하나

---

9) KSA, Vol. 5, p. 99〔『전집』 14권, 126쪽〕.

의 기호로 융합된다.

이 기호, 그것은 다른 면에서는 자전적 상징이라고 할 수 있는 것으로, 니체는 그것을 사용하여 **자신의 서른여섯 살의 쇠퇴와 아버지의 서른여섯 살의 죽음을 일치시키고**, 그렇게 함으로써 그의 활력의 이 최저수준을 새로운 출발점이자 **재시작**으로 지시한다. 주석은 두 개의 주요한 발언들을 발전시키는 병리학적 장치를 회고적으로 조명한다. 그 첫번째는 **재생성**redevenir을 내포하는 **생성과 카오스의 관계**일 것이다.

다른 하나는 **신의 죽음**. 그것은 니체가 **자아**의 동일성의 보증인에 대하여 갖는 관계와 관련된다. 즉 이제부터, **카오스**와 떨어질 수 없는 신성 자체의 폐기가 아닌, 결정적인 한 번이라는 동일한 개체성의 폐기.

진정성이라는 강박관념, 즉 교환할 수 없고 환원할 수 없는 토대와 그것에 도달하기 위한 모든 고통, 그것이 니체의 가장 큰 관심사이다. 이로부터 **아직 태어나지 않았다는** 감정이 생겨난다.

최초의 발견 : 나의 내부, 나의 내적 생활이라고 사람들이 내게 말하는 것은 거짓말이다. 그러므로 '자아의 바깥'이 있어야 하고, 거기에 나의 진정한 토대가 있을 것이다.

두 가지 가능성 : 역사·과거·그리스, 또는 역사의 어떤 다른 시대. 또는 **자아의 부재**라고 느껴진 **현 세계**가 나의 미래로서 생산하는 것. 나는 동시대의 친구들을 위해 존재하는 것이 아니다.

과학(신체의, 이 미지의 현실의 생리학적 연구), 또는 우주의 경제학(카오스). 이것들이 내 행동(**카오스의 모방**)의 법칙들을 내게 계시한다.

내 고유한 시간성을 고찰하는 두 가지 방법 : **나를 구성하는 요소들은 흘러간 시간과 미래 안에서 흩어진다.**

나는 **어딘가에** 유폐되어, 나와 **만날 수** 없다. 죄수가 내게 보내는 메시지는 비가지적이다. 언어가 나를 가두고, 내게 속한 것은 **밖에**, 우주가 묘사하고 역사가 말하는 시간 안에 있다. 인류 이후까지 살아남은 **기억**은 **나의 어머니**이고, 자신을 축으로 도는 **카오스**는 나의 **아버지**이다.

니체가 '개념'의 차원에서 이 비전으로부터 결코 해방되지 못했는지의 여부를 아는 것이 하나의 문제다. 또 다른 문제는, 삶과 죽음의 가능성과 관련된 **대화자**로서, **아버지의 망령**이 니체 경력의 시작점에서 그가 자신의 최초의 과오(바그너가 젊은 문헌학자에 대하여 행사하고 싶어 했던 것으로 보였던 정신적 아버지의 자격)라고 부른 것을 이미 결정했는가 하는 것이다. 니체는 여기서 어떤 모호한 경향에 굴복한다. 자신이 **아버지의 망령**을 재해석했고, 그것의 **잘못된** 판본을 만들었다는 사실을 니체는 깨닫지 못했다. 그리고 **망령**과 상담하기 위해 되돌아와 스스로가 망령이 되고, 그것에 의해 바그너가 대신한 아버지의 시뮬라크르를 부수는 데 여러 해가 걸렸다는 것을 이해하지 못했다.

그리고 바그너와의 결별 이후에는, 자신의 아버지로서 이미 사망했으므로, 그는 **자기 자신의 어머니**로서 행동할 것이다. 그리고 이해심 없고, 끊임없는 염려로 너무나 성가신 어머니에 대한 적개심에서 그는 스스로를 **돌보고, 치유를 위장**하기까지 할 것이다. 그래서 또한 자신을 열심히 관찰하고, 자신의 (최고지성의 지위로 승격된) 신체기계의 기능에 관한 모든 것을 끊임없이 관찰하는 것이다. 그래서 계속되는 두통, 치매의 불길한 징조는 다시 한번 아버지의 죽음을 환기시키고, 유전적인 가능성의 기호가 된다.

이 시절에 나의 본능은 길게 늘어진 타협, 타인과 협력하는 것, 자기 자신에 대한 오해에 대해 단호하게 저항한다는 결심을 했다. 어떤 종류의 생활도, 병과 가난이라는 가장 비참한 생활조건도, 이 수치스러운 자기 자신의 부재보다는 낫다고 생각되었다. 나는 이 '자기 자신의 부재' 속으로 처음에는 무지와 젊음에 의해 추락했고, 나중에는 태만, 이른바 '의무감'에 의해 그것에 매여 있었다. 그때 도움의 모습으로 온 것은 어떠한 감탄으로도 표현할 수 없는 방식으로, 그것도 원했던 시기에, 아버지로부터의 이 중대한 유전, 결국은 이른 죽음으로 정해진 운명이었다. **병은 나를 천천히 해방시켰다.** 병으로 인해 나는 어떤 결별도, 폭력적이고 충격적인 어떤 행동도, 피해 갈 수 있었다. 나의 선의는 아무것도 상실하지 않았다. 그리고 크게 평가를 받기조차 했다. 마찬가지로 병에 의해 나는 모든 관습들을 전복하는 권리를 얻을 수 있었다. 병은 내게 망각을 허용했고, 망각을 처방했다. 병은 나에게 휴식·여가·기다림·인내를 강요함으로써 나를 크게 만족시켰다. …… 그런데 그것의 의미는 사유하는 것이다! 내 눈은 독일어로 '장서벽' 藏書癖이라는 것에, 즉 문헌학에 스스로 종지부를 찍었다. 나는 책에서 해방됐다. 수 년 동안 나는 한 권도 읽지 않았다. 내가 자신에게 한 가장 큰 선행이다! 감추어져 있었던, 이를테면 매장된, 말하자면 다른 **자기**에 대해 들을 지속적 필요성(그리고 그것의 의미는 읽는다는 것이다!)이 지나쳐서 침묵하게 된 이 **자기**가 서서히 수줍고, 당혹스러워하며 깨어났다. 그러나 **그 자기는 다시 이야기했다.** 내 인생에서 가장 병들고 가장 고통스러웠던 이 시기만큼 내가 나 자신에 대해 행복을 느껴 본 적도 없다. 이 '자아로의 회귀'가 무엇인지를 이해하기 위해서는 『아침놀』 또는 『여행자와 그의 그림자』를 보기만 하면 된다. 치유 자체의 최고의 형태가 있다. ……[10]

---

10) 클로소프스키는 『이 사람을 보라』의 「나는 왜 이렇게 좋은 책들을 쓰는지」의 네번째 절에서 이 부분을 인용한 것으로 출전을 표기했다. 그러나 실제로는 같은 책의 「인간적인 너무나 인간적인─두 속편들」의 네번째 글에서 인용한 것으로 클로소프스키의 오기로 보인다. 구체적인 출전은 다음과 같다. KSA, Vol. 6, p. 326[『전집』 15권, 409~10쪽].

바그너와의 결별과 그 결별로 인해서 발생했을 수 있는 효과들은, 특히 루 살로메에 의해서 이후의 니체의 혼란을 해명해 주는 것으로 해석되어 왔다. 일시적인 균형이 이때 무너졌다면, 아마도 그것은 니체가 받아들이기로 감수한 바그너의 **가짜 아버지 역할**에 묘사된 **오이디푸스 도식의 밑그림**(나중에야 효력을 발하는 밑그림일지라도) 때문일 것이다 : **매혹적인 코지마의 용모로 어머니를 정복하는 것**. 하지만 이 **의도**는 검열되고, 연기되어 니체의 마음의 주름들 안에 묻히고, 승리를 거둔 은둔생활의 외양 아래에 숨겨진다. 아버지의 환영으로서, 바그너는 타도된다. 그리고 바그너의 몇몇 발언들은 이에 관해서 의혹을 남기지만, 이 의혹은 바그너 사망 3년 후에 니체의 최후발언에 의해서 확인된다 : "아리아드네, 당신을 사랑해."[11]

(그러나 그것은 **사후에**a posteriori 재구성된 것이고, 이 문맥에서는 '코지마'라는 단어와 교환할 수 있는 **아리아드네**라는 단어만이 가치를 지닌다. 이 두 개의 이름은 리비도의 기분을 만족시킬 수 있는 단 하나의 대상을 단순하게 포함할 것이다. 그때 니체로서의 니체는 더 이상 존재하지 않는다.)

코지마의 용모로 **어머니**를 정복한다는 의도가 유산되어 묻힌 것은 바로 니체 자신이 묘사한 첫번째 도식이 우위에 섰다는 것이다. 즉 **아버지로서는 이미 사망했고, 어머니로서는 아직 살아 있다**(그리고 늙어 간다). 이 도식에 대해 우리는 니체가 이것을 **근원적인 속박**으로 해석하는 이외에 다른 선택의 여지는 없었다고 믿어야 한다.

자신의 이중의 기원(쇠퇴와 비상)의 이러한 재구성을 니체가 다시 손에 넣길 원했다는 것, 그래서 처음에는 이 두 경향을 하나로 묶으려고 했다는 것, 이 노력 속에서 니체가 자신을 친구들 안으로 투사하려고 시도

---

11) Schlechta, Vol. 3, p. 1350.

했다는 것, 가장 존경받는 동창생들, 특히 로데의 저항에 부딪혔다는 것. 이 모든 것들이 그로 하여금 몇몇 커플들의 지원을 요청하게 했다. 처음에는 오버베크와 그의 아내였고, 그 다음에는 파울 레와 루 살로메라는 '모험가' 커플이었다.

니체는 오버베크 부부의 집에 여러 번 머무르며 그들과 오랫동안 같이 살았다. 그 부부의 지적 성향과 그들이 니체에게 보인 정신적·물질적 배려로 볼 때, 그들은 본질적으로 대화자들이었고, 니체가 보여 주는 신뢰감으로 인해 종종 무장이 해제된 대화자들이었다. 특히 이 신뢰감은 다른 커플과 관련되었다. 그 커플은 루와 레인데, 그들은 출신부터가 앞의 두 사람과는 완전히 달랐다. 하지만 이 두 커플과 함께 니체는 항상 애매한 욕구에 따라 행동했다. 그가 보여 준 망설임과 실패는 그 욕구가 절박했다는 것으로 설명될 수 있을 것이다. **자신의 힘으로 자기 자신에게 태어날 필요성, 그리고 그것을 위해 여성과 남성이라는 이중의 현전에 의거하는 경향.** 이미 바그너 부부와 맺었던 경향.

말은 여기에서 니체의 사용되지 않은/한가한 남성성을 감추는 구실을 한다. 그것이 여성의 마음에 비밀 또는 그와 유사한 것을 털어 놓고, 여성의 기억 안에서 살고, 남성의 반응으로 자신을 한정하고, 마침내 그들 각자의 인상으로부터 자신의 고유한 통일된 실체를 뽑아 내더라도.

로데와 오버베크 같은 친구들의 결혼은 니체의 고유한 실존에 반향을 일으킨다. 그의 독신생활이 어떤 때는 힘겹게 느껴지고, 어떤 때는 그를 강화한다는 의미에서. 니체의 반려자는 그의 간호사이자 그의 제자가 될 수도 있었을 것이다.

이렇게 한 커플에 몰두할 때마다, 그는 자기의 창조를 포기한다. 말하자면 그는 자신의 모든 충동들과 함께 자신을 창조할 생각을 감히 하지 못하고, **커플의 반응**으로부터, 그러므로 종의 **'무리적'** 법칙으로부터 삶의 의미를 얻기를 기대한다. 니체가 커플로부터 벗어나거나 커플과 관계를 끊을 때, 그때부터 그는 자신의 고유한 이미지와 자신의 일관성 정립에 힘쓴다 : **아버지의 무덤이 다시 열린다**(음악이 다시 울린다). 그는 삶의 무리적 의미를 부정하고, 동시에 **카오스**로서의 아버지 그리고 **영원회귀**로서의 **아버지와의 관계**를 찬양한다. 이 **관계**는 결국 **자기출산**일 뿐이고, 자기 자신의 분만일 뿐이다. Wiederkunft('회귀', 여성명사)는 Niederkunft(글자 그대로 '아래로 오다', 분만하다, 출산하다)와 아주 유사하다.

따라서 **니체는 아버지로서 죽었기** 때문에, 그는 결코 자기의 아버지가 아니다. **죽은 신**은 언제나 유일신으로서, 신으로 남아 있다. 그러나 다수의 신(카오스)으로서 그는 변신의 본질이며, 잠재적인 일련의 영원회귀의 원환 속에 있는 우연한 개인들의 수만큼의 신성한 형상들로서 이렇게 명백하게 드러난다.

『이 사람을 보라』에서의 수많은 발언들 중에서 하나를 파악하려는 경우, 전기적 사실들에 의거하는 것은 다른 여러 층위들과 구조들을 뒤섞을 위험이 크다. 그러나 **자서전 작가**(여기서는 **유사-자서전작가**일 뿐인)에 **의해 이미 해석된** 동기는 자신의 해석에 의해 어떤 속박을 드러낸다. 그것은 자서전 작가가 타개할 수 없는 체험적 사실들의 속박이다. **어머니로서 나는 아직 살아 있으며, 늙어 간다.**

아버지의 망령에 대한 의존 속에서, 니체는 끊임없이 자신의 **비-탄生**을 느낀다. 태어나지 말았어야 하는 '아들'은 작품이 아니라, 그것의 '대체물'일 뿐이다. 따라서 니체는 『이 사람을 보라』에서 자신을 변호하는 **분신**, 자기 자신의 **초상화**를 그리는 것이다. 그것은 니체가 **자기 자신**에 대해 그러한 **어머니의 불모不毛적 노화**를 보상해야 했다.

레-살로메 커플을 앞에 두고, 니체는 그의 남성성 안에서 그리고 그의 남성성에 **의해서** 애처롭게 실패한다. 니체에게 있어서 이 커플은 이전의 바그너 커플이 유사하게 그러했던 '부모 같은' 성격의 커플이 아니었다. 그들은 '오빠와 여동생'의 커플이었고, '길 잃은 아이들'의 커플이었다. 그들과의 접촉에서 니체는 **제3자로서** 어울리려고 노력했지만 실패하고 말았다. 왜냐하면 그는 **정신적 아버지인 동시에 애인이자 경쟁자로서,** 이 모두를 한꺼번에 **행동하고자** 했기 때문이다.

그는 스스로를 아버지로서 강제할 수 없었다(**죽은 아버지로서는** 더욱 그럴 수 없었다). 그리고 **사유의 대가**maître로서, '지고의 사유'의 의사로서 자신을 내세울 수도 없었다. 왜냐하면 '영원회귀'의 교의는 그를 아버지의 망령에 얽매인 애매한 관계 속에 아직 잡아 두고 있었기 때문이다. 니체는 그 비밀을 루에게 털어 놓았지만, 그럼에도 그녀를 **여자로서도 제자로서도** 소유할 수 없었다. 더욱 심각한 사태는, 거의 친형제처럼 생각하고 있었던 레에게 니체는 적대적으로 행동할 수 없었다는 것이다. 오히려 그 반대로 니체는 레에게 사상적인 관심과 교류라는 신세를 졌고, 니체가 가장 낮은 상태에 있었을 때 레는 그에게 힘을 주었으며, 나중에는 레 안에서 강력한 경쟁자를 발견했다. 레를 루에 다가가기 위한 가장 확실한 중개자라고 니체가 믿었을 때, 그는 레에게 배신당했다.

니체가 직접 자신의 제자를 키울 수 없었던 것도 동기들의 이러한 혼동과 관련이 있다. 그 혼동은 니체의 교의가 동시대의 사람들에게 이해 불가능했기 때문만이 아니다. 니체 자신의 정서적 혼란도 그 원인의 하나였다.

* * *

니체가 영원회귀의 계시로부터 결론들을 끌어내려는 시기에 맞닥뜨린 루와의 연애사건은 하나의 시련이었다. 그가 최후의 변신을 완수하려던 때에, 루와의 만남은 그의 내면에 하나의 장애를 야기한다 : **자신의 남성성에 대한 자기애, '자아'의 마지막 폭발.** 루는 덫이었다. 루가 니체의 소유욕을 부추겼다는 의미에서, 그리고 다시는 만나지 못할 것 같은 여제자의 모습으로 그 소유욕을 부추겼다는 의미에서.

『차라투스트라는 이렇게 말했다』와 그 뒤를 잇는 작품들이 탄생하는 시기가 **"불멸성은 비싸기"** 때문에, **"사람은 일생 동안 몇 번이나 죽기"** 때문에 **"완전한 역경"**의 시기였다면, 루 체험은 니체가 치른 그 대가였다고 말할 수 있다. 니체가 이 시련을 이겨 낼 수 있었던 것은 대상을 요구하는 남성성의 이러한 부분을 그가 자신 안에서 말살했기 때문이었다. 에로스가 아니라, **니체 안에서 에로스를 '정상화한'** 그것을. 결혼에 대한, "열정의 '기념비'를 세우는" 연인들의 결합에 대한 니체의 성찰은 루가 자신의 회상록에서 보여 준 성찰과 거의 축어적_{逐語的}으로 일치한다. 이 연애사건에서, 니체는 번식하려는 '무리적' 욕구와 자신의 **특이적 사례**의 동기를 구별할 수 없었다. 그래서 자질 면에서 자신과 대단히 유사한 사람과의 만남에서 느낀 감동과 그 사람을 (정신적으로 육체적으로) 임신시키려는〔풍요롭게 해주려는〕féconder 욕망, 이 둘을 혼동하는 것을 니체는 피할 수 없었다. 『차라투스트라는 이렇게 말했다』의 창작을 '자식을 가지려는' 욕망의 보상행위로 설명하려는 것은 정말로 미친 짓이다. 루에 대한 니체의 그 후의 태도, 여동생의 견해를 받아들여 레를 욕보이고 거의 결투를 신청하게까지 자극한 사실, 이 모든 것이 니체 자신을 **해체해서** 파멸까지 이르게 했음에 틀림없다. 니체는 그 자신으로서는 사망했다고 단언하는 것도 지나친 말은 아닐 것이다. 이런 점에서 『차라투스트라는 이렇게 말했다』의 창작은 틀림없이 기적이다. 하지만, 그것은 기적적인 과시이다. 니체는 자신이 모욕당했고 공격당했다고 느꼈으므로, 본질적으로 **애매한 인물의 역할**을, 그 인물을 태어나게 한 상황들만큼이나 애매한 그런 인물의 역할을 받아들인다. 새로운 니체, 최후의 순간 직전의 그 니체는 자신을 단단한 인간으로, 타인에 대해서만큼 자신에 대해서도 사나운 공격성을 보이는 인간으로 재창조한다. 『차라투스트라는 이렇게 말했다』의 가면 아래에서 루가 남긴 깊은 상처가 아물고 있다. 니체의 남성성은 사회적으로 그리고 인간적으로 전달 가능한 형태들을 벗어났다. 따라서 그의 사유는 자신이 상처받기 쉬운 인간이라는 잘못된 표상을 한 번 더 벗어던진다. 완전한 정서적 고립 속으로 내던져진 새로운 니체는 가차 없는 파렴치로 지탱된다. 그 안에서 니체의 정신은 모든 불투명한 감정을 씻어 내고, 동물적 충동들의 최후의 파도에 몸을 맡긴다. 건강이 다시 나빠지는 만큼, 그 이상의 활력으로 니체는 자신이 **디오니소스**라고 부르는 이 분출에 전적으로 동조한다. 회복의 길은 멀고도 고통스러웠다.

* * *

1883년 2월 11일, 니체는 오버베크에게 편지를 썼다.

자네에게는 감추지 않겠네. 상태가 좋지 않아. 밤이 나를 다시 에워싸고 있어. 한 줄기 빛이 비췄다는 느낌. 짧은 시간 동안 나는 완전히 내 원소와 내 빛 안에 있었다네. 그런데 그것도 이젠 끝이야. 무슨 일이 일어나지 않는다면, 나는 필시 죽을 거란 생각이 드네. 하지만 그게 뭔지는 전혀 모르겠어 …….

내 삶 전체가 내 눈 앞에서 해체되었네. 불안하게 비밀로 유지된 이 삶은 6년마다 한 걸음씩 나아가는데, 사실은 이렇게 나아가는 것 이외에는 어떤 것도 바라지 않는다네. 반면에 다른 모든 것, 나의 모든 인간관계는 나 자신의 가면과만 관련된 것이고, 나는 이처럼 끊임없이 완전히 은폐된 삶을 살아야 하는 희생자라네. 나는 언제나 가장 잔혹한 우연들에 노출되어 있었지. 아니 오히려, 모든 종류의 우연들의 잔혹함을 내게 부여한 것은 나 자신이었다네……."[12]

"불안하게 비밀로 유지된 이 삶". 이상한 문장이다. 니체가 가면 아래 감춘 것은 과연 무엇인가? "무슨 일이 일어나지 않는다면, 나는 필시 죽을 거란 생각이 드네. 하지만 **그게 뭔지는** 전혀 모르겠어." 그를 죽게 만드는 것은 타인과의 관계에서 가면을 쓰고 산다는 사실인가, 아니면 반대로 그가 감추는 것 자체가 그렇게 하는가? 여기에 니체의 언급이 있다 : "모든 종류의 우연들의 잔혹함을 내게 부여한 것은 나 자신이었다네……." **가면을 벗는** 순간은 **우연히** 찾아와서 이렇게 그 자신을 향한 잔혹함이 된다.

우연하게 발생한 모든 것을 그가 '잔혹함'으로 바꿨다고 말하는 것, 그것은 니체의 편에서는 하나의 재해석이다. 그런데 니체가 써야만 하는 '가면'도 이미 암시된 해석의 결과이다. 어떻게 어떤 만남의 우연이 가면을 유발하지 않을 수 있겠는가? 어떻게 우연이 하나의 연속성에 의해서 항상 재해석되지 않겠는가? 그리고 거기에서 차라투스트라의 말이 들린다. "**나는 단편, 수수께끼 그리고 끔찍한 우연일 뿐이다.**"[13] 이로부터 니체는 일체성을 만들고 싶어 한다. 따라서 만약 가면이 타자와 접촉하는 거짓 일체성이라면, **니체가 은폐하는 비밀스런 삶은 끔찍한 우연, 단편, 수수께끼일 뿐이라는** 뜻인가? 그때 우연의 잔혹함은 어디서 오는 것이고, 어떻게

---

12) Friedrich Nietzsche, *F. Nietzsches Briefwechsel mit Franz Overbeck*, Leipzig : Insel Verlag, 1916, p. 198.
13) Friedrich Nietzsche, "On Redemption", *Also sprach Zarathustra*, [『전집』 13권(개정 1판), 238쪽].

이 우연은 니체를 괴롭히는 잔혹함으로 변하는가? 루와의 관계에서는 어떠한가? 루에게 자신을 드러내면서 니체는 자신의 일체성을 되찾았다고 생각했다. 그러나 니체는 이 드러냄을, 그로부터 생긴 관계를, 무반성의 행동으로 망쳐 버린다. 루를 개인적으로 소유하려는 욕망은 모든 것을 엉망으로 만들며 불시에 나타난다. 여기에서 니체는 우연을 극복하는 대신에 자신의 숙명의 덫에 걸린다. 그는 고독의 공포에 사로잡혀, 청혼을 함으로써 이 공포를 스스로에게 은폐한다. 그리고 이렇게 편지 서두의 문장의 의미는 밝혀진다. **"무슨 일이 일어나지 않는다면, 나는 필시 죽을 거란 생각이 드네. 하지만 그게 뭔지는 전혀 모르겠어."** 니체가 자기의 위조라고 벗어던져 버린 가면, 그것이 덮고 있는 것은 니체가 자기 자신이라고 여기는 끔찍한 우연이다. 니체가 비연속성에 동조하게 되고, 우연이 더 이상 끔찍한 것이 아닌 즐거운 우연성이 되는 날까지, 그 은폐는 계속될 것이다.

오버베크에게

친애하는 친구 오버베크,

경애하는 자네 아내에게도 최근에 그렇게 했듯이, 자네에게도 마음으로부터의 솔직함으로 몇 자 적겠네. 내게는 나를 살게 만드는 하나의 목표가 있다네. 그것을 위해 나는 고통스러운 일들을 처리해야 한다네. 이 목표가 없었다면, 나는 이 일들을 더 가볍게 생각했을 것이고, 오래전에 삶을 끝냈을 거라네. 이 겨울에 내 상태를 가까이서 지켜보고 이해한 자라면 누구라도 내게 다음처럼 말할 권리가 있을 것이네. **"더 쉽게 생각해! 죽으란 말야!"** 라고. 그러나 이 겨울만이 아니라 육체적 고통을 겪었던 끔찍한 몇 년 동안도 내겐 마찬가지였지. 그리고 제노바에서 보낸 몇 년은 이 목표에 대한 사랑으로 나 자신을 속박한 길고도 긴 사슬이었을 뿐이었고, 그것을 체험하려는 사람은 내가 아는 한 아무도 없을 거라고 생각하네. 이렇게, 친애하는 친구여, '내 몸 안의 폭군', 그 무자비한 자는 이번에도 여전히 내가 승리하기를 **바란다네**(**신체적 고통**에 관해서는 그 길이·강도·다양함에 의해서, 나는 가장 많은 체험을 한 자들과 가장 가혹한 시련을 겪은 자들 중에 한 사람이라고 말할 권리가 있다네. 영혼의 고통에 관해서도 그래야만 하는 것이 나의 **운명**일까?). 그리고 나의 사유방식과 나의 가장 새로운 철학이 지속되기 위해서는 절대적 승리가 필요하다네. 특히 체험이 황금으로, 최고 수준의 이익으로 바뀔 필요가 있지.

지금 이 순간, 솔직히 말하자면 나는 언제나 **투쟁** 그 자체라네. 그래서 경애하는 자네의 아내로부터 얼마 전 받은 격려가 내게는 누군가가 늙은 라오콘에게 왕뱀을 퇴치하도록 격려한 것과 같은 느낌을 주었다네.

나의 근친들과 나 자신, 우리는 너무나 달랐네. 이들로부터 더 이상 편지를 받지 않겠다는 결심, 이 겨울을 지내기 위해서는 그것이 필요하다고 판단했지만, 그 결심을 엄격하게 실행할 수는 없었지(내가 그 정도로 모진 인간은 아니라네). 하지만 위험은 **컸다네**. 나는 너무나도 집중된 성격의 소유자라서, 나를 치고 건드리는 모든 것은 내 중심으로 향한다네. 지난해의 불행이 그렇게 **컸던 것은** 나를 지배하는 여러 가지 목표들과 목적들에 비례해서 그랬던 것이지. 그러한 목표를 부여한 내 **권리**를 생각하면, 나는 끔찍하게 **당황했고, 당황하게 되었다네**. 모든 것이, 정말로 모든 것이 내게 용기를 주어야 할 때에 허약한 감정이 찾아와 나를 괴롭혔다네!

나의 친애하는 벗 오버베크, 무언가 **절대적인 기분전환**을 손에 넣을 방법을 생각해 보게! 가장 강력하고, 가장 극단적인 치료약이 지금 필요하다고 난 생각한다네. 이 착란이 내 안에서 밤낮으로 얼마나 요동치는지를 자네는 상상할 수 없을 거야.

나 자신과 내 비참함으로부터 저 멀리 떨어진 곳에서, **가장 태양처럼 빛나고**, 가장 고요한 것들을 올해에 내가 단지 구상하고 쓸 수 있었다는 것, 그것은 내가 아는 한 가장 놀랍고도 설명할 수 없는 기적이라네.

예상할 수 있는 범위에서, **내년을 사는 것이 아직 내게 필요하다네**. 내가 열다섯 달을 **버틸** 수 있도록 도와주게나. 하지만 레와 살로메 양에 대해서 사람들이 쓰는 경멸의 말 하나하나가 내 가슴을 도려낸다네. 나는 반목에는 재주가 없는 것 같아(그것에 대해서 내 여동생으로부터 최근에 편지를 받았다네. 그것은 '신선하고, 즐거운 전쟁'이므로 나는 좋은 기분일 것이라고 썼더군).

나는 내가 아는 가장 강력한 **기분전환들**을 사용했지. 특히 나의 가장 높으면서 가장 소모적인 생산성에 호소했다네. (그 사이에 '도덕주의자를 위한 도덕'의 초고가 완성됐다네.) 아! 내 친구여, 나는 자기의 실천과 제어에 능숙한 늙은 도덕주의자가 아닌가. 그 점에 있어서는 올 겨울에 한 가지도 소홀하지 않아서, 내 신경성 발열을 나만의 방법들로 치료하기까지 했다네. 하지만 **외부**로부터의 지원은 없었네. 그와는 반대로 모든 것이 공모해 나를 내 심연의 바닥까지 이르게 한 것 같다네. 지난 겨울의 끔찍한 날씨와 같았지. 그것은 제노바 해안이 그 비슷한 것도 거의 겪어 보지 못했던 날씨였다네. 지금 춥고, 우울하고, 비 내리는 이 여름처럼.

—질스-마리아, 1883년 여름[14]

니체의 연애의 불행이 그 무게를 더하는 것은 그가 자신에게 강요한 **목표**와 **비례**해서일 뿐이다. 이 목표, 그것은 무엇인가? 영원회귀의 교의,

---

14) Friedrich Nietzsche, *F. Nietzsches Briefwechsel mit Franz Overbeck*, Leipzig : Insel Verlag, 1916, pp. 222~3.

가치전환. 따라서 그의 사유가 후세에 작용하기 위해 완성된 도구? 또는 다른 무엇인가? 오히려 그것은 니체 자신의 **변신**이 아닌가? 이 작품에 **의해서 완료되는 것이든지 아니면 어떤 경우라도 완료되어야만 하는 것인** 그러한 변신이 아닌가? "**나는 너무나도 집중된 성격의 소유자라서, 나를 치고 건드리는 모든 것은 내 중심으로 향한다네.**" 따라서 삶 속에서 모든 중요한 사건은 외부에서 와서 그의 본성의 중심을 의문에 부치고, 위협하거나 풍요롭게 한다. 니체가 자신을 사랑하는 것은 단지 그의 **목표**를 위해서이다. 그는 **삶의 함정들의 희생자**로서 자신을 증오하며, 루와의 연애사건은 그 여러 결과들로 미루어 볼 때 그가 체험한 **최악**의 사건이었다. 그 실패가 너무나도 엄청나서, 그는 도가 지나친 보상을 요구하는 것이다. 인간적 견지에서, 비탄으로 절망한 나머지 그는 모든 임시방편들에 이끌리는 것이다.

니체는 루와의 연애사건에서 그의 사유의 모든 무게를 걸었다. 그 사건이 만약 '행복한 추세'를 취했다면, 니체는 아마 무리적 필요성들과 화해했을 것이다. 루는 그 무리적 필요성들의 **매개자**였다. 이렇게 삶은 그의 본성의 '중심'을 지켜냈을 것이다. 하지만 창조행위가 **탈중심화**를 가속하는 것은 니체의 본성의 한 부분이었다. **창조(모든 창조)는 불균형을 초래한다.** 체험만이 새로운 힘들의 축적에 의해서 이 불균형을 바로잡을 수 있다. 만약 체험이 비생산/불모적이라면, 그것은 창조행위에 적합한 힘들을 방출할 수 없고, 창조행위는 단지 불모의 반사작용만이 될 것이다. 왜냐하면 체험은 비축분을 다 소모하여, 말하자면 현 상태statu quo를 손상시키기 때문이다.

그런데 얼마나 많은 창조들이 실패의 체험으로부터 생겨났을까(마치 실패가 창조를 위한 필수불가결한 조건인 것처럼). 그것을 증명하는 사례는 적지 않다. 그러나 여기에는 아주 다른 조작이 개입하고, 그리하여 아주 다른 조직화가 가정된다. **환영은 실패와 관련해서만 산출된다. 긍정적인 체험은 이 조직화를 조건 짓는 환영과 대립한다.** 광기에 빠지게 하는 힘들과 그 표기법écriture 사이의 수요와 공급 관계를 미리 조절한 자들은 환영이라는 하나의 체제를 만들어 냈다. 자신의 광기의 상태들을 그만큼의 고정관념들로 선택하는 광인들. 그들은 이러한 상투화된 상태들에 의해 자신들이 표현하는 것을, 그리고 자신들이 이 상태들을 **표현수단**들로 이용한다는 것을 알고 있다. 그러나 표현수단이란 결국 **현전을 증명**하고, 그럼으로써 사물의 질서를 어지럽히는 방법일 뿐이다. 그들의 **체험들**이 어떤 것일지라도, 그 체험들은 **삶과 사유의 교류**의 대상이 아니라 그들의 삶에 대한 **비전**과 **그들의 예술**의 대상이다. 자신들의 체험들을 규정하는 것이 환영들이고, 자신들의 **예술**이 의지된 순간에 그 환영들을 되찾을 수 있다는 것을 그들은 알고 있다.

그런데 이 의지된 순간이 예술의 영역 저 너머에서 니체를 기다리고 있다. 유일하고 바꿀 수 없는 대화자와 결별한 후에, 니체는, 증인의 눈으로 바라보는 파국으로(즉 그 자신의 변신의 의지된 순간으로) 통하는 길로 들어선다. 루와의 실연 이후에, 스승에게 단지 제자가 없을 뿐 아니라, 남자로서의 니체 안에서 남성성은 채워지지 않은 채로 남는다. 1883년에 이 좌절된 남성성은 깊은 상처를, 이 **벌어진 틈**을 형성한다. 그 안에서 니체의 자아는 비현실화되고 부서진다. 『차라투스트라는 이렇게 말했다』의 창작은 외면적인 보상일 뿐이었고, 주위의 환대라는 측면에서는 보상조차도 아니었다. 이때부터 니체는, 과거와의 사이에 거리가 있다는 이유로 그 과거를 자신의 현 자아의 폐허 위에 재건축한다. 그는 트립셴의 목가를 재해석하고, 바그너를 왜소하게 만듦으로써, 코지마와의 만남에서 느낀 감정을 더 자유롭게 되살린다. 하지만 니체의 어린 시절의 추억-(꿈)-청소년기의 추억-(망령)-오이포리온의 침울한 쾌락을 사용할 분석의 조잡하고 안이한 밑그림은 여기서 그만두자. 그 대신에, 아버지(아버지 신)가 미노타우로스(바그너의 모습을 한)가 되고, 〔대문자의〕 어머니(프란치스카 니체가 아닌)와 여동생(엘리자베트가 아닌)은 (코지마의 모습을 한) **아리아드네**로 불리는 '콤플렉스'를 묘사하자. 니체의 어머니와 그의 여동생 엘리자베트는 이 퇴행의 경쟁과 처벌에 관한 대리인들이 될 것이다.

8장_병자의 가장 아름다운 발명

······ 내가 여기에서 제시하는 일련의 심리학적 상태들은 충만하고 활발한 삶의 기호들인데, 오늘날 사람들은 한목소리로 이 기호들을 병적인 것으로 단정한다. 그런데 그 사이에 우리는 건강한 것과 병적인 것의 대비를 말하는 습관을 잊어버렸다. 그것은 단지 정도들의 차이일 뿐이다. 그러므로 나는 이렇게 말한다. 오늘날 사람들이 '**건강**'이라고 부르는 것은 적당한 조건 하에서는 건강한 것의 더 낮은 차원을 가리키는 것이다. 그리고 우리는 상대적으로 병들었다고······. 예술가는 훨씬 더 강한 혈통에 속한다. 우리에겐 해롭고 병적인 것이 예술가에겐 본성이 된다. 그러나 정확하게 기계의 **빈곤**이 모든 암시를 넘어서 이상한 이해능력을 가능하게 한다는 것에 반대하는 자도 있다. 히스테리 증세를 가진 소녀들이 그 증거이다.

생기와 힘들의 **과잉**은 활력의 빈곤처럼 부분적인 비-자유의 징후들과 암시적으로 세련된 환각의 징후들을 유발할 수가 있다. 흥분은 다르게 조건지어지지만 효과는 동일하다. ······ 무엇보다도 반향은 같지 않다. 모든 병적 성질들이 신경적 기행의 뒤에 보이는 극단적 쇠약, 그것은 예술가의 상태들과는 다른 것이다. 예술가는 자신의 행복한 시기들을 **속죄할 필요가 없다.** ······ 예술가는 충분히 풍요롭다. 그는 빈곤에 빠지지 않은 채 낭비를 할 수 있다.

오늘날 사람들이 '천재'를 신경증의 한 형태로 취급할 수 있는 것과 마찬가지로 예술적인 암시의 힘 또한 그렇게 취급할 수 있을 것이다. 실제로 우리의 예술가들은 히스테리 증세의 아가씨들과 아주 흡사하다! 하지만 이것은 '오늘날'을 비판하기 위한 말이고, '예술가'를 비판하기 위한 말은 아니다.[1]

이 단편들의 곳곳에서도, 니체의 성찰은 자신에 대립하는 관점을 먼저 자신 안에서 숙고한 후에만 표현된다. 이런저런 글조각들은 각각 한 측면씩을 조명한다(**저항**과 **비저항** 같은). 그러나 여기서 사용된 용어들은 니체뿐만 아니라 적대자에 의해서도 반대증명을 위해 언제라도 사용될 수 있는 것이다. 그러므로 **데카당스**라는 개념 자체와 그것의 반대인 **비상**이라는 개념도, **힘**과 **약함**이 이 두 개념들에 따라서 증명돼야 할 때마다 사용된다. 그 결과 언어는 니체를 반대진영(건강, 규범, 무리짓기)으로 던져 버리고, 반면에 힘의 **징후들**, 강력한 특이성의 **징후들**은 부정적으로만 규정될 수 있을 따름이다(질병, 광기, 비가지성). 그리고 실제로 힘과 약함의 징후들, 질병과 건강의 징후들 모두 동일한 양상을 보임으로써 우리를 당황케 한다.

니체의 발언들에서 건강의 무리적 기준은 병적인 특이성의 기준을 끊임없이 간섭한다. 이미 '**힘에의 의지**'라는 용어는 그 의미의 애매함으로 인해 처음에는 '사회적' 지성에 호소한다. 특이성의 관점에서 니체가 그 용어에 부여하는 내용과 방향성은 그의 단정적 어조를 훼손하는 타협에 의해서만 드러날 수 있다. 예를 들어, 유해한 것의 침입에 대한 **저항** 또

---

1) Schlechta, Vol. 3, pp. 754ff.

는 **비저항**. 이것이 이해되는 것은 오로지 전통적 도덕의 의미에서의 개인이 자신의 유지를 위해서 지속적 동일성으로 이행하는 한에서이고, 니체에게서 그런 것처럼 개인이라는 것은 허구일 뿐이고 동일성의 원리가 폐기된다면, 이것은 비가지적인 것이 된다.

영원회귀 같은 용어는 사정이 다르다. 그것은 본래 먼저 **체험되고** 그 다음에 **사유된 사실**로서 **특이적 사례**에 속하는 **의미**를 지닌다. 그리고 사회적인 지성이 아닌, 감수성에, 감동에, 정서에, 다시 말해서 각자와 모두의 충동의 삶에 호소한다. 또는 이 정서의 영역에서 생겨나는 온갖 상태들을 포함하는 모든 용어들도 마찬가지이다. 하지만 니체가 **지속**의 배려를 내포하는, **건강과 질병**의 기준들에 비추어 이 상태들을 검토하자마자, 그는 제도적 언어의 지시작용을 다시 취하고, 현실원칙에 다시 의존하게 된다.

종의 규범들에 대한 퇴화 또는 우발적 사고들의 사례들인 광인과 기형이 인류의 삶을 '풍요롭게 하는' 예외적 사례들에 사회적인 차원에서 비교될 수 있는 것은 어떠한 범위 안에서인가? 여기에서 **풍요롭게 한다**는 것은 무엇을 의미하는가? 자연적 과정들은 일반적인 기형을 특징짓는 **불임/불모성**stérilité 안에서 빈곤해지는가? 기형이 모차르트가 되기 위해서는 어떤 경계가 수비되거나 월경越境되었는가? 아니면 그와 반대로 모차르트가 기괴함을 면하기 위해서 무슨 일이 벌어졌는가? 만약에 동일한 감정들이 **잔혹하고 불모적인**, 사회에 대해서 불모적인 방식으로는 행사되지 않았다면?

왜 병자·광인·기형이 예외적 사례들과 다른, 불모성의 사례들인지를 우리는 정말로 모른다. 또한 왜 이 예외적 사례들이 정상적인, 평범할 정도로 정상적인 일반 대중에게 자신의 평범성에서 일탈할 순간을 체험하게 해준다는 구실로 다산적féconds인지를 우리는 정말로 모른다. 다산성과 불모성이라는 용어가, 만약에 지금 문제가 되는 사례들과만 관련이 있다면, 그 용어는 유용성의 기준으로 남고, 따라서 완전히 무리적 정신에 의해 제도화된다. 그 결과 니체는 여기서 다시 찬성과 반대를 논한다. 본의 아니게 자기 자신에게는 반대하고 집단에게는 찬성하면서 니체가 **다산적 개인들**을 원한다면, (종의, 따라서 집단의) 실존을 정당화하는 것은 오직 이 개인들이라고 할지라도, 그는 **다산성**을 믿고 있는 것이고, 이 용어에 의해 **타자에게**(즉 종의 대리인에게) **유용한** 것이 무엇인지 그리고 실존의 **풍요로움**이 무엇인지를 분간하는 해석이 다시 필요해진다. 실존의 풍요로움은 만약 그것이 종을, 종을 대표하는 다른 개인들을 벗어난다면, 풍요로움에도 불구하고 교환할 수 없는 따라서 **값이 없는**sans prix 풍요로 남는다.

니체는 이제 **데카당스**라는 개념으로부터 벗어나는가? 벗어나려고 노력했는가? 이 개념이 그 자체로 빈곤을 가져오는 것 같다는 실존의 복잡함을 그는 느꼈는가? **가치들의 가치전환**의('대표작')이 구축되지 못하는 것은 이 때문인가? 그렇지만 **데카당스**라는 용어는 최후까지 나타나고, 따라서 건강과 질병이라는 기준도 다시 보인다. 그것은 아마도 질병과 데카당스의 '긍정적인' 모든 특성들을 포함하는 그 복잡함이 이 동일한 특성들을 의문시하는 기준을 대응물로서 요구하기 때문일 것이다. 본질적인 것은, 명석함이 결코 삶을 버리거나 배반하지 않고 언제나 삶에 종속되어 그 가장 맹목적인 형태들 안에서 삶을 찬양한다는 것이다. 그런데 이 과정을 밟아 나가면서, 니체 자신은 **'병자의 가장 아름다운 발명'**에 복종한다. 즉 최고의 **악의**에, 따라서 그 폭력성에.

* * *

어째서 약자가 승리하는지

요약하면, 병자와 약자는 더 잘 **동감**(연대의 감정)하고, 더 '인간적'이다. 병자와 약자는 더 **정신적**이고, 더 변덕스럽고, 더 다층적이고, 더 즐겁게 해주며, 더 악의적이다. 오로지 병자만이 **악의**를 발명한다(구루병 환자, 종양 환자, 결핵 환자들에게서 종종 보이는 병적 조숙).

에스프리 : 늦되는 종족(유대인, 프랑스인, 중국인)의 특성. 반유대주의자는 유대인이 '정신' [에스프리]을 그리고 돈을 갖고 있다는 것을 용서하지 않는다. 반유대주의, '얼뜨기들'('운명이 버린 자들')의 별명.

광대와 성자. 인간들 중에서 가장 흥미로운 두 종류.

천재와 '위대한 모험가와 범죄자' 사이의 긴밀한 유사성.

병자와 약자는 사람을 **매료**시키는 이점을 지닌다. 이들은 건강한 자보다 더 흥미롭다.

그리고 모든 인간들은, 우선적으로 가장 건강한 자들은, 그들의 삶의 어느 시기에는 **병들어** 있다. 거대한 감동, 힘의 열정, 사랑, 복수는 깊은 장애를 수반한다. 그리고 데카당스에 관해서는, 요절하지 않는 모든 인간은 온갖 의미에서 데카당스를 표현한다. 그러므로 인간은 데카당스에 속하는 본능도 체험에 의해 알고 있는 것이다.

인간은 인생의 거의 절반을 데카당으로 보낸다.

마지막으로, 여자! 인류의 이 절반은 약하고, 전형적으로 병들어 있으며, 변덕스럽고, 불안정하다. 여자는 매달리기 위해 힘을 필요로 하고, 약함과 사랑과 겸허를 성스러운 것으로서 숭배하는 약함의 종교를 필요로 한다.

혹은 이렇게 말하는 것이 더 나을 것이다. 여자는 강자를 약하게 만들고, 강자를 사로잡는 데 성공하면 지배해 버린다고……. 여성은 데카당스의 유형들 그리고 사제들과 함께 '권력자'·'강한 자'·남자들에 대해 음모를 꾸몄다.

마지막으로, 병든 요소의 증대를, 신경-정신의학적 요소의 증대를, 범죄적 요소의 증대를 필연적으로 초래하는 문명의 증대 …….

중간 종인 예술가가 형성된다. 그는 의지가 약하고 사회적 공포심 때문에 범죄행위로부터 멀리 있으며, 정신병원으로 갈 정도도 아직 아니지만, 호기심에서 자신의 촉각을 가지고 이들 두 영역으로 손을 뻗는다. 문화의 이러한 특수한 식물은 현대의 예술가(화가, 음악가, 특히 소설가)이다. 소설가는 자신의 존재방식을 보여 주기 위해 '자연주의'라는 아주 비유적인 말을 사용한다 …….

정신병자들, 범죄자들 그리고 '자연주의자'들이 증가한다. 증대하고 가파른 **전진**을 서두르는 문화의 징후들. 이는 저질품, 쓰레기, 찌꺼기들이 중요성을 획득한다는 것을 의미한다. **하강의 발걸음**이 이어지고 그 **리듬**이 추구된다 …….

마지막으로, 혁명의 결과인 사회적 혼란, 평등권의 확립, 인간의 평등이라는 미신. 이를 위해 오랫동안 사회적으로 하부에 있던 층들의 예속 본능, 비겁 본능, 교활 본능, 천민 본능도 포함한, 쇠퇴의 본능의 요소들(원한, 불만족, 파괴 충동, 무정부주의, 허무주의)이 모든 계층들의, 모든 신분들의 혈액으로 투입되어 뒤섞인다. 두세 세대가 지나면 혈통은 더 이상 분별할 수 없게 된다. 모두가 비천해진다. 여기에서 선별과 모든 종류의 특권에 반대하는 총체적 본능이 귀결하는 것이다. **이 본능은 실제로 특권자들조차 곧바로 굴복할 정도의 힘과 안전성과 단단함과 잔혹함을 갖고 있다.**[2]

---

2) KSA, Vol. 13, pp. 365~7, 14[182], 1888[『전집』 21권, 198~200쪽].

$$* * *$$

이 단편에서 니체가 **질병**과 **건강**의 기준으로부터 해방되었다고 말할 수는 없을 것이다. 하지만 그 자신이 병들고 약하다는 것을 알고 있으므로, 니체는 이 실존의 상태들을 재평가한다. 그리고 자신만의 구별을 수정하고, 그것에 뉘앙스를 부여하며 풍부하게 만든다. 더 큰 동정을 사고 그와 동시에 악의를 '발명한' 유일한 자가 되기 위해서 병자는 복권된다. 더 많은 정신을 지니기 위해서 늙고 퇴폐적인 종족은 복권된다. **어릿광대**와 **성자**는 복권된다. 그리고 반대편에는 '천재'·'범죄적 모험가'가 하나의 정서적 장르 안으로 모여든다. 이러한 역전은 니체에게 있어서 대부분이 도스토예프스키의 발견 덕분이다. 왜냐하면 만약에 이 두 사람이 인간 영혼에 대한 유사한 시각으로부터 대립되는 결론들을 이끌어 냈다면, 도스토예프스키의 『악령들』과 『지하 생활자의 수기』와 만날 때, 니체는 이 러시아 소설가가 작중 인물들에 불어넣은 온갖 말들 안에서 자신을 발견하며, 무한하고 끊임없는 유혹을 느낄 수밖에 없었기 때문이다.

종말을 향할수록, 예술가와 범죄자의 유사성이라는 테마가 점차 빈번하게 등장한다. 시뮬라크르의 창조자는 공격적이고 비사회적인 힘들의 방향을 틀어서 자신의 **재현/표상**을 위해 사용한다는 생각, 그것이 『이 사람을 보라』에서 특이한 문장을 만들어 낸다. 여기서 나타나는 것은 '승화'의 관념이 아니라, 니체가 말하는 대로, 소심함으로 인해 필연적으로 승화에 동의하는 자에 대한 비난이다. 니체에게 있어서 예술이 행위를 보상할 수도, 충동을 대체할 수도 없다는 것은 분명하다. 하지만 만약 예술이 폭력과 비탄을, 기쁨과 그 빈곤화를 재현한다고 해도, 예술은 강자의 완전무결함을 훼손하기 위한 구실이 되어선 안 된다는 것도 분명하다. 강자의 **충만함**은 차이와 탈선뿐만 아니라, '범죄'와 그 시뮬라크르의 기원인 상상적 표상에 의해서도 표현된다. '승화'는 개인의 '도덕성'을 전혀 보장하지 않는다. 승화가 창조적 환락의 원천이라는 것을, 니체는 이 승화가 자신의 풍요로움으로부터 잠깐 동안의 휴식을 취하는 과잉된 힘의 현전을 증언하는 한에서만 인정한다. **"신은 엿새 동안의 창조 작업 후에, 지혜의 나무 아래에서 뱀의 형상으로 누워 휴식한다"**라는 말처럼.[3]

* * *

미치게 만드는 것은 의심이 아니라 확실성이다. …… 하지만 그렇게 느낄 수 있으려면 깊이가 있어야 하고, 심연이어야 하며, 철학자여야 한다. …… 우리는 모두 진실을 두려워한다. …… **하지만 가장 강력한 사실을 볼 수 있는 힘은 행동으로, 무시무시한 행위로, 범죄로 향하는 가장 강력한 힘과 양립될 수 있을 뿐 아니라 …… 전자는 후자 자체를 전제한다. ……**(『이 사람을 보라』)[4]

확신은 착란의 공격적 성격으로 드러난다. 어떻게 확신은 정신이 착란에 이르도록 할 수 있을까? 여기에서 문제가 되는 것은 어떤 **확신**인가? 환원 불가능한 토대(그 침묵이 모든 등가물을 거부하는)에 대한 확신이다. 만약 확신이 착란을 만든다면, 그것은 **상상된 기괴함**이란 단지 범죄행위의 이면에 불과하기 때문이다.

베이컨 경은 셰익스피어의 가면 아래 **기괴한 성향들**을 은폐했다. 만약에 니체가 "**바그너의 이름으로** 『차라투스트라는 이렇게 말했다』를 출판

---

3) KSA, Vol. 6, p. 351[『전집』 15권, 439~440쪽].
4) KSA, Vol. 6, p. 287[『전집』 15권, 360~1쪽].

했다면, 그 작품에서 아무도 『인간적인 너무나 인간적인』의 저자(『차라투스트라는 이렇게 말했다』의 환상가)를 떠올리지 않았을 것이다"[5]. 그러나 바그너는 셰익스피어도 베이컨도 아니었다. 그에 반해 니체는 셰익스피어가 프란시스 베이컨에 대하여 했던 차명인의 역할을 자신을 위해 바그너에게 부여하기를 주저하지 않았다. 이렇게 니체는 셰익스피어와 베이컨의 고뇌를 자신의 것으로 만들었다. 그러므로 니체는 여기서 자신을 베이컨 경과 동일시한다. 그는 확신을 가졌으므로, 착란을 받아들인다. 즉 **환상적 현실은 현실 안에서** 비전을 완성하는 힘을 전제한다는 것을. 착란은 **기괴한 행위** 안에 있는 것이 아니라, **그 행위를 실행하는 힘**이 그 행위를 표상하는 힘에 앞선다는 **확신** 안에 있다. **기괴한, 범죄적**이라는 말은 여기서 비전이 권력을 유발할 때의 과도함을 표현한다.

한편으로, **현실 안에서 활동하는** 힘은 **가장 현실적인** 비전의 힘 아래에서 **은폐**되어야 한다. 다른 한편으로, **한 힘**이 **다른 힘을** 전제한다는 **확신**은 사람을 미치게 한다. 속박은 시뮬라시옹 안에서 해방되지 않는다. 따라서 현실의 다른 두 영역들인 행위의 시뮬라크르와 행위 자체를 나누는 그 무엇도 존재하지 않는다.

"**어릿광대를 연기해야 할 필요**가 있었던 그 인간은 얼마나 고통을 겪어야만 했을까!"[6] 따라서 '어릿광대'는 **자신의 이중의 힘에 대한 확신**을 감추고, **단지 어릿광대 흉내를 내면서** 자신의 모습을 **조롱해야** 한다. (셰익스피어, 『줄리어스 시저』)

그때부터 니체는 철학자와 '심연'을 같은 층위에 놓는다. **인식은 기괴함의 숨겨진 힘이다.** 이 힘을 지니지 못한 철학자, 기괴함을 거부하는 철

---

5) KSA, Vol. 6, p. 288[『전집』 15권, 361쪽].
6) KSA, Vol. 6, p. 287[『전집』 15권, 360쪽].

학자는 어릿광대일 뿐이다. 그리고 셰익스피어의 가면을 쓴 베이컨은 우리가 전혀 알지 못하는 '고유한 음모'를 창조적 상상력의 책임으로 돌렸다. 하지만 베이컨도, '어릿광대' 셰익스피어도 미친 것은 아니었다. 그들은, 니체가 말한 **확신**으로서, 그의 고유한 광기가 된다.

그러나 셰익스피어가 베이컨 경의 살아 있는 가명이었다고 가정하는 것. 이 경우에 두 사람 모두가 느끼는 '불만'은 니체가 자신의 불편함을 말하는 데만 쓰인다. 즉 역사적 행위의 인물로서 존재할 수 없는 '무력감', 그리고 그가 책임감을 느끼는 사건들 안에서 등가물을 발견하고 싶은 도덕적 권위. 그 사건들을 자신 안에 간직하고 있음을 잘 알고 있는 니체는 그 사건들을 예감한다. 그러나 니체는 자기 사유의 풍자일 뿐인 구체적 상황들을 환기함으로써 독일 독자들의 침묵과 몰이해에 대한 보상을 받기에 이른다. 셰익스피어와 프란시스 베이컨의 동일성이라는 아주 논쟁적인 주장을 통해 자신의 고유한 운명의 수수께끼를 스스로에게 해명하려고 한 정신, 그 안에 이 불편함의 무게가 어느 정도였는지를 우리는 지금 헤아릴 수 있다. 환시의 힘(즉 그의 고유한 작품의 힘)의 관점이 니체를 자의적 가명의 이러한 놀이로, 영원회귀라는 우연적 **사례**·개인적 우연성의 이론으로부터는 분명히 멀리 떨어진 장소로 이끌었다. 거기에서는 반대로 그 자신이 한순간의 가명이 됐다. 그리고 그것은 단지 한순간일 뿐이었다. 왜냐하면 다음 순간에 그는 내용과 의미를 바꾸었기 때문이다.

그러나 **광기**라는 말이 가리키는 것은 동일성 원리의 폐지로부터 출발하는 하나의 작용일 뿐이다. 니체는 이제부터 이 동일성 원리의 폐지를 선언의 영역으로 도입하고, 그렇게 함으로써 사유의 모든 메커니즘들을 사기의 수법들로 되돌린다. 그리고 사기는 언어의 탓이므로, 그것의 결과물인 개인적 행동은 언어적 환유를 재생산할 뿐이다. 개인과 그 주위세계

사이의 관계에서 유발된 무질서는 '우연적' 비연속성과 일상적 기호의 코드의 혼란의 성질을 동시에 갖는다. 이 양자는 **무언가를 위한 가치**에 의해서만 비로소 이해되는 현실의 편차이다.

사건도 또한 성격을 바꾸므로, 성대한 의식이든, 사교계의 사건이든, 스캔들이든, 형사소송이든, 니체는 그 안에서 항상 자신을 발견할 것이다. 예를 들어 살인범들에게 보이는 니체의 관심과 그들에 대해 말하는 방식은 그가 자신에게 일어나는 것과 상관이 있는 사건만 논의하려고 한다는 것을 보여 준다. **'일상사'**에 관한 항목, **'사교계 소식'**은 기묘하게 니체의 사유의 지평을 넓혀 주고, 거기에서는 우연 또한 니체의 언어에 단호한 어조를 부여한다 : 단지 자신의 세계관만을 논의하는 것의 거부. 니체의 선언은 그것을 듣는 자가 **니체라는 사실**임을 기록하고 이 사실에 따라서 자신이 나아갈 방향을 정해 니체의 시각 안에서 살게 되는 것을 가정한다. 1887~8년 사이에 쓰인 그의 모든 편지는 이러한 종류의 선언들로 채워져 있다. 그 선언들은 『이 사람을 보라』 안에서 니체가 자신의 단순·세심·겸손·신중·배려에 대해 증명하는 데까지 영향을 미친다. 이제 그는 자신의 '선전자'가 되었다. 현대사회의 어딘가에는 미래를 결정하고 현재 세대의 도덕적·정신적 방향을 결정하는 권위가 존재한다.

9장_토리노의 도취

허무주의자의 일기

발견된 '허위'에 대한 전율. 텅 비었다. 더 이상 아무런 사유도 없다, 강력한 정서들이 무가치한 사물의 주위를 맴돈다.

─이런 불합리한 경향들에 대해 목격자는 찬성하거나 반대

─자신에 대해 숙고하고 조소하며 차갑게

─가장 강한 경향들은 거짓말로서 나타난다. 우리가 마치 그 거짓말의 대상들을 믿어야 하는 것처럼, 그 거짓말이 우리를 유혹하려는 것처럼

─가장 강력한 힘은 '무슨 목적으로?'를 더 이상 알지 못한다.

─모든 것이 다 있지만, 유용한 목적은 하나도 없다

─이상의 부재로서의 무신론.

열정적인 부정 및 '부정' 행동의 단계. 그 단계에서 관계, 숭배의 대상을 찾는 축적된 욕구가 폭발한다……

경멸의 단계, 부정에 대해서조차도…….

회의에 대해서조차도

아이러니에 대해서조차도

경멸에 대해서조차도.

대혼란: 거짓말이 신적인 어떤 것은 아닌가?……

모든 것의 가치가 그것이 거짓이라는 데에 근거하는 것은 아닌가? ……
절망은 단지 **진리의 신성**을 믿은 결과는 아닌가? ……
거짓말과 **위조**(그릇된 것으로 바꾸는 것), 의미의 도입이 바로 가치·의
미·목적은 아닌가? ……
신을 믿어서는 안 된다는 이유가 신이 진리가 아니기 때문이 아니라, **오
히려 신이 거짓이기 때문**인가? ……[1]

그리고 수많은 이상들이 결국 가능한가! 여기 작은 이상, 그것을 나는
사람을 피한 고독한 산책 중에, 사기당한 행운의 푸르게 물든 순간에, 다
섯 주마다 한 번씩 그것을 잡아챌 수 있었다. 부드럽고 부조리한 사물들
주위에서 생활하는 것. 현실과는 무관한 곳에 가는 것. 반은 예술가이고
반은 새인 형이상학자. 현실에 대해 긍정도 부정도 안 한다. 현실을 받아
들이는 것도, 뛰어난 무용수처럼 가끔 오직 발끝으로만 서서 받아들이
지 않는다면. 환희의 태양의 어떤 빛에라도 항상 애무를 받는 것. 개방적
이고 고뇌에 의해서 격려를 받는 것. 고뇌는 운 좋은 인간의 양식이므로.
가장 위대한 성인에게 작고 익살스러운 꼬리를 붙이는 것. 그것은 지금
까지 그런 것처럼. 몇 퀸탈[무게의 단위]의 중량의 정신의, 무거움의 정
신의 이상이다.[2]

그리고 수많은 신들이 아직 가능한가! 내 안에는 종교적 본능이, 즉 신
을 형성하는 (강신술적) 본능이, 때때로 시도 때도 없이 살아난다. 신적
인 것은 매번 얼마나 다르게 계시되었는가! …… 수많은 기묘한 것들이

---

1) KSA, Vol. 13, pp. 139~40, 11[327], 1887~1888[『전집』 20권, 455~456쪽].
2) Schlechta, Vol. 3, p. 794.

내 앞에 행렬을 이루었다. 그것들은 달로부터 삶 속으로 떨어지는 것 같
은(그 동안에는 그것들의 나이를 모른다. 아직 젊었거나 또는 늙었거
나), 그런 비시간적 순간들이다. …… 모든 종류의 신들의 실재를 나는
조금도 의심하지 않는다. …… 그 안에는 어떤 종류의 은폐 또는 어떤
가벼움 없이는 상상할 수 없는 신들도 있다. …… 가벼운 발걸음조차도
신의 개념의 일부를 이룬다. …… 모든 실리주의를 넘어서 이성에 부합
하는 모든 것을 넘어선 장소에, 내밀하게 말하자면 선과 악의 저편에, 좋
아해서 몸을 지닐 수 있는 신이 있다는 생각을 전개할 필요가 있는가?
"이 신은 자유로운 시점을 갖고 있다"고 괴테라면 말했을까. 그리고 이 경
우에 차라투스트라의 절대적인 권위를 상기시켜야 하는가. 차라투스트
라는 전진하며 **춤추는 데** 익숙한 신이라면 확실히 그는 믿을 것이라고
고백한다 …….

한 번 더. 얼마나 많은 신들이 아직 가능한가! 아마도 차라투스트라 자
신은 늙은 무신론자일 것이다. 그는 옛 신들도, 새로운 신들도 믿지 않는
다. …… 그는 그럴 수 없을 것이다. 그를 잘 이해하기를.

창조적 정신들의, '위대한 인간성들'의 유형에 따른 신의 유형.[3]

* * *

니체가 활동한 최후의 시기, 특히 그의 '명석했던' 마지막 해를 살펴
보면, 이렇게 말하고 싶은 충동을 강하게 느낀다. "그것이 그의 20년 경
력의 종착점이었다, 나락이었다"라고. 혹은 이러한 검증을 배제하고, 거
기에 통속적인 만큼 무모한 시점을 대립시킬 수 있다. 즉, 이 20년 동안

---

3) Schlechta, Vol. 3, p. 838.

서서히 조용하게 준비된 것으로, 니체 자신에 의해 찬양되고, 연기되고, 주석이 붙여진 특이한 절정이라는 시점. 하지만 나락과 절정은 여기서 서로 분리될 수 없는 것처럼 보인다.

니체는 예수의 십자가형을 말하며, 자신이 상상하는 제자들, 예수의 말과 행동을 이해할 수 없었던 제자들의 어리석음을 이렇게 표현한다 : **그것은 무엇을 의미했는가?** 그리고 그 후에 벌어진 일에 대해서 그는 『안티크리스트』에서 그 자신이 대답한다. 그것은 "세계사의 가장 큰 **아이러니였다**"[4]라고.

니체의 붕괴가 야기할 수 있는 모든 해석, 모든 주석은 니체가 자신의 출발시점에서 지적한 이 아이러니의 기호 아래 남아 있을 것이다. 니체는 언제부터 심연의 가장자리에 이르렀는가? 1888년 말부터 1889년 초 사이에 그가 갑자기 광기에 휩싸였다고 말하는 자들이 있다. 그의 가까운 친구들도 거기에 포함된다. 하지만 그게 아니라고, 광기가 분명히 『차라투스트라는 이렇게 말했다』의 시점부터, 확실하게는 1887년 말부터 니체를 찾아왔다고 말하는 자들도 있다. 그러나 둘 중 어느 쪽을 주장하는 자들이라도 니체가 문헌학 교수였다는 현실과 철학자로서의 그의 진지함만은 믿는다. 어느 쪽도 지성의 충만한 행사라는 시선에서만 니체를 인정하려고 하고, 그런 시선에서 니체의 이어지는 선언들을, 설령 그것들이 모순적이더라도 액면 그대로 받아들이려고 한다. 이 선언들에 대해서는, 이것들이 니체를 동시대의 사상적 맥락 안에 위치시키는지의 여부에 따라서만 논의의 대상으로 삼을 수 있을 것이다. 어쨌든 양측 모두가 니체가 토리노에서 보여 준 최후의 광경에 감동을 받아서, '종결' 직전의 작품들, 불균형에 대한 의심으로부터 가장 자유로운 최후의 작품들

---

4) cf. *Antichrist*, §36〔『전집』 15권, 263쪽〕.

안에서 어떤 비일관성/비논리의 흔적을 앞 다투어 찾는 것은 이런 관점들에 의해서이다. 니체의 병력은 말하지 않은 채로.

니체의 생애에 대한 여러 증인들은 그의 이른바 병적인 경향들에 대해서 증언을 했다. 최후의 '명석했던' 10년 동안 니체에게 가장 성실했고 가장 신뢰를 준 오버베크는 아주 신중하게 니체의 붕괴의 요인들을 탐구했다. 그러고 나서 그는 아마도 광기는 니체의 고유한 삶의 방식의 산물이었을 뿐이라고 생각한 것 같다. 그러나 그것은 아직 소심한 가설일 뿐이다. 왜냐하면 광기로서의 광기가 엄밀히 말해서 생활방식의 산물이 될 수 있다면, 광기가 생활방식의 기원이라는 것이 더 확실할 때, 상황은 아주 달라진다. 만약 처음부터 한 정신이 이성과 광기 사이에 그어진 경계들을, 인식의 관점에서 명백한 착오라고 간주하고, 광기의 사용을 유보하는 한에서만 이성에 동의한다면 말이다.

나의 니체 편지 컬렉션 중에서 내가 갖고 있는 그의 질병의 '기념비들' 가운데에서 가장 감동적인 것은 1881년 9월 8일 질스(고지 엥가딘)로부터 발송된, 반은 독일어 반은 라틴어로 쓰인 조난신호와 같은 편지다. 거기에 쓰인 두 개의 언어, 독일어와 그것보다 정확하지 않은 라틴어는 그의 이성의 건강상태를 내게 알려 주었지만, 나는 그를 도울 수 있는 어떤 것도 할 수 없는 상황이었다. 나 자신의 기억과 푀르스터 부인의 말을 대조해서 내리게 된 나의 결론, 특히 나 자신이 1884년에 여기 바젤의 백십자 호텔에서 니체를 방문했을 때 그가 병적인 상태였다는 것과 그로부터 몇 주 후(같은 해 9월인가 10월에 취리히에서) 그의 여동생이 니체가 건강하다는 인상을 받았다고, 특히 당시 두 사람이 화해할 때는 니체가 쾌활하다는 인상까지 받았다는 증언을 대조한 결과 지금 내가 이르게 된 생각은 이렇다. 니체는 이미 그때부터 가장 심각한 우울증과 도취적 흥분이 격렬하게 갈마드는 것(그러한 현상은 일반적으로 이런 관점에서 광기의 후보자들을 특징짓는 것이다)을 보고 있었다는 것, 그리고 나는 그때부터 그런 후보자를 만나고 있었다는 것이다. 게다가, 그 전해에 타라스프 근처의 슐스에서 니체와 함께 지낼 때도 나는 비슷한 인상들을 받았다. 이 시기에 내가 정신병자와의 접촉에 대해 조금이라도 경험이 있었더라면, 어느 날 두통으로 몹시 괴로워하던 니체가 침대에 누워 처음이자 마지막으로 자신의 비밀스런 교의를 내게 가르치려 했을 때, 그가 더 이상 자신의 이성의 주인이 아니라는 최소한의 의심도 하지 않았을 것이다.

니체는 1884년 여름 바젤에서 (즉 백십자 호텔에서) 머물 때, 영원회귀에 대한 그의 계시를 내게 털어놓았다. 안드레아스 살로메 부인의 증언에 따르면, 그때의 신비로운 방식은 그가 그것을 그녀에게 털어놓았을 때도 마찬가지였다. 침대에 누워 불길한 목소리로 중얼거리며 마치 대단한 비밀이라도 폭로하듯이, 그는 내게 자신의 비교적인 교의의 일부를 전했다. 이전에도 그 교의에 대해 그가 내게 말했을 수도 있지만, 그때에는 단지 지나가는 말이었으므로, 고대 철학자의 유명한 교의 같았고, 그것이 그에게 개인적으로 관계된 것이라는 사실에는 아무도 특별한 관심을 기울이지 않았다. 이 주제에 관한 1884년 이전의 대화에 대해서 나는 최소한 희미한 기억을 간직하고 있다.

1884년의 대화는 나로서는 도무지 이해할 수 없었으므로, 그가 고대의 철학과 관련된 것을 말했음에 틀림없다고 결론을 내렸다. 그의 붕괴 몇 년 후에, 내가 로데와 함께 니체에 대해 말한 것도 이런 의미에서였다. 로데는 이 교의의 기원에 관해서는 내 의견에 전적으로 동의한다고 말했지만, 그 이외에 니체의 그 교의의 응용을 그의 병적 상태의 징후 이외의 다른 것으로 말하는 데는 반대했다.[5]

니체가 영원회귀에 대한 그의 사유를 말했을 때, 대화의 상대방은 그것이 고대의 체계들로부터 **차용된** 표상이라고 믿었다. 그러나 니체는 질스-마리아에서의 자신의 고유한 체험을 이 표상으로 포장했기 때문에 이렇게 친구들이 느낀 기이한 인상을 유발한 것이다. 오버베크는 그것이 단순한 현혹인지 아니면 착란의 사유인지를 정확히 알지 못했다. 그는 침대에 누워서 두통으로 괴로워하며 자신에게 말하는 니체의 상태를 강조하고, 니체의 속삭이는 목소리의 불안한 어조를 강조하고, 게다가 영원회귀의 그리스적 개념들에 대해 말하기 위해 니체가 사용했을 '객관적' 어조와 대비되는 화려한 어법을 강조한다.

오버베크가 이 교의의 설명할 수 없는 내용을 니체의 병적 상태의 탓으로 돌린다 할지라도, 그는 거기서 광기 자체의 최소한의 조짐을 보는 것은 거부했다. 그 결과 토리노에서의 착란의 폭발 이전에, 니체의 '명석한' 창작 안에 광기의 어렴풋한 움직임이 작용하고 있었음을 전혀 눈치채지 못했다. 따라서 붕괴로부터 니체의 사유를 회고적으로 재해석하는 것보다 더 잘못된 것은 없다고 오버베크는 생각한다. 니체 자신도 1888년 초에 도이센에게 다음과 같이 썼다.

너무나도 많은 것을 나는 겪었고, 의지했고, 그리고 또한 **손에 넣어서**, 그것들로부터 멀어지고 떨어지기 위해서는 일종의 폭력이 필요하다네. 내 내부에서 일어나는 요동은 경이적이었네. 그것은 말하자면 멀리서도 감지할 수 있는 것이라네. 이는 독일의 비평가들이 내게 부여한 **희한한 수식어들**epithetis ornantibus('별난/탈중심적인' excentrique, '병리학적', '정신의

---

5) Franz Overbeck, zit. mach C. A. Bernoulli, *Franz Overbeck und Friedrich Nietzsche : eine Freundschaft*, Jena : E. Diederichs, 1908, Bd 2, p. 216ff.

학적' 따위들)로부터 얻은 결론이지. 이 사람들은 **내 중심**에 대해서, 내 삶이 헌신하는 커다란 열정에 대해서 어떤 개념도 가지고 있지 못하므로, 내가 지금까지 내 자신의 중심 밖에 있었고, 정말로 '탈중심적인/별난' 곳에 있었다고 하는 것이 도대체 어디인지를 전혀 알지 못할 거야. 하지만 내 주제에 대해, 내 인간관계에 대해 그들이 나를 오해한들 무슨 상관이 있겠나! 최악은 사람들이 아무 짓도 안 하는 거라네(그것은 내가 나 자신을 믿지 못하게 만들거야).[6]

이 편지(도이센에게 쓴)의 문장을 회상하면서, 오버베크는 이렇게 결론을 내린다. "니체 자신이 그의 '별난 성격/탈중심성' excentricité을 고백하는 것, 그리고 그 별난 성격/탈중심성에는 자신의 판단 이외에는 어떤 판

---

6) 도이센에게 보낸 편지와 거의 같은 용어들을 사용하여, 니체는 칼 푹스(Carl Fuchs)에게도 편지(1887년 12월 14일)를 썼다.

"…… 내 의지가 아니라, 가차 없는 필연성에 충실하여, 나는 지금까지의 내 모든 삶을 뒤로 한 채, 바로 사람과 사물들과 한판 대결을 벌이고 있다네. **내 내부의 동요**는 지난 몇 년간 끔찍했다네. 이제 나는 새롭고 더 고양된 형태로 옮겨가야 하므로, 나는 무엇보다도 새로운 기이함, 더 고양된 탈개인화가 필요하네. 그래서 내게 무엇이 그리고 누가 남아 있는지를 파악하는 것이 필수지.

나는 그럼 몇 살이지? 그걸 모르겠네. 언제까지 내가 젊음을 유지할지도 더 이상 모르겠어…… 독일에서는 "내 별난 성격/탈중심성"(excentricié)에 대해 불평이 많다. 하지만 내 중심이 어딘지를 모르기 때문에, 언제 어디에서 내가 지금까지 "탈중심적인/엉뚱한" (excentrique) 성격이었는지에 대해서는 누구도 잘 모를 거야. 예를 들어, 문헌학자였던 것은 내 중심 밖에서였지(그 말은 내가 나쁜 문헌학자였다는 뜻은 아니라네). 마찬가지로 바그너 주의자였던 것은 별난 성격/탈중심성 탓이었던 것 같네. 그것은 위험하기 그지없는 체험이 었어. 내가 그 체험으로 인해 파멸하지 않았다는 것을 알고 있으므로, 그 체험이 내게 어떤 의미를 남겼는지도 알고 있다네. 그것은 내 성격의 최고의 시련이었네. 조금씩, 우리 내면의 가장 깊은 것이 우리를 단련해서 우리의 일체성을 되찾게 해준다네. 오랫동안 이름도 붙여지지 않았던 이 열정이 우리를 모든 탈선, 모든 논쟁으로부터 구해 준다네. 우리는 이 과업의 본이 아닌 전도사라네."

니체가 자신의 '탈중심성'에 대해 부여하는 이유들은 여전히 논쟁적 차원에 있다. 그리고 그가 바그너와의 단절이 자신의 성격의 시련이었음을 여러 번 알렸다 할지라도, 그는 여전히 자신의 **중심**이 무엇인지, 그가 본의 아닌 전도사인 그 **과업**이 무엇인지는 말하지 않는다. 이것이 니체의 '중심'에 대해 논의하고 의문을 제기하는 오버베크의 방식을 약화시키지는 않는다.—지은이

단도 접근할 수 없다고 단언하는 것, 그것만이 유일하게 고려할 사안이다. 그리고 자기 자신의 인식에 대한 모든 판단이 갖는 논증의 힘을 이 판단도 어쨌든 갖는다. 즉 자기의 인식엔 어떤 증거도 없으므로 그 자체가 최고의 증거라는 논증의 힘. 최소한 니체는 자신의 고유한 중심을 발견하지 않았다는 것을 아주 정당하게 증명했다."

붕괴로부터 작품을 회고적으로 해석하는 것에 대한 오버베크의 경계가 매우 정당하다고 할지라도, 여기에서의 논의는 정확하게 니체 자신이 타도하려고 한 **지성 일반에 대한 낙관적** 개념에 따르는 것처럼 보이고, 지성의 규범들을 존중하는 것처럼 보인다. 그런 규범들의 이름으로 오늘날에도, 예를 들어 포다흐[7] 박사는 니체에게는 '철학자에게 불가결한', 이성적·'객관적' 능력이 없다고 주장한다. 이 결여는 니체가 자신의 사유의 일관적 체계를 구축할 수 없었다는 사실에서 이미 명백하게 드러난다는 것이다. 니체에게는 '자신의 고유한 중심'을 발견할 능력이 결여되어 있다고 지적하는 것도 또한 지성에 대한 이 개념에 의거한 것이다.

그러나 니체가 자신의 고유한 탈중심성을 고백했다면, **"내가 정말로 내 고유한 중심 밖에 있었던 그곳"**이라는 말을 통해 그는 무엇을 말하고 싶었던 것일까? 그는 오버베크에게 자신이 **"너무나 집중된 성격의 소유자라서, 나를 치고 건드리는 모든 것은 내 중심으로 향한다"**라고 말하지 않았는가? 너무나도 중심적이기 때문에 **잔혹한 우연**에 상처받기 쉽다고 말하는 것은 무슨 까닭인가? 니체의 삶을 휩쓴 '거대한 열정', 그가 아직 몇 년 더 살 마음을 먹게 한 목표를 추구하는 열정이 그에게서 중심과 혼동된다면, 이 목표는 무엇인가? 작품인가? 아니면 무슨 일이 생기더라도 상관

---

7) 에리히 포다흐(Erich F. Podach)는 주로 1930년대에 니체의 전기적 연구를 다수 발표했다.

없이 완수될 무언가 다른 것인가? 니체의 집중은 이 목표에 도달하려는 의지를 꺾지는 않는가? 만약 목표가 작품이라면, 그 목표가 작품의 관념에, 즉 전달에 집중하는 한, 그 목표는 실제로는 체험에 장해가 된다. 왜냐하면 그는 체험을 전달 가능한 것으로만 생각하기 때문이다. 그와 동시에 '그의 중심'은 더 이상 그의 열정이 아니지만, 여전히 지성에 속하는 것이다. 이렇게 요동의 격렬함으로부터 벗어나면서, 그는 **자신의 중심 밖에 존재하는** 체험을 미룬다. 그런데 이 체험(이전의 작품이 요구했고, 따라서 그가 스스로 요구한 체험), 그것은 그의 변신이었다. 카오스의 원심력들을 통해서가 아니라면, 어떻게 니체는 지성의 평온함을 부정하게 되었을까? 그렇다고 해서 그가 이 힘들[원심력]에 호소한 것도 아니었다. 오히려 힘들의 임박한 침입을 두려워하면 할수록, 불일치와 싸우면 싸울수록, 그는 더욱더 비연속적인 것과 자의적인 것의 매력에 끌렸다. **"사상은 정서들의 유희와 투쟁에 관한 기호이다. 그것은 항상 그것의 숨겨진 뿌리들과 연결되어 있다."**[8] 이것을 니체는 처음부터 의식하고 있었으므로, 그로부터 조금씩 스핑크스의 고혹적인 미소가 떠올랐다.

강도, 자극, 음조. 이런 것들이 사유이다. 사유가 무엇을 말하고, 무엇을 말할 수 있는지는 별개의 문제이다. 그리고 사유가 무언가에 적용된다면, 다른 강도들, 다른 자극들, 다른 음조들이 생겨난다. 이제부터 니체는 개념적 능력이 아닌 정서적 능력의 관점에서 사유를 실천하고자 한다. 이 한계점에서, 앎은 스스로를 활동의 수단으로 제공한다. 그 수단은 지성의 평화를 위한 것이 아니라, 카오스의 유혹하는 힘들에 의해 좌우되는 것이다.

---

8) KSA, Vol. 12, p. 29, 1[75], 1885~1886[『전집』 19권, 34쪽].

＊ ＊ ＊

원심력들을 극복해서 그것을 전달한 것은 지성이 아니다. 그 힘들 자체가 어느 날 질스-마리아에서 무언가의 주위를 도는 운동의 형태로 스스로를 전달한 것이다. 이 무언가로의 접근은 어떤 비밀스런 협정 또는 유대에 따라서 영원히 금지된다. 처음에는 **고리**, 다음에는 **운명의 바퀴**, 마지막으로 **신이라는 악순환**. 이 모든 형상들은 그 자체로 중심·초점·허무, 그리고 아마 신(원환운동을 고취하고, 그 운동 안에서 표현되는)과의 **거리두기**를 전제한다. 원심력들은 중심으로부터 영원히 멀어지지 않고, 중심에 다시 다가갔다가 다시 그로부터 멀어진다. 개인이 자신의 중심을 찾는 한에서, 그리고 자신이 그 일부인 원환을 보지 못하는 한에서, 개인을 압도하는 격렬한 요동들이라는 것은 이런 것들이다. 이 요동들이 개인을 압도한다면, 발견할 수 없는 중심의 관점에서, 개인이 자신이라고 생각하는 것 **이외의** 개인에 그 요동들의 하나하나가 대응하기 때문이다. 그러므로 동일성이란 본질적으로 우연적이고, 이런저런 개인들의 우연이 필연적으로 되기 위해서는, 일련의 개인들이 각각의 개인에 의해 주파되어야 한다. 교의로서의 영원회귀가 내포하는 것, 그것은 지성의 기반인, 동일성과 비-모순의 원리인 결정적인 한 번의 무의미 바로 그것이다. 만일 모든 사물들이 결정적인 한 번만 도래한다면, 그 사물들은 강도를 잃고 의미의 무의미 속으로 떨어질 것이다. 그러나 강도는 영원회귀의 **영혼**이므로, 모든 사물들은 원환의 강도에 따라서만 의미를 획득할 뿐이다.

그러나 그것은 아직 영원회귀의 사유의 가능한 진술일 뿐이다. **결정적인 한 번**의 원리를 대체하면서, 원환의 강도의 체험은 이렇게 수많은 개인들을 향해 열려서, 그 개인들을 주파한다. 영원회귀의 계시를 받았을 뿐인 그 개인 또한 회귀할 때까지……

마치 지성을 요구하는 허울뿐인 교의인 것처럼 니체가 이 체험의 비밀을 친구들에게 전수하려고 하자마자 이 체험은 흐릿해진다. 그리고 친구들은 착란을 **간파한다**. 만일 토리노의 사건이 그들이 옳다는 것을 증명한다면, 그 사건은 또한 니체가 속삭인 말들로부터 그들이 아무것도 파악하지 못했다는 것을 설명해 준다. 그 말들은 니체가 질스-마리아에서 느꼈던 현기증을 그들에게 전할 수 있었던 유일한 것이었다.

* * *

맨처음에는 이미지. **어떻게 이미지가 정신에서 생성되는지를 설명하기 위해서. 그 다음에는 이미지에 응용된 말들. 마지막으로는 말들이 존재해야만 비로소 가능한 개념들……**.[9]

말이 하나의 감정을 의미하자마자, 그 말은 의미된 감정을 체험된 감정과 같은 것으로 간주한다. 체험된 감정은 단지 말이 존재하지 않는 순간에만 강하다. 의미된 감정은 무의미한 감정보다 더 약하다.

이렇게, 타자들(주체들)과의 말의 교환 안에서 전달을 위한 지시작용이 개입할 때마다, 체험된 것과 표현된 것 사이에는 괴리가 있다.

이 경험이 니체가 주위 사람들과 맺는 모든 관계를 의식적으로 규정한다. 그의 친구들은 사유의 감정적 기원에 대해서는 숙고하지 않는다. 하지만 니체가 자신과 함께 사유하도록 친구들을 이끌었을 때, 그는 그들을 우선 느끼도록, 그리하여 자신의 고유한 이전의 감정을 느끼도록 초대하는 것이다.

---

9) KSA, Vol. 11, p. 58, 25[168], 1884[『전집』 17권, 75쪽].

그러나 (감정의) **의미**의 구성에서 지시작용과 지시된 감정의 이 괴리, 따라서 감정을 향한 말과 **말의 선택**을 향한 감정의 이 운동, 따라서 표현 자체가 감정인 것, 이 모든 것은 이 작업을 실행하고, 이 왕복운동 안에서만 자신의 영속성을 유지할 수 있고, 타자뿐 아니라 자기에 대해서도 그 작업을 실행하는 작인과 관련되어서만 의미가 있다. 니체는 주위의 친구들이나 지인들과의 접촉에 **내재하는** 이러한 현상에 주의를 게을리 하지 않는다. 작인은 다른 작인들(이해의 작인들)의 수용정도에 따라서 **스스로를 해체하고** 재형성한다. 그 **파동들**에 의해 이해는 지시작용의 체계에 변경을 가하지 않을 수 없다. 감정을 (그것을 느낄 수 있는) 타자들에게 지시할 필요가 없어지자, 감정은(작인 안에서) 자기 자신에 의해서만 자신을 지시한다. 감정이 지시가능하다고 **생각되는** 경우에는, 지시작용의 코드, 작인이 의거하는 코드에 의해. 또는 지시 불가능한 상태들에 의해, 따라서 지시 불가능한 것으로서. 상승 또는 하강(도취-우울), 그 안에서 작인은 해체와 재형성의 상반된 운동을 보인다. 작인은 도취 안에서 사라지고 우울 안에서 재형성되기 때문이다. 마치 도취의 부재 또는 무능에 의해서만 작인이 존재하는 것처럼.

　이런 상황들로부터 니체가 도출한 결론은 다음과 같은 논리도식에 따라서 조직된다. 첫째, 세계를 해석하는 것은 우리의 욕구이다. 일종의 지배욕구인 각각의 충동은 자신의 고유한 관점을 가지고, 그 관점을 다른 충동들에게 끊임없이 강요한다. 둘째, 시각들의 이 복수성에서, 모든 것이 해석일 뿐만 아니라 해석하는 주체 또한 그 해석의 하나라는 결론이 나온다. 셋째, 단지 사유될 수만 있는 모든 것의 가지성intelligibilité은 (우리는 제도적 언어의 규칙들에 구속되지 않으면 어떤 사유도 형성하지 못하기 때문에) 진실성이라는 무리적 도덕(진실성의 원리 자체가 무리적 원리라는 의미에서)으로부터 파생한다. "너는 인식가능해야 하고, **명확하고 불변하**

는 기호들에 의해 너의 내면성을 표현해야 한다. 그러지 않으면 너는 위험인물이 될 것이다. 네가 악의를 품었다면, 네가 자신을 은폐하는 능력은 무리에게는 더 유해한 것이 될 것이다. 우리는 비밀스럽고, 알 수 없는 존재를 경멸한다. 그 결과 진실성의 요청은 인물의 인식가능성과 지속성을 전제한다."[10]

이러한 가지적인 것의 도덕화로부터 (또는 무리적 도덕의 토대로서 가지적인 것으로부터) 니체는 보존의 힘들과 해체의 힘들을 동시에 대상으로 하는 양면적 소송을 전개한다. 고정(불변하고 명확한 기호로의)과 운동·자기확산으로의 경향 사이에서 니체는 끝없이 흔들린다. **기호들의 불변성**과 기호들이 그 **고정성**에 의해서만 의미할 수 있는 **것** 사이가 긴장으로 인해 단절될 때까지. 마치 무기력 자체가 말의 **집요함**으로 전도된 것처럼, 인식불가능한 것을, 지금은 확산되어 혼란의 양상을 보이는 것을 되찾으려는 **집요한 몸짓**에 적용되는 말이 기호들의 불변성을 대체한다. 그리고 이렇게, 니체는 **우연한 사례의 이론**으로 자신을 인도한 단계들을 자신 안에서 요약한다.

1. 인격의 데카당스와 점진적인 쇠약에 대항하는 나의 노력.
   나는 새로운 **중심**을 찾았다.
2. 이 노력의 불가능성을 알아보는 것!
3. 그 후, 나는 해체의 길을 추구했다. 거기에서 나는 고립된 개인들을 위한 새로운 힘들의 원천을 발견했다.
   우리는 파괴자들이어야 한다! ……
   해체상태 안에서 고립된 개인들은 이전처럼 완성될 수 있다. 이 상태

---

10) Schlechta, Vol. 3, p. 868.

란 이미지이자 특이적 사례이고 일반적 실존의 영혼이라는 것을 나는 알았다.

우연한 사례의 이론. 선별하고, 스스로를 기르고, 강하고, 교활하고, 창조자인 존재, 영혼──계속적으로

(이 창조의 힘은 보통은 눈치 채이지 않는다! 단지 '수동적인 것'으로 간주된다)

우연적인 것의 한가운데에서 나는 창조적이고, **능동적 힘**을 알았다!

──우연적 사례 그 자체는 창조적 충동들의 상호충돌일 뿐이다.

전반적인 해체와 미완료의 마비시키는 감정에 대항하여

나는 주장한다,

영원회귀를![11]

* * *

그는 우연한 사례를 체현할 것이다. 동시에 그는 우연들의 경합일 뿐인 세계를 **복제/재생산할 것이다.** 그러므로 그는 예견할 수 없는 것을 실행할 것이다.

토리노에서 온 최후의 메시지들 안에서만 발견될 뿐이라고 사람들이 믿은 '비일관성/비논리', 그것은 니체의 경력의 **출발점**에서 사람을 대경실색케 하는〔돌로 만드는〕médusant 자기와의 대면face à face이었다. 이 대면, 그것을 니체는 토리노의 광장에서 보여 주기 전에 몇 년 동안 정성스럽게 위장하고 은폐했다. 병적인 생리학적 체질이 이 최초의 딜레마에 잠재해 있고, 그 체질이 이 해체를 향해 가는 분쟁의 무자비한 공범자가 되

---

11) Schlechta, Vol. 3, p. 911ff.

는 것도, 결론이 미리 결정된 것처럼 갈등을 잠재우지는 않았다. 그 반대로 니체의 신체 자체를 전장으로 만듦으로써, 그 생리학적 체질은 투쟁을 절정에 이르게 한다.

하지만 카오스, 즉 비일관성/비논리가 야기한 이 유혹이 니체 안에 여전히 그리고 언제나 현전했었다면, 니체가 그 유혹을 그렇게 충격적인 방법으로 백일하에 드러내지 않았다면, 붕괴는 발생하지 않았을 것이다. 병의 예감, **파토스의 시간**과 **자신의 신체에 주어진 시간** 사이의 불균형의 예감은 일종의 교환을, 일종의 타협을 초래했다. 이 신체(이 도구, 이 육체)는 파토스의 **대가**였다. 신체 안에 깊이 새겨지기 위해서, **우주의** 정의로서의, 가능한 모든 개인화의 영원회귀의 법칙은 그것을 폭로한 기관 자체의 파괴를 요구했다. 즉, 모든 사물들의 영원회귀의 가능한 (하지만 한정된) 모든 조합들의 **법칙**이 구성하는 행운에 의해 실현된 우연의 산물인 **니체의 두뇌.** 그런데 그것은 이 두뇌가 만든 용어들을 사용한 사건의 **진술**일 뿐이다. 만약 니체가 쇠퇴의 예감에 이끌리지 않았다면, 자신이 의미했던 것의 전체를 한 번에(며칠 만에, 따라서 몇몇 메시지로) 제시하지는 않았을 것이다. 그는 처음에는 계속된 노력에 의해 하나의 기호의 의미를 파악해야 했다. 하지만 그 의미를 파악하자, 그의 노력과 그 결실이 그에겐 하나도 중요하지 않았다. 그는 이제 자신의 권위에 대해 확신했다. 그때 이 '힘의 자리'로부터 우리 시대의 정면을 향해 그가 던진 도전도 그에게는 조금도 중요하지 않았다. 그 자신이 우리 시대를 재는 생각지도 않은 척도가 되었다. 그러나 이 권위는 자신을 세워 준 **이전의 선언들**을 더 이상 이용하지 말아야 했다. 만약 니체가 그의 발언들 중 하나를 절대적인 것으로 이용했다면, 작전 전체가 훼손됐을 것이다. 이 권위, 그것은 **한 개인** (니체에게 가장 공감하는 논평자들이 여전히 착각에 빠져 주장하듯이)**의 권위가 아니었다.** 그것은 **우연한** 사례였고, 그 사례는 여기서 하나의 **법칙의,**

따라서 하나의 정의의 표현일 뿐이다.

만일 니체가 이 예감의 현기증에 사로잡혔다면, 그는 아마도 자신의 메시지의 의미를 부동의 철학체계의 의미와 혼동하는 모험을 감행했을 것이다. 그러나 그의 머리 위에는 다모클레스의 칼[12]이 빛나고 있었다 : **지금 이 순간에도 너는 치매에 걸릴 수 있다.** 그렇다면 네가 말한 정당하고, 참되고, 진정한 모든 것에는 **정신장애**라는 낙인이 찍힐 것이다. 이러한 위협으로 인해, 니체는 정신장애를 **이미 완료된 사실** fait déjà accompli로 인정한다. 위협은 그의 고유한 책략 또는 그의 고유한 천재가 되었다 : 모든 사물들의 **토대**를 장대한 형식으로 표현하자. 왜냐하면 이 토대가 파악하기 어렵다고 선언하면, 우리는 언제나 **편리한 불가지론**의 신봉자로 보일 것이기 때문이다. 이러한 불가지론은 인간의 행동·도덕·실존 형태들의 어느 것도 바꾸지 못할 것이다. 반대로 우리가 사기꾼 어릿광대의 언어를 말한다면, 사태는 아주 달라질 것이다. 그래서 이렇게 우리는 이 부조리한 것을 말할 것이다. **모든 것은 회귀한다!**

* * *

바이로이트[축제 극장]가 아직 실현되기 어려운 계획이었던 시절에, 니체는 바그너의 형이상학적 '선전가'였다. 하지만 이 사업이 코지마의 후원 아래 노老 거장에 대한 우상 숭배로 변질되자, 니체는 자신이 헌신했던 것이 자신의 고유한 열망들을 유용하는 예술이고, 그 예술은 독일적인 힘 신앙의 재생을 위해 그 열망들을 독점하고 왜곡한다는 것을 이해했다.

---

12) 기원전 4세기 전반, 고대 시칠리아의 도시 시라쿠사의 참주 디오니시오스 1세(Dionysios I)가 측근인 다모클레스에게 권력이 얼마나 위험한 것인지를 가르치기 위해, 그를 한 올의 말총에 매단 칼 아래 앉게 했다는 고사에서 유래한 말이다.

그 이후로 니체는 결국 자신의 저작들의 모든 실패, 특히 그가 바그너에게 소개한 옛 친구들과 바이로이트에서 만난 여러 다른 친구들이 보여 준 몰이해를 바그너주의 운동의 탓으로 여기게 될 것이다. 이때부터 니체는 자신의 혐오감의 이유들을 탐구한다. 바그너는 악극이라는 개념으로 음악을 타락시켰다. 악극은 "대사로 하는 극과, 정서들의 표현에 완전히 헌신하고 복종하는 음악의 불가능한 종합"이다.

다음으로 니체는 청중의 신경의 취약함을 이용한 바그너에게서 가짜 천재의 모든 특징들을 지적한다. 도취, 황홀, 영혼의 음조, 과잉, 착란, 환각. 이러한 것들이 군중들을 기만하고 여성관객들의 히스테리를 자극하기 위해 이 **칼리오스트로**가 추구한 것으로 보였다. 더 심각한 것은 이 의심스런 수단들이 그의 세대의 전형적인 악덕을 위해 사용됐다는 것이다. 즉 거짓-신비주의, '로마로의 회귀', 순결, 따라서 니체가 단죄하고, 증오하고, 혐오한 최악의 것들. 이 때문에 니체는 바그너가 **어릿광대**이고 따라서 **데카당스**의 징후 자체라고 선언한다. 이렇게 니체는 자신의 공격의 애매함을 폭로한다. 바그너가 「파르지팔」(노 거장에 대해 니체가 제기한 소송 안에서 증거물이 된 작품)을 아직 작곡하기 전에, 니체는 자신의 사유 안에서 그 자신이 전개하는 것, 즉 **디오니소스주의** 또는 이 말이 함의하는 것을 의도적으로 바그너 탓으로 돌린다. 이 **디오니소스주의를** 바그너는 본질적으로 표현했다. 하지만 그것을 표현하는 것으로 만족하지는 않았다. 바그너는 순수한 음악가로서 그런 주의를 지지할 수 없었다. **그는 디오니소스주의가 표상하는 것과는 양립할 수 없는 목적들을 위해 그 주의를 이용한다.** 그런데 니체에게 있어서 디오니소스주의를 전할 수 있는 자는 철학자도 아니고 학자도 아니다. 그것은 바로 바그너가 그렇다고 니체가 비난하는 **어릿광대**이고, 그 어릿광대만이 디오니소스주의를 이해할 수 있을 것이다.

어릿광대만이 디오니소스주의를 전할 수 있다. 그렇다면 만약 바그너가 어릿광대라면, 왜 그는 **데카당**일 뿐이고, 참되고 순수한 음악가는 아닌가? 바그너는 "셰익스피어 안에서 **배우**를 강조할 때 자신을 셰익스피어와 혼동했던 것"처럼 보인다. 진정한 예술가도 배우도 어릿광대는 아니다. 모든 진정한 예술가는 **가짜**인 무언가를, 즉 **시뮬라크르**를 만든다는 것을 자각하고 있다. 하지만 바그너는 자신이 개혁가이자, 재생의 철학자라고 주장한다. 하지만 그는 음악가일 뿐이고, 니체에 따르면, **나쁜** 음악가이다 : "허영심이 많고, 탐욕스럽고, 향락적이고, 도착적인", 파렴치의 힘조차 없는 사람이다. 그러므로 거짓을 **전혀 의식하지 않기** 위해 시뮬라크르를 사용하기 때문에, 그는 **어릿광대**일 뿐이다. 그런데 어릿광대는 니체에게 있어서 비밀무기의 제조법이다. 그것은 앎의, 정확하게는 **참**과 **거짓**의 전통적 기준들을 날려 버릴 것이다. **배우**의 현상은 니체에게 존재 자체의 시뮬라크르와 같은 의미를 지닌다.

니체는 이 무기의 이용수단들을 자신만의 전유물로 삼고 싶었다. 그는 그 무기의 재료를 충분히 갖췄고, 그 재료를 뽑아 내고 공들여 다듬어서 그것에 형상을 부여하는 데 필요한 도구도 소유하고 있었다. 연극증[13]은 니체에게 있어서 인격의 해체라는 그의 비밀스러운 고유한 작업과 밀접하게 관련된다. 이렇게 니체는 자기 자신 안에서는 진정하고, 바그너에 있어서는 불순해 보이는 모든 것을 바그너의 모습에(그의 죽음 3년 후에) 투영한다.

이 동일한 동기(참된 것의 무의식적 시뮬라시옹과 의식적 시뮬라크르의)로부터 니체 안에서 가면의 환영이 성장한다. 가면이란 보편적 범위를 가진 은유일 뿐만 아니라 동시대의 사람들에 대한 니체 자신의 행동의 버

---

13) Histrionisme. 정신의학의 용어로, 감정을 이상하게 과장하여 표현하는 증상을 가리킨다.

팀목이다. **가면은 특정한 모습의 부재를 감추고,** 예상할 수 없고, 파악할 수 없는 카오스와의 관계를 은폐한다. 하지만 가면은 그럼에도 **카오스로부터 출현한다.** 필연과 우연이 서로 마주치고, 자의적인 것과 '정당한 것'이 일치하는 그 한계점에서 출현한다.

모습의 부재를 감추면서, 동시에 특정한 모습을 형성하는 가면은 **외부의 해석에 귀속하고,** 내부로부터 오는 암시의 욕망에 반응한다. 게다가 가면은 가면을 썼다고 생각하는 자가 '자기 자신'에 대하여 그런 얼굴을 가지기로 **결심했어야** 한 것도 드러낸다. 그러나 그것은 니체가 추구하거나 카오스가 그를 통해 추구하는 과정이므로, 니체는 자신의 필연적인 고유한 자아를 그런 가면(익명의 인간이 되기 위해서 그가 된 것)으로 취급할 것이다. 따라서 그는 이제부터 도스토예프스키의 **지하생활자적 정신을** 자신이 해석하는 의미 안에서 자신의 변호를 할 수 있다. '너 자신을 알라'라는 가혹한 방식은 자신을 조롱거리로 삼는 것이다. 하지만 그러한 지고의 힘의 무모하고 관능적인 경쾌함과 함께 나는 기쁨에 취했다."[14]

니체가 청소년기부터 자신의 과거의 회복에, 따라서 자서전의 구성에 몰입했다면, 그것은 자신의 실존의 교정을 통해 자신의 실존의 **우연성**을 정당화하는 운동을 추구했기 때문이다. 자서전으로서, 『이 사람을 보라』는 모범적인 자아를 찬양하는 것이 아니라, 오히려 이 자아에도 불구하고 특이성이 점차로 해방되어, 이 자아에 강요되고, 이 자아를 특이성이 구성하는 것 안으로 해체하기까지의 과정을 묘사한다.

가면이 특정한 모습의 부재를 은폐하고, 따라서 카오스를, 카오스의 풍부로움을 은폐하는 것과 마찬가지로, **가면을 동반하는 몸짓, 어릿광대의** 몸짓은 아직 말에 의해 의미를 갖기 전에 체험된 감정의 지시작용과 밀접

---

14) Schlechta, Vol. 3, p. 1254.

한 관계가 있다. 그것은 그 자체로는 의미가 없는 즉흥적 몸짓, 하지만 흉내 내는 몸짓, 따라서 **해석할 수 있는 몸짓**이다. 그것이 가리키는 것은 거의 감지할 수 없는 분할선으로, **거기서 충동들은 아직 어떤 신원확인을 받는 것도 주저하고, 거기서 자신을 모르는 필연성은, 외부에서 필연적인 의미를 얻기 전에는 자의적인 것으로 보인다.** 한편으로는, 그 자체로는 의미가 없는 몸짓의 가능성. 다른 한편으로는, 이 몸짓의 연속성, 이 몸짓이 하나의 행동(**카오스의 거부**, 의미의 **복수성의 거부**가 외부성을 위한 결단의 형태로 성취되어 사건들의 '흐름'에 개입해야만 비로소 의미를 획득하는 행동) 안에서 얻는 결과들. 니체의 토리노 시절 동안, 그러한 '광적인' 몸짓은 점차로 설명을 능가할 것이다. 그 몸짓은 가장 직접적으로 **우연한 사례**Zufall와 **돌발적 사유**Einfall의 일치를 표현한다.

『바그너의 경우』를 출판한 후, 니체는 **가치들의 가치전환** 제1부를 계획했다. 유고들 안의 몇몇 기획들에 따르면, 이는『안티크리스트』였다. 그 작품 전체가 **토리노에서** 집필됐다(『니체 대 바그너』, 『우상의 황혼』, 『이 사람을 보라』와 함께). 이 네 개의 저작 중 어느 것도 예나에서의 입원생활 전에는 출판되지 않는다. 그런데『안티크리스트』가 일단 완성되자, 니체는 더 이상 **가치들의 가치전환**에 관심을 보이지 않는다. 그의 이른바 대표작을 체계적으로 가다듬는 대신 니체는 **음모**의 관점 안으로 들어간다. 세계와 자기 자신의 상황에 대한 (편집병적) 환상은 토리노 시절부터 니체의 파토스에 의해 조직된, 규정된 체계를 구성한다. 몸짓이 담론을 대체하던 시절이었다. 그의 말이라는 것도 '문학적' 차원을 넘어 이제부터는 폭탄테러행위처럼 실행되어야 한다. 이제부터 니체가 추구한다고 믿는 것은 하나의 체계의 실현이 아니라 하나의 프로그램의 실천이다. 그를 이 방향으로 밀고 가는 것은 토리노에서의 최후의 날들의 놀라운 도취이다.

* * *

우리는 도취의 어릿광대적 전개(『이 사람을 보라』의 점진적 집필과는 별개로)의 다소 짧거나 긴 다양한 형식들을 1888년 후반의 6개월 동안 토리노에서 쓴 편지들을 통해 따라갈 수 있다. 이 형식들은 편지의 통신자들이 니체에게 표상하는 영역에 따라서 달라진다. 그의 친지들(오버베크, 가스트)과 이전에 알던 사람들(부르크하르트, 코지마)은 이미 어느 정도 안정된 과거에 속했지만, 이들은 토리노의 환각체험으로 인해 이제 새로운 조명을 받을 것이다. 그 반면에, 니체의 삶 속으로 스트린드베리가 등장한 것은 이 환각상태를 강화한다. 처음으로 니체는 자신과 대등한 상대와 대화를(편지를 통해서였을 뿐이지만) 나눌 수 있었다(싹트자마자 곧 결정적인 것이 되어 버린 니체의 착란, 그것에 필적하는 일시적 착란의 천재와). 스트린드베리가 그에게 하는 증언은, 브란데스Georg Brandes의 강연들처럼, 단지 니체의 권위를 인정하는 것만은 아니다. 그 이상으로, 스트린드베리는 무심코 진실을 말하면서 토리노에서의 세계관에 대해 니체에게 확신을 심어 주었고, 따라서 니체 자신의 변신과 그가 본래의 공상적 영역으로의 상승을 준비하는 데 공헌했다 : 스트린드베리의 파토스는 니체의 편집병을 지지했다.

스트린드베리와의 교신은 몸짓을 향한 이 경향, 1888년 말 경의 니체의 최후의 메시지들에서 표출된 것과 같은 몸짓의 말에 어느 정도로 영향을 미쳤을까?

이 교신의 시기 동안, 스트린드베리의 신랄한 아이러니는 니체의 격렬하면서도 도취적인 영혼의 음조와 특이하게 일치하며 상응한다. 그 일치는 (만약 스트린드베리가 『이 사람을 보라』의 프랑스어 번역을 수락했다면), 니체 자신이 말하듯이, **"의미가 가득한 우연한 사례의 기적"**으로 드러났을 것이다.

이미 편집병적 발작의 오랜 경험이 있었고, 1888년 말 경에는 그의 인생의 가장 암울한 시기를 보내고 있었던 스트린드베리는 니체의 토리노에서의 정신 상태를 아직 파악하지 못했다. 그는 니체의 최후의 말들을 기분의 순수한 운동이 아니라면, 문체의 뉘앙스일 것이라고 해석했다. 그는 『차라투스트라는 이렇게 말했다』 이후 단지 니체를 숭배했을 뿐 아니라 니체의 영향도 받은(특히 니체의 여성심리학에 있어서) 소수의 사람들 중 하나였으므로, 니체의 최후 작품들(『바그너의 경우』, 『우상의 황혼』[15])도 그로서는 니체가 표현한 것의 일관적 전개로 받아들였다.

스트린드베리가 니체에게

존경하는 선생님,

의심할 바 없이 당신은 인류가 소유할 가장 심오한 책을 인류에게 선사했습니다. 그리고 그것이 중요한 것은, 당신은 그 숭고한 말들을 비천한 자들의 얼굴에 뱉어 낼 용기를, 그리고 아마도 욕망을 가졌었다는 것입니다. 당신에게 감사드립니다! 그러나 내가 생각하기에 당신은 정신의 성실함에 따라 범죄자의 유형을 어느 정도는 미화했습니다. 롬브로소 Cesare Lombroso의 범죄자의 모습을 담은 수백 장의 사진들을 보십시오, 그러면 범죄자란 하등한 동물이자, 퇴화한 약한 동물이고, 그의 의지와 힘에 비해 너무나 견고한 장애물인 법조문을 빠져 나가는 데 필요한 능력을 가지고 있지 못하다는 사실에 당신은 동의하실 것입니다. 완벽하게 동물적인 이 얼굴들의 우둔한 도덕성을 보여 주는 표정을 잘 관찰해 보십시오. 도덕에 대해 큰 실망을 하실 겁니다!

---

15) 이 작품이 출판된 것은 1890년이므로, 아마도 사본이나 교정본이었을 것이다. —지은이

그리고 당신이 우리 그린란드어로 번역되기를 바라신다면! 프랑스어나 영어로는 왜 안 되겠습니까? 내 비극 때문에 내가 정신병원에 입원하게 되었다는 것, 그리고 브란데스처럼 섬세하고 풍부한 정신이 이 '시골뜨기들의 왕'에 의해 침묵에 빠져 버렸다는 것, 이런 사실로부터 우리나라〔스웨덴〕의 지성의 상황을 당신은 판단할 수 있을 것입니다.

나는 친구들에게 쓰는 모든 편지들의 끝을 다음과 같이 맺습니다. "니체를 읽게나! 그것이 나의 '카르타고는 멸망되어야 한다' Carthago est delenda 라네!"라고요.

어쨌든 당신이 알려지고 이해되는 순간, 당신의 위대함은 추락할 것입니다. 유순한 하층민들이 자신들 중 한 사람인 것처럼 당신을 이미 하대하기 시작하고 있습니다. 당신이 은둔생활을 지속하고, 우리 1만 명의 우월자들이 당신의 신전에 비밀스런 순례로 방문하여, 거기에서 진심으로 지식의 즐거움을 길어 올리도록 허락하는 것이 더 낫습니다. 우리가 비밀의 교의를 감시해서 그것을 완전하고 순수하게 보존하도록, 당신의 경건한 제자들의 손을 빌리지 않고는 그것이 조금도 새나가지 않도록 해주십시오.

그 경건한 제자들 중 한 사람, 아우구스트 스트린드베리.

—1888년 11월 말[16]

자신의 착란을 두려워해서 자신을 둘로 나누는 대단한 능력에 의해 항상 그것으로부터 도피할 수 있었던 스트린드베리는, 그러한 착란상태를 느끼지 못하는 자신의 고유한 어조가 니체의 정신 안에서 형성되고 있

---

16) Karl Strecker, *Nietzsche und Strindberg mit ihrem Briefwechsel*, München : Georg Müller, 1921, pp. 35ff.

는 점진적인 착란적 해석을 어떻게 촉진할 수 있는지를 전혀 눈치 채지 못했다. 그는 니체의 토리노에서의 도취도, 니체가 주위의 사건들을 어떻게 느끼기 시작했는지도 알지 못했다. 『아버지』〔스트린드베리의 희곡〕가 앙투안Antoine의 극장에서 상연될 가능성을 니체가 중요하게 생각한 것처럼, 『결혼』〔스트린드베리의 단편집〕에 대해 니체가 정열적인 관심을 보인 것도 그에겐 아주 자연스럽게 보였다.

스트린드베리가 『아버지』의 프랑스어 번역을 스스로 확언했다는 구실로, 니체가 그에게 (그 자체로 아주 특별하게 보이는) 『이 사람을 보라』의 번역을 맡아 줄 것을 부탁했을 때, 스트린드베리는 니체가 비용을 부담한다는 조건으로 그것을 원칙적으로 승낙했다.

니체가 스트린드베리에게

경애하는 선생님! 제 편지는 받아보셨나요? 『아버지』를 두 번이나 읽고 나서 곧바로 나는 엄밀한 심리학으로 짜여진 이 웅장한 희곡에 깊이 감동해서 당신에게 편지를 썼습니다. 당신의 작품은 파리의 앙투안 씨의 '자유극장'에서 지금 상연될 가치가 있다고 하는 저의 확신도 그 편지에 함께 썼습니다. 당신이 졸라Emile Zola에게 요청하기만 하면 됩니다! 유전적인 범죄자는 **데카당**하고 어리석기조차 합니다. 틀림없지요! 그러나 범죄자들의 가족사는——그것에 대해서는 영국인 갤턴(『유전적 천재들』)이 엄청난 양의 자료들을 수집했지요—— 어떤 특정한 사회적 계층에 있어서는 아주 강력한 개인에게로 항상 거슬러 올라갑니다. 파리에서 발생한 최근의 중요한 범죄사건인 프라도 사건은 그 고전적인 유형을 제공합니다. 자기 통제, 기지, 오만함 자체에서 프라도는 그의 판사들과 변호사들보다 우월했습니다. 그러나 기소의 중압감으로 인해 그는 생리학적으로 무너져서 증인들 몇몇은 옛날 사진에 의해서만 그를 알아

볼 수 있을 정도였지요.

지금부터는 우리들만의 은밀한 얘기 몇 가지를 하죠. 당신의 편지가 어제 제게 도착했을 때(제 인생에서 제게 도착한 첫 편지였지요), 저는 『이 사람을 보라』의 원고의 마지막 교정을 방금 끝낸 후였습니다. 제 인생에는 어떤 우연도 더 이상 존재하지 않으므로, 당신도 따라서 더 이상 우연이 아닙니다. 그런 순간에 찾아오는 편지들을 당신은 왜 쓰는 걸까요!……

사실, 『이 사람을 보라』는 독일어, 불어, 영어로 동시에 출판돼야 합니다. 어제 저는 원고를 인쇄소로 보냈습니다. 교정쇄가 나오는 대로 **번역자들**의 손에 넘겨져야 할 것입니다. 이 번역자들은 누구일까요? 당신에게 솔직하게 말하자면, 『아버지』의 멋진 불어가 당신의 작품이었다는 것을 저는 몰랐습니다. 훌륭한 번역이라고 생각은 했었습니다. 당신이 **몸소 프랑스어로 번역**해 주신다면, **의미가 가득한 우연의** 이 기적에 저는 너무나 행복할 것입니다. 왜냐하면, 우리들 사이의 얘기지만, 『이 사람을 보라』의 번역에는 최고의 시인이 필요하기 때문입니다. 표현에 있어서, 감정의 세련에 있어서, 그 책은 단순한 '번역자들'의 저 너머로 천 마일이나 떨어져 있는 책입니다. 사실, 그것은 두꺼운 책이 아닙니다. 불어본으로는(출판사는 아마 르메르, 폴 부르제의 출판사일 겁니다!) 겨우 3프랑 50상팀짜리 책이 될 것입니다. 그리고 거기에서는 미증유의 것들이 말해지고, 때로는 아주 순진하게 **세계적 지도자**의 말이 다루어지므로, 발행 부수로는 『나나』〔에밀 졸라의 소설〕를 넘어설 것입니다.

다른 한 편으로, 이 책은 파괴적일 정도로 반-독일적입니다. 프랑스 문화의 편들기는 시종일관 유지됩니다(나는 독일 철학자들 전부를 '무의식적 위조지폐범들'로 다뤘습니다). 게다가 이 책은 전혀 지루하지 않습니다. 몇 곳에서는 '프라도'적인 문체로 쓰기도 했습니다……

독일인들의 난폭함('몰수')으로부터 저를 보호하기 위해, 나는 출판 전에 최초로 인쇄된 책 몇 권을 선전포고의 편지와 함께 비스마르크 공과 젊은 국왕에게 보낼 것입니다. 군인들은 이에 대해 경찰적 조치로 대응하진 못할 것입니다. 나는 **심리학자**입니다.

기회들을 숙고하시기 바랍니다! 이것은 일급의 사안입니다. 왜냐하면 나는 인류의 역사를 둘로 쪼갤 만큼 강력하기 때문입니다.

영어 번역의 문제가 남아 있습니다. 이 점에 대해서 제게 할 조언은 없으신지요? 영국에서 출판되는 반-독일적인 책……

니체 드림.

—토리노, 1888년 12월 7일[17]

스트린드베리로부터 니체에게

존경하는 선생님,

오해된 제 비극에 대한 평가의 말을 당신의 위대한 손으로부터 받는다는 것은 나에겐 커다란 기쁨이었습니다. 당신이 알아주셨으면 하는 것은 이 희곡을 단지 인쇄하기 위해 제가 출판사에 2쇄분의 판권을 무료로 제공해야 했다는 것입니다. 그 보답으로 상연 중에 한 노부인이 갑자기 쓰러져 사망했고, 다른 한 부인은 출산을 했으며, 구속복[18] 장면에서는 관객의 4분의 3이 한 사람처럼 동시에 일어나서는 공포에 질린 소리를 내지르며 극장을 나가 버렸습니다.

그런데 당신은 내가 졸라 씨에게 부탁하여 앙리 베크[19]의 파리 시민들

---

17) Strecker, *Nietzsche und Strindberg mit ihrem Briefwechsel*, pp. 78ff.
18) 『아버지』 제3장 참조.—지은이
19) 앙리 베크(Henri Becque, 1837~99). 프랑스의 극작가. 부르주아 사회를 신랄하게 풍자한 작품을 다수 발표했다. 대표작으로는 『까마귀떼』(1882), 『파리의 여자』(1885)가 있다.

앞에서 내 희곡을 상연할 것을 요청하고 있습니다! 그렇게 하는 것은 이 간통의 도시에서 전면적 출산을 야기할 것입니다. 그러니 이제는 우리들 자신의 문제로 옮겨 갑시다.

나는 종종 직접 불어로 글을 쓰지만(동봉한 기사들의 불량스럽지만 그래도 생생한 문체를 봐 주십시오), 때로는 내 작품들을 번역하기도 합니다. 프랑스인 번역자 중에서 에콜 노르말[고등사범학교] 풍의 수사규칙들에 따라서 문체를 '고치지' 않는 자, 표현으로부터 순결한 신선함을 제거하지 않는 자를 발견하는 것은 절대적으로 불가능한 일입니다. 『결혼』을 끔찍하게 번역한 사람은 프랑스계 스위스인(스위스 로망 지방의)이었고 1000프랑이 들었습니다. 이 금액을 나는 그에게 현금으로 지급했고, 게다가 파리에서의 교정을 위해 500프랑을 요청받았습니다. 이로 미루어 보면, 당신 작품의 번역에도 심각한 금전적 문제가 있으리라는 걸 이해하실 것입니다. 나는 가난한 글쟁이에 지나지 않으므로(아내, 세 명의 아이들, 두 명의 하인, 빚 등), 단지 매개자의 자격이 아니라 시인으로서 일하도록 강요받을수록 더 값을 깎아드릴 수가 없습니다. 이 막대한 경비를 거절하지 않으신다면, 당신은 저와 저의 재능을 믿게 될 것입니다. 그렇지 않은 경우에는 상상할 수 있는 가장 확실한 프랑스인 번역자를 기꺼이 구해 드리겠습니다.

영국에 관해서는 정말로 무슨 말을 당신께 해야 할지 모르겠습니다. 왜냐하면 여성들에 의해 장악된 위선적인 나라이기 때문입니다. 그것은 완전한 데카당스와 동일하다는 것을 뜻합니다. 영국의 도덕, 당신은 그것이 무엇을 의미하는지 잘 아실 겁니다. 기숙사의 소녀들을 위한 도서관, 큐러벨Currer Bell[샬럿 브론테의 필명], 브래던Bradden 양 그리고 등등입니다! 그런 건 내버려 둡시다! 불어로 번역된다면, 당신은 흑인들의 세계에까지 침투할 수 있으므로, 영국의 모권제 따위는 무시할 수 있게 됩니다. 그에 관해서, 그리고 나의 제안들도 함께 심사숙고해 주시고, 이 사안에 관한 소식을 가능한 조속히 보내 주실 것을 부탁 드립니다.

답장을 기다리며,

당신의 아우구스트 스트린드베리 드림.

—코펜하겐, 1888년 12월 중순[20]

그러나 이 역-제안에 니체는 회답을 하지 않은 것 같다. 그 대신에 그는 스트린드베리에게 『도덕의 계보학』을 보냈고, 그에 대한 답례로 스트린드베리는 『스위스 단편집』을 보냈다. 그 중에서 특히 한 편은 한 독일장교의 '양심의 가책'에 대한 이야기였다. 그 장교는 의용병들을 총살하라는 명령을 내린 것을 미친 듯이 후회하여, 제국주의적 권력의 도구가 되는 것을 그만두기 위해 탈영하여 스위스 시민이 된다.

니체의 답장은 간단했다.

친애하는 선생님,

당신의 단편에는 간단하게 답하겠습니다. 그 단편은 총성처럼 울렸습니다. 나는 로마에 제공諸公의 회의를 소집했습니다. 나는 거기에서 젊은 황제를 총살하고 싶습니다.

그럼 안녕히! 사실 우리는 다시 만날 겁니다.

유일한 조건. 이혼합시다……[21]

니체 카이사르[22]

---

20) Strecker, Nietzsche und Strindberg mit ihrem Briefwechsel, pp. 82ff.
21) 원문에서는 불어로 쓰였다.—지은이
22) Strecker, *Nietzsche und Strindberg mit ihrem Briefwechsel*, pp. 90ff.

스트린드베리가 니체를 두려워하기 시작한 것은 이때부터였다. 왜냐하면 니체 **카이사르**라고 서명된, 토리노에서 보낸 마지막 메시지 바로 전의 이 메시지는 니체가 스트린드베리에게 번역을 의뢰한(12월 8일) 이후에 일어난 전체적 격변을 보여 주기 때문이다. 이 격변은, 다른 수신자들에게 보낸 편지와 메시지(『이 사람을 보라』를 집필하는 동안)의 맥락에서 보면, 1888년 초 이래의 그의 몸짓과 말과 엄밀하게 얽혀 있다. 그리고 어쨌든 11월 중에 그 몸짓과 말은 격변이 임박했음을 명확히 보여 준다. 그러나 스트린드베리가 니체와 편지를 교환했던 것은 단지 가을부터였고, 그가 은퇴해서 머물고 있던 덴마크의 홀테에서는 니체의 변신의 다양한 단계들을 추적할 수가 없었다.

스트린드베리는 '카이사르'라고 서명된 이 짧은 메시지를 받았을 때, 그것을 익살로 간주하는 데 주저했다. 그는 처음에 느낀 불안함을 견딜 수가 없어서, 익살의 추가로 불안을 위장하면서 그 불안을 표현할 수밖에 없었다. 그래서 그리스어와 라틴어로 쓰인 답장에 그 자신이 지고하고 지선한 신Deus optimus maximus이라고 서명했다.

친애하는 박사님!
나는 원합니다, 광기에 빠지기를 원합니다!
극심한 혼란 없이는 당신의 편지를 읽을 수 없었습니다. 그래서 정말로 당신께 감사드립니다.
"리키니우스여, 너의 삶은 시들어 버리는 것이 더 낫다. 폭풍우를 두려워하여 저 바다로 뛰쳐 나가지도, 위험한 해변들을 품에 안지도 못한다면."
그동안 우리의 광기를 즐깁시다!
건승하시길!

스트린드베리(지고하고 지선한 신)

—홀테, 1888년 12월 31일[23]

이 편지에 니체는 곧바로 답장을 했다. 그의 상태로서는 놀라운 연속성을 보여 주는 것이었다.

스트린드베리 씨에게!

에?…… 이혼합시다는 더 이상 아닙니까?……

십자가에 못 박힌 자[24]

호라티우스 시구의 인용은 니체에게 조금이라도 감명을 주었는가? 반대로, **"나는 원합니다, 광기에 빠지기를 원합니다"**와 **"그동안 우리의 광기를 즐깁시다"**는 니체의 상태 자체를 부추기거나 그의 도취에 어떤 것도 추가하지 않았다. 분명한 것은, 니체의 병적 상태도 자신의 연극증에 바쳐진 이 최후의 찬사가 표명하는 공감의 정신에 그가 순응하는 것을 막지 못했다는 것이다. 니체에게 자신의 곤혹을 전한 **'지고하고 지선한 신'**은 역으로 니체를 자극해서 **'카이사르'**가 아니라 **'십자가에 못 박힌 자'**라고 서명하게 한다. 니체가 이렇게 서명해서 자신의 고유한 정체성의 상실을 감추기 위해 그리스도의 모습을 선택한 직전에, 그는 이미 다른 수신자들(특히 브란데스와 가스트)에게 보낸 메시지에도 이 상징적 이름으로 서명했다. 니체가 **'디오니소스'**와 **'십자가에 못 박힌 자'**로서 자신을 이중으로

---

23) Friedrich Nietzsche, Christopher Middleton ed. and trans., *Selected Letters of Friedrich Nietzsche*, Chicago : University of Chicago Press, 1969, p. 344.

24) 이 서신 교환의 번역에는 다음의 책을 이용했다. Karl Strecker, *Nietzsche und Strindberg*, Georg Müller Verlag, 1921, p. 93.—지은이

신격화함에 있어서, 스트린드베리는 니체가 그리스도로서 자신의 얼굴을 보여 준 사람들 중의 하나이다. 이렇게 그의 도취상태는 『이 사람을 보라』에서 확립된 **대면**에서 유래하는 **두 개의 관점**을 갖고 있다 : **디오니소스 대 십자가에 못 박힌 자.**

십자가에 못 박힌 자의 관점은 음모의 관점이다. 그것은 편집병적 체계의 논리적 연장이다. 이 관점 안에서는, 십자가에 못 박힌 자가 카이사르를 대체한다. **희생자**는 판단의 힘이 된다. 그러므로 니체의 적들이 징벌적 처형을 실행한다. 스트린드베리, 브란데스, 가스트는 여러 가지 이유로 공범자들로 선택된다. 음모는 『니체 대 바그너』와 함께 시작하여, 결국에는 니체의 주권의 장애물이 되는 독일 제국의 지도자들을 겨냥한다. 그러나 음모라는 관념이 전개됨에 따라서, 그의 '현재의' 목표는 '인류의 역사를 둘로 쪼개기'라는 훨씬 더 광범위한 목적과 섞인다. 그래서 니체의 소멸 후에 그로부터 남은 것은, 그의 고유한 일관성의 파괴를 주재한 두 개의 심급에 대응하는 얼굴과 목소리뿐이다. 니체를 통해 표현되는 것은 이중의 신의 출현이다. 그렇지만 이 출현이 야기하는 긴장 자체가 어떤 때는 디오니소스를, 어떤 때는 십자가에 못 박힌 자를 당돌하게 참칭하는 장대함의 의식conscience을 반드시 거부하는 것 같지는 않다.

따라서 니체는 최후의 메시지를 쓸 때조차도, '**십자가에 못 박힌 자**'라고 진심으로 쓰면서 자신이 **누구**를 상대하는지를 잘 알고 있었다. 니체는 스트린드베리의 정확한 **해석**을 신뢰했다. 그는 자신의 고유한 조건에 대한 개념을 결코 잃어버리지는 않은 것처럼 보인다. 니체는 디오니소스나 십자가에 못 박힌 자를 위장하면서 이 장대함을 즐겼다. 광기는 이 즐거움으로 이루어진다. 어느 정도까지 **이 위장이 완벽하고 절대적인지**를 누구도 판단할 수는 없다. 니체의 판단기준은 그가 위장하면서 느끼는 강도, 황홀경까지 이르는 강도 안에 있다. 니체가 황홀한 즐거움에 도달하기 위해서는, 거대하고 해방적인 조롱이 1889년 초반의 며칠 동안 토리노의 거리 곳곳으로, 도덕적 고뇌의 초월처럼 그를 이끌었음에 틀림없다. 자신에 대한, 자신의 눈에 비추어진 모든 것에 대한, 그러므로 니체 씨에 대한 조롱, 그로부터 니체는 자신의 교신자들에 대해서 거침없는 행동을 일삼는다. "**자네가 나를 발견했으므로, 나를 찾아 낸 것은 어려운 일이 아니었네. 지금의 난관은 나를 잃는 것이라네. …… 십자가에 못 박힌 자**." (브란데스에게)[25]

'현실원칙'을 무너뜨리는 과정이 외부세계에 대한 의식의 정지나 소멸에 있다면, 그와는 반대로 니체가 이 토리노에서의 최후의 날들만큼 명석했던 적은 없었던 것 같다. **그가 의식하고 있는 것, 그것은 바로 그가 니체이길 그만두었다는 것**, 그로부터 니체라는 인격이 비워졌다는 사실이다. 그러나 이 동일성의 **부재**는 엄청난 변덕스러운 발언에 의해 표명되고, 이 발언은 이러한 변덕 자체에 신의 모습을 요구한다. 이는 신들의 보편적 몸짓에 필적하는 발언이다. 자신의 발언을 **누구도** 믿지 않을 거라는 것을 **알고 있기** 때문이 아니라면, 니체는 어떻게 고의적으로 자신을 구경거리로 만들 수 있었던 것일까? 그를 이끈 것은 두 종류의 동기였다. 그 하나는 자신을 우롱하고 동시대인들을 우롱하기 위해 자신이 갖고 있다고 느낀 **권위**이고, 다른 하나는 우연한 사례(니체의 사례)——실제로는 의식적 자아의 완전한 공허 안에서 겪은 카오스——의 연출이 제공한 관능적 쾌락이었다. 연출자는 물론 아직은 **니체의 의식**이었지만, **더 이상 니체의 자아도, 니체라고 서명한 나도 아니었다**. 이 의식에 의해 니체의 표현, 니체의 어휘는 존속한다. 하지만 그것들은 직접적으로 충동들이고, 기분의 운동들이다. 이 충동들과 운동들은 **나**에 의해 행사되던 현실원칙의 **검열**로부

---

25) Schlechta, Vol. 3, p. 1350.

터 해방되어, 의식을 니체적 담론의 **잔재**라는 형태로 활성화하고, 그리하여 이를테면 그의 연극증의 레퍼토리가 된다. 그리고 그 부속물들은 영혼의 음조에 따라서 조합된다. 이렇게 연극증은 우연한 사례의 실천이 된다. 현실원칙의 검열이 용인하는 것은, 이 원칙에 따르자면 은유(언어)나 시뮬라크르(배우의 몸짓)의 습관적 작용뿐이다. 그런데 여기에서 말하는 우연한 사례의 실천은 현실원칙을 폐기하는 방식이지만, 또한 연출의 **효과**가 사라지지 않도록 그 원칙이 타자들에게서 멀쩡하게 남아 있다고 가정하는 방식이기도 하다. 그것은 언어가 **자의적으로** 사용되더라도 타자들의 해석을 가정하고 있는 것과 마찬가지이다. 현실원칙의 검열은, 이미 변했음에도, 외부에서는 타자들의 판단, 타자들의 반응과 융합된다. 니체의 **자아**는 이제 작인 없는 의식에 의해 타자들의 뜻에 맡겨졌으므로 그 자아의 보호자들도 타자들이다. 타자들에게, 니체의 친구들에게, 그의 메시지의 수신자들에게, 니체를 재발견할 임무가, 또는 이미 발견했다면 니체를 잃을 임무가 주어진다. 그를 잃는 것, 그것은 니체가 브란데스에게 말했듯이 더 어려운 일이다. 왜냐하면 타자들은 가짜 니체만을, 또는 니체의 파괴된 자아의 단편들만을 보존하고 있을 가능성이 있기 때문이다. 니체가 자신의 전체성을 재발견했든지, 또는 영원히 흩어졌든지(디오니소스 사그레우스처럼), 토리노의 날들 동안 그가 한 개인의 말과 행동의 범위를 한정하는 단순소박한 객관적 현실의 이면을 통과했다는 것은 확실하다. 우연한 사례(즉 자의적인 것)란, 니체가 끊임없이 단언했던 것으로, 유일한 현실이거나 또는 파악할 수 있는 현실의 완전한 부재이다. 이것의 권위는 자기 마음대로 파악할 수 없는 것과 융합해서 그것의 왕국을 설립할 수 있을 정도이다.

그러나 십자가에 못 박힌 자의 관점인 음모의 관점에 서 있다가, 니체는 어떻게 동시에 **디오니소스의 관점**에 자신을 세울 수가 있었는가? 말을 건네는 상대들뿐 아니라 거기에 대응하는 **감정의 연합들**도 다른 그 관점에.

십자가에 못 박힌 자와 그 적대자 디오니소스는 틀림없이 토리노의 도취 동안 하나의 균형을 이루고 있었다. 그러나 이러한 균형이 성립된 것은, 『이 사람을 보라』에 의해 너무나 단호하게 단언된 적대관계(**사람들은 나를 이해했는가? 디오니소스 대 십자가에 못 박힌 자**)가 도취로 인해 완화되었다는 것을 의미한다는 사실과는 별개이다. 오버베크에게 쓴 1월 7일의 편지가 증명하듯이 디오니소스는 음모에까지 참가하고 있는 것이다. 디오니소스는 빌헬름 황제와 반유대주의자들을 **총살시킨** '**칙령**'의 **서명자**이기도 했으므로.

디오니소스의 관점은 바그너에 대한 복수인 동시에(그러나 아주 다른 차원에서), 코지마를 노린 일종의 특이한 전투에 속하는 것처럼 보인다. 디오니소스가 승리한다면 음모의 관점은 포기될 것이다. 니체가 디오니소스라고 서명할 때마다, 음모 자체는 이미 극복되고, 청산되고, 망각되어, 이로부터 니체의 도취는 완전히 사라진다.

니체의 편에서 **디오니소스**라는 서명은 그 자체로 십자가에 못 박힌 자라는 서명보다 훨씬 덜 놀라운 것인데, 그는 오래전부터 이전의 저작들 안에서 이미 이 신의 형상을 요청하여 그것을 우주의 카오스와 동일시했기 때문이다. 니체가 디오니소스를 그 대립자인 **십자가에 못 박힌 자**에 다시 결합시키는 것은 균형의 필요성(배제한 것을 재흡수한다는 의미에서가 아니라 감정의 균형이라는 의미 **안에서**)이 현저해졌을 때이다. 그러나 이 균형은, 따라서 음모 안에서 이 결합은 또 다른 균형을 위해 버려질 것이다. 그것이 니체에게는 편집병적 표상에 대한 방어인 것이다. 디오니소스와 함께, 연극증은 음모를 보상하려고 하고, 그 연극증은 리비도의 표상들에 의해서만 끝을 볼 수 있다.

리비도의 힘들은 어떻게 협력하여 최후의 균형을 이루어 내는가. 이 최후의 균형에서 니체는 자신의 '회복'을 추구했을 수도 있다. 그 사실을 증명해 주는 것은 1889년 1월 4일자로 부르크하르트에게 쓴 첫 메시지인데, 거기서 니체 자신이 **균형**에 대해 말하고 있다.

> 경애하는 야코프 부르크하르트에게. 그것은 사소한 농담이었습니다. 그것에 대해서는 하나의 세계를 창조한 권태를 내 스스로에게 허용합니다. 그런데 당신은——너는——우리의 가장 위대한 스승이십니다. 왜냐하면 아리아드네와 함께라면, 나는 모든 사물들의 황금의 균형에 다름 아니고, 우리는 그런 것들 각자 안에서 **우리를 뛰어넘는 존재들**을 가지고 있으니까요. …… 디오니소스.[26]

그러나 단지 며칠 동안만 지속된 이 취약한 균형은 프로이트가 편집병적 과정에서 **억압된 것의 분출**이라고 명명한 것으로 간주될 수 있을 것이다. 억압이 편집병의 최초의 메커니즘을 형성하고, 이 분출이 최후의 단계인 한에서. 거기서 이 단계를 전체적인 파국으로 느낀 환자는 마침내 세계를 살 수 있는 곳으로 재구축하려고 할 것이다.

니체의 토리노에서의 행동은 '억압된' (트립센의 실패와 바그너와 코지마와의 결별 이후로) **반-니체**의 분출로서 '설명되거나' 증명될 것이다. **반-니체**가 이전의 명석한 니체의 옆에서 불쑥 나타난다. 하지만 그는 조금 전에 취해진 입장들, 표면적으로는 최종적인 것으로 보이는 입장들을

---

26) Schlechta, Vol. 3, p. 1350.

재해석하면서 수정한다. 그는 이렇게 하면서 **니체의 발언들을 이용하여**(최후로부터 두번째의 발언들, 즉 『니체 대 바그너』와 『안티크리스트』) 반바그너주의와 반기독교주의를 표명하기 위해서 억압한 것뿐만 아니라, 이전의 명석한 입장의 이름으로 부인한 모든 정서적 현실도 이 발언들과 나란히 놓는다. 이 정서적 현실은 모든 설명들 이전의 장소를 향해, 어린 시절의 모호한 동기들에 이르기까지 거슬러 올라간다(여섯 살의 니체가 꾼 예지몽, 죽은 아버지 등등).

그러나 **반-니체**가 명석한 니체의 옆에 불쑥 나타난다 해도, (억압의 메커니즘에 따라서) **반-니체**의 실어증과 자신의 이전의 선언에 따라서 **선언을 계속하는** 니체 사이에는 밀접한 관계가 있다. **반-니체**의 출현은 명석한 니체로부터의 **해방**으로 체험되고, 그로부터 도취가 발생한다. 명석한 니체의 파멸 자체는 니체의 파토스 전체에게는 이를테면 **특권**이 된다. 그리고 **세계의 변화, 천상의 기쁨**, 십자가에 못 박힌 자와 디오니소스의 대치의 화해, 『이 사람을 보라』에 대하여 거둔 승리 같은 것, 따라서 체험된 불가능한 것, 이 모든 것이 토리노의 황홀을 형성한다.

(토리노 시절인 1887~1888과 그 이전의 니체의 행동에 대해서 어떠한 '임상적' 정의를 내리든지 ——편집성 치매, 조발성 치매, 편집병, 정신분열증—— 그 정의들은 **외부로부터** 성립된다. 즉 제도적 규범들로부터 성립된다. 정신과 의사가 부여하는 치유**기준들**이 전적으로 **상대적인** 객관성이라는 가치인 것은 분명하다. 그리고 그것을 과학적 관점에서는 환자와 마찬가지로 정신과 의사도 **더 이상 믿지 않는다. 객관성의** 기준은 순수하게 예술적인 관점에서 보자면 도스토예프스키와 스트린드베리에 의해 무한한 **아이러니**의 원천으로서 이용됐다. 사실 프로이트가 말했듯이, 정신과 의사는 이 현상들을 하나의 가설을 갖고 접근한다. 그것은 인간의 정상적 사유로부터 너무나 멀어진 **아주 특이한 정신의 표현들조차도 정신적 삶의 가장 일반적이고 가장 자연스러운**

과정들로부터 파생됐다는 가설이다. 그리고 정신과 의사는 이 변형의 경로들과 원인들을 아는 법을 배우고 싶어 한다[27].)

토리노에서 부르크하르트에게 보낸 두 통의 편지 중 첫번째인 1889년 1월 4일의 편지에서 니체는 첫머리에 **농담과 하나의 세계를 창조한 권태의 관계**를 암시했다. 농담은 이 권태를 자신에게 '**허용하는**' 방식이었다. 이렇게 처음으로 **세계의 창조**(신성한 행위)가 화제에 오른다. 이 테마는 두번째 편지에서 다시 다뤄진다. 그리고 연극증의 기능 자체도 화제에 오른다. 농담은 신의 창조를 **보상한다**(그러므로 '편집병 환자'에게는 살 만한 세계를 스스로 재구성해야 하는 권태를 보상한다). 그런데 **창조라는 '신성한' 행위에 전념하는 것**(니체 디오니소스로서), **그것이 바로 농담이다**('디오니소스적인'). 그것은 니체의 변신이 새로운 단계에 접어들었음을 보여주는 첫번째 지표인 것이다. 다음으로(농담을 변명하기 위한 것처럼), 니체는 부르크하르트에게 그가 "우리의 위대한, 가장 위대한 스승"이라고 말한다. 그리고 계속해서, 자신은 **아리아드네와 함께 균형**을 형성할 뿐이라고 말한다. **모든 사물의 행복한 균형, (그것에 따라서) 아리아드네와 디오니소스-니체는 각자의 안에서 자신들보다 우월한 존재들을 지니게 된다**…….

이 도취의 기간 동안, 처음으로 아리아드네의 이미지가 떠오른다(디오니소스와는 불가분의 관계인 아리아드네는 이전의 작품들과 유고들에서 이미 여러 번 언급됐다). 1월 초에 니체는 코지마에게 다음과 같은 메시지를 보낸다. "**아리아드네, 너를 사랑해―디오니소스.**"[28]

---

27) 슈레버 의장의 사례 참조. 최초의 발병 : 1884년 가을부터 1885년. "이 병은 초자연적 영역과 관련된 어떤 사건도 없이 진행됐다." (프로이드가 인용). 두번째 발병 : 1893년 10월. "그는 상상할 수 없을 정도로 끔찍한 것들로 괴로워했다. 그것은 신성한 이유였다." "……병적인 사유들이 어느 정도 명확한, 완전한 체계를 구성했다. 이 사유들은 실재 상황들의 객관적 가치평가로는 교정될 수 없는 것으로 보인다." 1902년 해방, 『어떤 신경증환자의 회상』 출간. (슈레버의 여자로의 변신, 그것에 인류의 구원이 달려 있다).―지은이

28) Schlechta, Vol. 3, p. 1350.

니체는 갑자기 바젤 시절과 '트립셴의 목가'를 현재로 불러낸다. 코지마-아리아드네의 기억과 함께 균형의 새로운 형태가 실감된다. **음모의** 시각이 먼 과거의 재현재화를 위해서 돌연 폐기되는 것 같다는 의미에서 **디오니소스-십자가에 못 박힌 자**의 균형은 사라진다. 전형적으로 **리비도적인**, 이 재현재화의 대상은 코지마의 매혹적인 이미지이다. 그런데 이러한 맥락에서, 그가 형성하는 **모든 사물들의 균형, 그 자신이 아리아드네와 함께 이룬다고 말하는 그 균형**을 '우리의 가장 위대한 스승'으로서의 부르크하르트 교수의 판단에 맡기는 것은 어떻게 된 것인가? 그렇게 하는 것은 저명한 역사학자의 **권위**에 호소하는 것이자(어떤 상호성도 없는 존경이었지만, 니체는 그에 대한 존경을 멈추지 않았다) 판사에게, 따라서 어떻게 보면 부성적 권위에 호소하는 것이었다. 그것은 동시에 늙은 대학교수를 신비화하려는 욕구이기도 했다. 아리아드네라고 하면서 니체가 코지마를 암시했다는 것을 당시에는 누구도 알 수 없었다(코지마 자신을 제외하면). 이 호소는 틀림없이 임박한 광기에 대한 니체의 최후의 저항, 도취의 한가운데에서 자신의 동일성에 매달리는 그의 의식의 마지막 노력의 일부분이었다.

순수하고 소박한 **연극증**을 경유해서, 니체는 자신의 동일성의 난파로부터 명석한 니체로서 살아남으려 한다. 그러나 이 난파의 도취적 운동이 그에게 자각된 것은 **자신의 교신자들의 인격을 회상할 때**뿐이었다. 도취는 너무나도 격렬해서, 그는 가라앉는 자를 **알아본** 자들에게 도취의 운동 자체에 의해 도취를 전달하지 않을 수 없었다. 그의 명석한 자아로부터의 해방은 너무나 강력해서, 그 해방은 자신에 대한 조롱의 쾌락 자체가 된다. 니체는 항상 ① 자신의 연극증을 고백했다. 그리고 ② 그것을 자신을 용서하는 방법으로, 그러므로 **하나의 세계를 창조한 권태로부터 벗어나는** 방법으로 여겼다. 이 마지막 동기부여(세계를 재구성하여 신으로서 활동할 필요성)는 그의 저작들에 대한 암시로서 해석될 수 있다. 어쨌든 동일한 부르크하르트에게 보낸 1월 5일자의 긴 편지의 첫 문장, 이전의 편지와 아주 유사한 문장 안에서, 세계의 창조가 니체의 토리노 체류의 의미로서 환기된다.

* * *

부르크하르트에게

친애하는 교수님, 결국 나는 신보다는 바젤의 교수이길 더 바랍니다. 그러나 나는 신 때문에 세계의 창조를 게을리 할 정도로 나의 개인적 이기주의를 그렇게 심하게 밀고 갈수는 없었습니다. 아시겠지만, 사람은 어디에서 어떻게 살든지 희생할 줄을 알아야 합니다. 하지만 나는 나 자신에게 **카리냐노**Carignagno 궁(거기에서 나는 비토리오 에마누엘레[29]로서 태어났습니다)의 맞은편에 있는 작은 학생 방을 허락했습니다. 게다가 그 방에서는 책상에 앉아서 아래의 수발피나Subalpina 회랑에서 연주되는 멋진 음악을 들을 수 있습니다. 집세는 서비스를 포함하여 25프랑입니다. 나는 스스로 차를 끓이고 장도 봅니다. 구멍 난 신발 때문에 괴롭긴 하지만, **고대**세계를 만들어 준 하늘에 나는 매순간 감사를 드립니다. 이 고대세계에 대해 인간들은 충분히 단순하지도, 충분히 조용하지도 않았지요. 나는 다음에 올 영원을 나쁜 농담들로 즐겁게 해줘야 하므로, 여기서 쓴 글에는 건질 만한 것은 하나도 없고, 힘들여 쓴 것도 전혀 없습니다. 우체국은 코 닿을 거리여서, **사교계**[30]의 거물 칼럼니스트를 연기하기 위

---

29) 비토리오 에마누엘레 2세(Vittorio Emmanuel II, 1820~78). 이탈리아의 통일을 이룩한 최초의 국왕. 재위 1861~78년.

해 나는 거기에서 편지를 부칩니다. 나는 당연히 『피가로』*Figaro* 지와 긴밀한 관계를 맺고 있습니다. 그리고 내 생활방식이 더할 나위 없이 무해하다는 것을 당신이 조금이라도 알 수 있도록, 내 나쁜 농담들의 첫 두 마디를 들어 주십시오.

프라도 사건을 너무 심각하게 생각하지 마십시오. 내가 프라도이고, 내가 프라도의 아버지이고, 감히 말하자면, 나는 또한 레셉스입니다……. 즉 나는 내가 사랑하는 파리 시민들에게 새로운 관념, 정직한 범죄자라는 관념을 주고 싶었습니다. 나는 샹비주(다른 정직한 범죄인)입니다.

두번째 농담 : 나는 불멸하는 자들을 찬양합니다. 도데 씨는 **프랑스 학술원**의 회원입니다.

아스투Astu.

불쾌하고 나의 신중함을 불편하게 하는 것, 그것은 결국 역사의 모든 이름은 결국 나라는 사실입니다. 마찬가지로 내가 세상에 태어나게 한 아이들에 관해서는, '신의 왕국'에 들어가는 자들 모두가 신으로부터 온 것은 아니라는 것의 여부를 나는 어떤 불신감으로 자문해 보는 상황입니다.

올 겨울에, 나는 가능한 한 검소한 차림새로, 두 번이나 연속으로 내 자신의 장례식에 참석했습니다. 처음에는 로비란트 백작으로(아니, 그는 내 아들입니다. 내가 본성에 충실하지 않은 카를로 알베르토[31]인 한), 하지만 내 자신이 안토넬리였습니다. 친애하는 교수님, 당신께서는 반드시

---

30) 니체의 원문에는 불어로 'la grande monde'라고 쓰여 있다. 하지만 'le grand monde'가 맞는 표기이다.

31) 카를로 알베르토(Carlo Alberto, 1798~1849). 사르데냐의 국왕(재위 1831~49)으로, 비토리오 에마누엘레 2세의 아버지. 재위 1831~49년.

이 건조물édifice을 보셔야 합니다. 나는 내가 창조하는 것들에 대해서는 어떤 경험도 없으므로, 당신께 모든 비평을 맡깁니다. 그렇게 해주시면 감사하겠습니다. 그 비평을 유익하게 사용하겠다는 약속은 하지 못하겠습니다. 우리 예술가들은 교육 불가능한 자들입니다. 오늘 오페레타를 관람했습니다. 멋진 무어풍의 오페레타였고, 그 덕분에 현재의 모스크바와 로마가 똑같이 장대한 현실이라는 것을 알게 되어서 기뻤습니다. 아시겠지만, 풍경에 관해서도 저는 재능이 있습니다. 생각해 보십시오. 우리는 즐거운, 즐거운 대화를 나눌 것입니다. 토리노는 멀지 않습니다. 우리에게 심각한 직업적 의무는 지금 하나도 없습니다. 벨트리너 와인 한 병도 마련할 겁니다. 실내복은 필수입니다.

깊은 애정과 함께, 당신의 니체.

(추신)

나는 학생용 외투를 입고 산책하며, 여기저기에서 만나는 사람마다 어깨를 두드리며 말합니다. **"우리는 행복합니까? 나는 신입니다, 이 캐리커처를 만들었지요 ...."**

내일은 내 아들 움베르토와 매력적인 마르게리타가 올 겁니다. 하지만 나는 여기에서 셔츠 차림으로 그들을 맞이할 것입니다.

나머지는 코지마 부인에게 …… 아리아드네에게 …… 때때로 우리는 마술을 합니다 …….

나는 가야파[32]를 사슬에 묶었습니다. 내 자신도 작년에 독일 의사들에 의해 완강한 힘으로 십자가에 묶였습니다. 빌헬름, 비스마르크, 그리고

---

32) 가야파(Caiphas). 신약 시대의 유대교 대사제. 최고법원의 수장으로서 예수에게 유죄판결을 내렸다.

모든 반유대주의자들은 말살되었습니다.

이 편지는 마음대로 사용하셔도 좋습니다, 바젤 시민들 사이에서 나에 대한 평판을 깎아 내리는 데 쓰인다면.

—1889년 1월 5일[33]

* * *

우리는 행복합니까? 나는 신입니다.

이 캐리커처를 만들었지요…….[34]

부르크하르트에게 보낸 마지막 편지 안에서 다채롭게 빛나는 '의미' 의 놀라운 풍부함은, 정신과 의사에게는 철학자의 붕괴를 증명하는 것임에도 불구하고, 니체의 '지성'의 최고 절정을 구성하는 것이다. 연극증의 광채 안에서 니체의 삶이 축적한 모든 것의 충만함이 모습을 드러낸다. 다양한 테마들이 모여서 그 숫자만큼의 요약들로 극복된 것처럼, 단일한 비전을 형성한다. 이젠 더 이상 반성적 사유를 위한, 철학적 전달을 위한 어휘였던 '**힘에의 의지**'도 '**영원회귀**'도 말해지지 않는다. 말해지는 것은 **신의 죽음**의 이면, 즉 세계의 **창조**가 일어나는 천상의 왕국이다. 문헌학 교육은 신의 조건을 벗어나기 위한 구실일 뿐이었다. 교수직은 평온함으로 보였던 반면에, (세계의) **창조**는 니체에게 두려운 과업이었다. 그 과업이 맡겨진 지금, 그것을 수행하기 위해 필요한 조건들이 하찮기 때문에, 그 과업은 **사교계**의 칼럼 기사처럼 단순한 것으로 밝혀진다. 세계를 창조

---

33) Schlechta, Vol. 3, pp. 1351~2.
34) Schlechta, Vol. 3, pp. 1351~2.

하는 것과 **사교계 기사**를 쓰는 것, 이 둘은 연극증에서 유래해서 나쁜 농담들에 의해 표현된다. 믿을 수 있는 사람으로, 그리고 재판관으로 선택된 부르크하르트 교수의 눈에, 그것은 틀림없이 나쁜 것으로 보였을 것이다. 현실원칙의 수호자로서의 과학의 진지함은 여기에서 니체를 돋보이게 한다. 경악이나 이성의 빈축은 여전히 농담이 형성되고 발화되기 위한 토대가 된다. 그런데 다음에 올 **영원**을 즐겁게 해주기 위해서, 농담은 여기에서 끊임없는 **환생**의 양상을 취한다. 농담은 여러 사건들과 인물들에게로 펼쳐지는데, 그것들은 **결국** 니체 자신의 투영과 몸짓일 뿐이다. **"신의 왕국에 들어가는 모든 것은 또한 신으로부터 온다."** 이 말은 결국, 모든 동일성들은 거기서 교환가능하고, 어떤 동일성도 결정적인 한 번으로 안정적이지 않다는 것이다. 그런 이유로 **실내복은 필수다**(글자 그대로, 실내복은 그곳의 예법이 요구하는 조건이다). **실내복**, 달리 말하면 그것은 신성한 연극증의 무한한 자유이다. 그 복장으로 인해 두 번이나 연속으로 자기 자신의 장례식에 참석할 수 있고, 토리노의 거리를 돌아다니며 지나가는 사람들의 어깨를 두드리고, "우리는 행복합니까? 나는 신입니다. 이 캐리커처를 만들었지요"라고 친근하게 자신의 **비밀 신분**을 밝힐 수 있는 것이다. 그리고 마찬가지로 **자신의 아들 움베르토와 매력적인 마르게리타를 셔츠 차림으로 맞이**할 수 있는 것이다. 실내복은 동일성의 원칙이라는 '부적절함/무례함'이 제거됐음을 구체적으로 보여 주는 것이다. 과학과 도덕뿐 아니라 그것들로부터 파생하는 모든 행동이 근거로 삼는, 그러므로 현실과 비현실의 구분으로부터 출발하는 모든 전달행위가 근거로 삼는 그 동일성의 원칙이 제거됐음을.

* * *

편지의 마지막 단락과 추신의 다섯 단락의 첫번째는 아직 도취의 일부를 이루고 있다. 움베르토 왕자와 마르게리타 공주를 셔츠 차림으로 맞이하는 것을 말하는 두번째 단락도 마찬가지다.

　　세번째와 네번째 단락은 변화를 보여 준다. 니체는 돌연 토리노의 분위기로부터 탈출하여 지나간 현실들의 영역 안으로 되돌아온다. 상기된 이름들과 그가 니체로서 관여했던 가깝거나 먼 과거의 일화들 속에서, 니체의 붕괴된 자아가 마지막으로 자신을 인식한다는 의미에서. 하나의 단어가 개입한다 : **마술**. 그것에 의해 지나간 현실들이 되살아난다. 실제로, 세번째 단락은 이렇게 말한다. "**나머지**는 코지마 부인에게 …… 아리아드네에게 …… 때때로 우리는 마술을 합니다." **나머지**는 코지마 부인에게 …… 부르크하르트에게 한 이 비밀스런 암시(그들은 전혀 친밀한 사이가 아니었다), 하나의 비밀을 엿보게 해주는 이 암시는 아마도 도취 때문일 것이다. 하지만 이 암시에 의해 도취의 힘은 변질되고 무산됨으로써, 전날의 첫번째 메시지 안에서 이미 느낄 수 있는 리비도에 의한 재현재화에 길을 열어 준다. 코지마의 상기(그때는 니체가 그녀에게 "아리아드네, 너를 사랑해"라는 메시지를 보낸 직후였다), 『선악의 저편』 안에서도 『이 사람을 보라』 안에서도 **사티로스 연극의 소묘** 안에서도 이미 등장했던 아리아드네, 이것이 가정하는 것은 코지마가 오래전부터 니체가 실행한 **마술**의 대상 자체였다는 것이다. 이 **마술**(그것은 세계의 창조와는 아무 관련이 없다)이란 무엇인가? 니체가 이미 오래전의 일인 바그너와의 결별(1878) 뒤에도 남아 있던 트립센의 매혹적인 이미지를 마술이라는 방식으로 불러일으키는 우울한 쾌락을 실행했다는 말인가? 니체는 추신의 이 세번째 단락을 쓸 때, 토리노의 분위기에 대해서 방금 말한 것과 **가끔 마술을 한다**는 고백 사이의 거대한 **간격**을 표현하고 있는 것처럼 보인다. 마술의 대상인 코지마에 의해 니체는 자신의 미로가 된 **과거** 속으로 떨어진다. 그 안에서 조금 전까지 '세계의 창조자'였던 니체는, '마술사'로서 다시 하강한다. 아리아드네의 실, 그것을 니체는 테세우스와는 다른 방식으로 잡는다. 모든 연상들이 동시에 나타난다. 아리아드네로서, 코지마는 바그너(1883년에 사망)로부터 버림받았고, 그런데 이중으로 버림받았다(바그너와 쥐디트 고티에Judith Gautier). 니체가 디오니소스를 연기하는 것은 테세우스의 자리에서이다. 바그너가 죽은 것은 독일의 모든 청년들(니체의 제자가 될 수 있었던)을 잡아먹은 미노타우로스로서이다. 그러므로 니체는 바그너-테세우스를 대체했을 뿐 아니라, 바그너-미노타우로스도 대체한 것이다. 이제부터 디오니소스와의 동일화가 확립된다. 사티로스 연극은 시작될 수 있다. 즉 토리노에서의 연극병적 도취는 그리스 비극의 **이름들** 안에서 국지화되고, 신화적 도식들을 이용하여 한순간 인격분열이 가능해진다. 그러나 도취는 니체를 동시대의 삶으로, 현재로 되돌리고, 연극증은 승리한다. 디오니소스-니체는 자신의 연기를 위해 한 명의 사티로스를 필요로 했고, 이 사티로스는 트립센의 영역에서 다시 한 번 활동한다. 그런데 이 사티로스의 배역을 맡은 사람은 둘이다. 한 사람은 카튈 망데스Catulle Mendes(쥐디트 고티에의 전 남편. 니체는 이 커플과는 스쳐 가는 관계만을 가졌음에 틀림없다), 또 한 사람은 니체의 친구인 화가 폰 자이들리츠Von Seydlitz. 니체는 직전에 그에게 쥐디트에 대한 '트립센의 추억'을 써서 보냈다.

　　사티로스(니체는 그 역할을 결국 카튈 망데스 안에서 발견했다고 생각했으므로)를 찾는 것, 그것은 리비도의 권력 위임과 같은 것이다. 그런데 이 경우에는 바그너 부부의 옛 친구였다. 따라서 **모든 시대를 통틀어 가장 위대한 사티로스**(니체는 '이조린Isoline의 시인'이라고 형용한다)와 '**모든 시대를 넘어선**' 그 사티로스가 콧대 높은 코지마를, 바이로이트의 숭배 속에서 배제된 니체에게 그렇게 냉담했던 코지마를, 디오니소스에게 몸을 맡기고 싶도록 만들어야 한다. 이 모든 것은 니체가 '때때로' 실행하는 **마술** 속에 들어 있다.

아리아드네와 미궁

(주요 수첩들, 시리즈 W II)

1) 사티로스 연극

최후에

끼워넣기 : 디오니소스와 테세우스 그리고 아리아드네 사이의 짧은 대화들.

──아리아드네는 테세우스가 부조리해진다,

테세우스가 고결해진다, 라고 말한다──

아리아드네의 꿈에 대한 테세우스의 질투

영웅은 자기 자신에 대해 경탄하면서

그 자신은 어리석어진다

아리아드네의 탄식

질투하지 않는 디오니소스 : "내가 그대 안에서 사랑하는 것, 그것을 저 테세우스가 어떻게 사랑할 수 있을 것인가?⋯⋯"

마지막 장. 디오니소스와 아리아드네의 결혼.

디오니소스가 말한다. "신이라면 질투하지 않는다. 신들에 대해서라면 몰라도."[35]

---

35) KSA, Vol. 12, pp. 401~2, 9[115], 1887[『전집』 20권, 82~3쪽].

2) 디오니소스가 말한다. "아리아드네여, 그대는 미궁이요. 테세우스는 그대 안에서 길을 잃었으며, 실을 놓쳐 버렸소. 그가 미노타우로스에게 잡아먹히지 않았다는 것이 지금 그에게 무슨 소용이란 말이오? 지금 그를 잡아먹은 것은 미노타우로스보다 더 끔찍한 것이오."(디오니소스) 아리아드네가 대답한다. "당신은 나를 추켜세우는군요. 하지만 이제 연민을 느끼는 건 지긋지긋해요. 나를 만나는 모든 영웅들은 파멸해야 합니다(내가 사랑하기 위해서는, 신이 될 ─ 신일 ─ 필요가 있습니다).[36]

(W II, 2, 72) (1887년 10월 또는 11월)

"오, 아리아드네, 그대는 그대 자신이 미궁이요. 우리는 거기에서 벗어날 수 없소"……

디오니소스, 당신은 나를 추켜세우는군요, 당신은 신이에요…….[37]

(W II, 7, 32) (1988) (『우상의 황혼』 참조)

"오, 디오니소스여, 신이여, 왜 당신은 내 귀를 잡아 당기나요?"

── 아리아드네여, 그대의 귀는 어딘가 우스운 데가 있소. 왜 그 귀는 더 길지 않소?……"[38]

(아리아드네의 탄식의 마지막 절(디오니소스의 찬가)

현명해지시오, 아리아드네여……

그대는 (나의) 작은 귀를 갖고 있소, 그대는 (작은) 내 귀를 갖고 있소. 그것에게 현명한 말 한 마디를 들려주기를!

---

36) KSA, Vol. 12, pp. 401~2, 9[115], 1887[『전집』 20권, 83쪽].
37) KSA, Vol. 12, pp. 510, 10[94], 1887[『전집』 20권, 208쪽].
38) KSA, Vol. 13, p. 498, 16[40], 1887[『전집』 21권, 362쪽].

서로 사랑해야 한다면, 먼저 서로 증오해야 하지 않을까?······

나는 그대의 미궁이로다······)"[39]

* * *

토리노에서의 세계의 변모와 코지마의 아리아드네로의 변모는 역사의 최종적 변모에 의해 완결된다. **"알렉산더와 카이사르, 베이컨 경, '셰익스피어'의 시인, 볼테르와 나폴레옹 안에서, 아마도 바그너 안에서"**[40] 점차로 이들의 화신이 되면서, 니체는 '총애하는 왕비 아리아드네'에게 알리듯이, 이제부터 **"대지를 장엄한 날로 바꿀 승리한 디오니소스······"**로서 나타난다. 먼 과거의 나날들을 향한 썰물과 그 날들로부터의 밀물이 토리노에서의 니체의 일상에서 출렁인다.

장엄한 날, 그것은 예나의 빈스방거Otto Binswanger 박사의 요양원에 수용되었을 때 니체의 발언 안에서 마지막으로 울린다. **"나를 여기에 데려온 것은 내 아내 코지마이다."** 그 직전에 토리노에서, 그는 자신의 메모에 이렇게 기록했다. **"그것은 나와 닮은 누군가를 발견한 유일한 사례이다. 코지마 바그너 부인은 단연코 존재하는 가장 고귀한 여성이다. 그리고 나 자신에 관해 말하자면, 그녀와 바그너와의 결합을 나는 언제나 간통이라고 해석해 왔다······. 트리스탄의 경우······.**"[41]

루와의 연애사건을 넘어서, 코지마의 모습(젊은 문헌학자의 최초의 감정의 흔적)이 그 이후의 니체의 모든 감정들로 풍요로워져 되살아난다.

사티로스 연극의 최종 초안들 중 하나에서, 디오니소스는 아리아드네

39) KSA, Vol. 6, p. 401 [『전집』 15권, 502쪽].
40) Letter to Cosima Wagner, 3 January 1889.
41) KSA, Vol. 14, p. 473.

에게 어떤 때는 "그대는 그대 자신이 미궁이요", 어떤 때는 "나는 그대의 미궁이로다"라고 말한다.

여기서 니체가 표현하는 것은 자신의 고유한 삶의 흐름이 아니라, 자신의 영혼의 미궁들이다. 자신의 영혼 안에서, 자신의 영혼에 대해서, 니체는 출발점 이외의 출구를 발견할 수 없었다. 영혼은 니체의 고유한 공간이자 여러 겹의 그물망 같은 모든 길들을 주파해야 하는 자신의 고유한 여정이다. 미궁으로서 스스로를 주파해야 하는 영혼이 단지 돌이킬 수 없는 착오를 향해서만 전진한다면, 베르길리우스도 말했듯이 삶의 진행이라는 의식이 이 퇴행적 운동의 망각을 요구하는 것처럼, 기억은 삶의 진행의 망각을 요구하고, 영혼은 그런 기억을 재발견한다. 자서전은 이 두 개의 상반된 운동들의 화해를 위한 노력이다. 그러나 자서전은 동시에 외부로부터의 전기(증인들의 말, 그들의 해석 그리고 후세의 해석)가 쓰일 것도 예상해야만 한다.

지금은 미궁, 아리아드네, 디오니소스, 이 이름들만이 니체에게 존속해서, 형상들의 의미와 역사적 윤곽이 사라지는 영역을 향해 이 저항할 수 없는 퇴행적 운동을 말해 준다.

네번째 단락(편지의 여백에 쓰인)은 새롭고 아주 다른 착상으로 쓰였다. 갑자기 우리는 음모의 시각 안으로 들어간다. 대사제 가야파를 사슬로 묶었다고 그가 말하는 것은 **십자가에 못 박힌 자로서이다.** 그렇지만 "**자신 또한 독일인 의사들에 의해 십자가에 못 박혔다**"고 말하는 한에서, 니체는 이 동일시에 유사한 가치를 부여하는 것처럼 보인다. (이 의사들은 니체가 앞으로 실명할 것이라고 진단한 안과 의사들에 대한 암시일까? 그보다는 오히려, 부르크하르트에게 편지를 쓰고 있는 현재의 상태를 암시하는 것처럼 보인다. 자신의 **치매**는 **치료**를 필요로 하는 반면에, 자신이 박해당한(즉 유럽의 **평평한 나라** 독일에서 이해되지 못하고 무시당한) 방식은 자신을 치매로, 자신을 십자가형으로 이르게 하는 치료와 **같은 가치를 지닌다**). 이 동일한 치매로부터, 신성한 희생자로서 그는 가야파를 **처벌할** 권력을 얻는다 : **안티크리스트**로서 그의 (명석할 때의) 고유한 입장의 완전한 역전. 하지만 가야파는 유대인들의 대사제이고, 그리스도는 유대인들의 왕이다. 따라서 완료된 사실인 것처럼 다음의 발언이 행해진다. "**빌헬름, 비스마르크, 그리고 모든 반유대주의자들은 말살되었습니다**"(그들은 니체가 독일의 지배자가 되는 것을 방해했다).

이 마지막 단락에서 군림하는 독일중심주의(그의 고유한 '주권'에 따라서)의 측면에서 그가 괴로워한 모든 것이 한 번 더 섞인다. 그의 최후의 단편들 중의 하나, 부분적으로 훼손된 그 문장에서, 그의 **태생적 동맹자들**은 유대인 장교들과 유대인 은행가들이라고 선언된다. 니체가 말하기를 (훼손된 문장의 남은 부분으로부터 독해한 의미에 따르면), 이 유대인 은행가들은 "국가주의의 오만과 민중의 이익을 위한 정치"[42]에 종지부를 찍을 수 있는 **유일한 권력**이다. 해독된 최후의 단편에서, 니체의 증오는 자신의 폴란드계 혈통과 마침내 '자신의 고유한 신성'을 손상시키는 근친들(어머니와 여동생)로 집중된다.

* * *

나는 여기에서 혈통의 문제를 다룬다. 나는 순수한 폴란드 귀족이고, 불순한 피는 한 방울도 섞이지 않았으며, 독일의 피는 전혀 없다. 나 자신과 가장 반대되는 것을 찾으려 한다면 …… 나는 언제나 어머니와 여동생을 발견한다. 이러한 독일의 천민과 근친관계에 있다고 하는 것은 내

---

42) cf. Nietzsche, *Oeuvres complètes*, Paris : Gallimard, 1982, Vol. 14, p. 473.

신성에 대한 모독이다. 어머니와 여동생 측의 이날까지의 가계는 기괴한 것이었다. 나의 영원회귀의 사상, 심연과 같은 사유라고 내가 부르는 사상, 그것에 대한 최대의 반론은 언제나 내 어머니와 여동생이었다. …… 그러나 폴란드인으로서의 나는 놀라운 격세유전이었다. 과거로 수 세기를 거슬러 올라가야만 나와 같이 본능적으로 순수함에 도달한 혼합된 인간을 발견할 수 있다. 나는 귀족이라고 불리는 모든 것에 경의의 감정을 갖고 있다. 내 마차의 마부가 젊은 황제라는 것을 나는 참을 수 없을 것이다.[43]

* * *

그러므로 이 최후의 메시지를 통해서 니체가 분산되고 재결집되는 것은 서로 다른 수준들, 서로 다른 시간의 간격들에서이다. 니체가 자신의 이름으로 서명하기 위해서 가장 커다란 고통이 마지막으로 상기되는 반면, 가장 커다란 환희는 충동의 파동들 수준에서 표면화된다. 달리 말하면, 이 충동의 파동들이 스스로의 고유한 해석에 따라서 스스로 자기 자신을 지시할 자유를 얻는다.

사건이, 행위가, 표면적 결단이, 세계 전체가, 태곳적부터 언어의 영역에서 볼 수 있었던 양상과는 너무나 다른 양상을 가진다는 것, 그것이 항상 니체의 머리를 떠나지 않는 생각이었다. 지금 니체는 언어의 이쪽 또는 저쪽에서 세계를 본다. 그것은 절대적 침묵의 영역인가, 또는 반대로 절대적 언어의 영역인가? 일단 작인이 더 이상 아무것도 자기 자신에게로 환원시키지 않자, 오히려 자신이 모든 사물들로 환원되어, 모든 사

---

43) KSA, Vol. 14, p. 473.

물들이 동일한 신속함으로 각각의 '자기 자신들'을 지시하게 된다.

여기에서 문제가 되는 것은, 니체가 (이전의 단편 안에서) 말한 **시간의 전도**인가. "우리는 외부세계를 그것이 우리에게 끼치는 작용의 원인으로 믿고 있지만, 사실적이고 무의식적으로 진행되는 작용을 우리가 비로소 외부세계로 바꾸어 놓은 것이다. 우리 맞은편에 그렇게 서 있는 세계가 이제 우리에게 거꾸로 영향을 끼치는 [재-작용하는] 우리의 작품인 것이다. 세계가 완성되기 위해서는 시간이 필요하다. 하지만 이 시간은 너무나 짧다."[44]

찰나의 순간에 : '우리의 작품'인 외부세계, 그것을 니체의 도취는 회수한다. 하지만 외부세계는 어떻게 우리에게 다시 내재화되는 것일까? 우리는 우리 자신이 세계의 실효적 작용이기 위해서 어떻게 외재화되는 것일까? 우리 안의 세계는 어디서 멈추고 어디서 시작하는 것일까? 하나의 유일하고 동일한 작용에는 어떤 한계선도 없다.

토리노의 도취는, 현재 체험된 맥락 안에서, 과거를 형성하는 모든 것의 잔재들을 일종의 **해석적** 자유 안에서 유지하도록 니체를 이끈다. 매**일매일**의 사실만을 받아들이기 위해 일상이 멀리하는 것, 그것이 돌연 일상 안으로 침입한다. 과거의 지평이 가까워져서 일상의 차원과 융합되어, 과거와 일상은 같은 수준이 된다. 그 대신에 일상의 사물들은 갑자기 멀어진다. **어제**는 오늘이 되고, 그제는 이튿날 위로 넘쳐흐른다. 토리노의 풍경, 기념비가 서 있는 광장들, 포 강을 따라가는 산책, 그것들은 '클로드 로랭'Claude Lorrain 풍의 조명 안에 잠겨 있다. 도스토예프스키의 **황금시대**, 그 안에서 투명함은 사물들의 무게를 지워 무한의 거리로 깊어져 가게 한다. 빛의 광채는 여기에서 웃음의 광채이다. **진리가 명백하게 드러나는 그 웃음**. 니체의 동일성과 더불어 모든 동일성들이 폭발하는 웃음. 그

---

44) KSA, Vol. 11, p. 159, 26[44], 1884[『전집』 17권, 210쪽].

러므로, 모든 사물들이 가질 수 있거나 또는 다른 사물을 위해 잃을 수 있는 의미도 폭발한다. 한정된 연쇄나 좁은 맥락에 따라서가 아니라, **조명의 변화들**에 따라서. 이 조명은 눈에 의해 감지되기 전에 정신에 의해 감지된다, 또는 이 빛들로부터는 어렴풋한 기억이 떠오른다.

"**고대세계**를 만들어 준 하늘에 감사를 드립니다. 이 고대세계에 대해 인간들은 충분히 **단순하지** 않았지요."[45] 니체의 토리노의 비전의 '단순함'은 거의 횔덜린적 어조를 가질 것이다. 정확하게 **사교계 기사**의 아이러니가 거기에 개입되었다면.

도취는 '즐거운 해체'이므로, 그것은 니체에게 있어서 횔덜린의 명상적 정신이상만큼 길게 지속될 수는 없었다. 횔덜린은 비탄에 의해 평안과 망각의 고지로 고양되었고, 그 고지에서 그는 과묵한 이미지들의 방문을 끊임없이 받았으며, 그 이미지들과 단순하고 조용하고 듣기 좋은 같은 언어로 대화를 나눴다. 횔덜린의 '광기'의 시들의 침묵은 토리노에서 연극증이 폭발한 대가로 니체를 위협한 실어증과는 아주 다른 것이다. 니체에게 부여된 세계의 비전은 40년 동안의 시간에 걸쳐서 풍경들과 정물들이 규칙적이거나 불규칙적으로 펼쳐진 것이 아니었다. 그것은 한 사건을 회상시키는 패러디였다. 단 한 사람의 배우가 어떤 **장엄한 날**에 그 패러디를 연기한다. 왜냐하면 **단 하루** 만에 모든 것이 말해지고, 사라지기 때문이다. 그 하루가 이성적인 달력을 넘어서, 12월 31일부터 1월 6일까지 지속됐어야 하더라도.

토리노의 기념비적인 양상 아래에서 니체에게 나타난 세계. 무수한 **강도들의 비연속성**. 그 강도들은 단지 **니체의 메시지들을 수신하는 자들의 해석**에 따라서만 **이름들**을 갖는다. 이 수신인들은 아직 **기호들의 고정성**을

---

45) Schlechta, Vol. 3, pp. 1351~2.

표상하지만, 니체에게 이 고정성은 존재하지 않는다. 강도들의 파동은 스스로를 가리키기 위해 반대편의 말을 너무나 잘 차용할 줄 알았다. 그것이 기적적인 아이러니이다. 환영과 기호의 이러한 일치는 언제나 존재했다는 것, 그리고 지성의 길로 우회하는 노력은 '초인적'이었다는 것을 믿어야 한다. 니체라는 작인이 파괴되었으므로, 이제 시작되는 것은 며칠, 몇 시간 또는 잠깐 동안의 축제이다. 그러나 그것은 희생의 축제이다.

화재와 연소, 그것이 우리들의 삶의 모습이어야 한다, 오 진리의 설교자들인 그대들이여! 그리고 희생자보다 더 오래 희생의 증기와 향연이 타오를 것이다.[46]

---

46) cf. KSA, Vol. 10, p. 426, 13[1], 1883[『전집』 16권, 559쪽].

10장_니체의 기호론에 관한 부기附記

유고의 단편들에서 우리는 니체가 자신의 파토스의 기층基層, substrat(언제나 움직이는 기층)을 반영하는 것을 본다. 하지만 자기 자신과 대면한 그의 내면탐사는 자신 안에서 움직이는 것을 통제하길 원치 않는다. 반대로 그는 이 지하의 움직임에 따르려고 한다. 왜냐하면 누구도 **지금과 같은 인간으로** 태어난 것을 **선택하지** 않았기 때문이다. 선택은 우리 밖에서 이루어졌다. 그 '밖'을 우리는 운명이라고 부른다.

하지만 동시대의 사람들에게 말하기 위해서 자신의 표현을 가다듬는 단계에 이르자, 니체는 이 벌어진 틈들로부터 고개를 돌려 토론의 일상적 관습들, '**감정들의 편견들**'에 전적으로 기초한 관습들을 곧바로 다시 취한다.

하지만 이러한 **편견들**의 언어를 자발적으로 다시 채용하면서, 니체는 자신의 고유한 편견들을 발달시키지 않을 수 없었고 이 편견들을 표면적으로는 **개념들로** 취급하는 것을 피할 수 없었다. 그러므로 그의 담론은 지성에 대하여 자의적이고 **비일관적인** 토대의 편이 되면서, **지적 수용성의 수준에서의 강제적인 일관성**을 옹호하는 척해야 한다.

『선악의 저편』 안에서 니체는 **지적 강제**가 자연의 진정한 창조적 법칙이고, **자유는 그렇지 않다고** 말한다. 지성은 **자신의 환상으로 인해** 강제하고 선별하는 하나의 **충동**이다.

이렇게 그는 **힘에의 의지** ── **원초적 충동**으로서(거기에는 비일관성도 일관성도 없다) ── 와 그때까지 힘에의 의지의 최고 표현인 고전주의의 일관적 형식들을 동일시한다.

'고전주의'·'위대한 문체', 그것은 니체에게는 예술가들의 엄밀함 만큼이나 '심리학자들'과 '마키아벨리적인' 전제군주들의 냉철한 시선을 포함하므로, 이러한 고전주의와 위대한 문체 안에서 일관성이 지배할 수 있었던 것은 그 일관성이 **지성에 의해 보장되는 것으로서 평가됐기** 때문이다. 지성은 그때 선별적 **충동**으로서는 결코 간주되지 않았고, 충동의 세계와 정반대의 것으로 간주되었다. 지성이 단지 무의식에 봉사하는 도구일 뿐일 때, 개념적 일관성은 무엇이 되는가?

니체의 사유는 충동의 자유가 행사하는 **자의적** 강제와 지성의 **설득적** 강제 사이의 경쟁을 쉬지 않고 감시한다. 단, 이 지성은 이번엔 충동으로 정의된다.

'개념'의 생산자, 즉 지성이 자의적인 '비일관성'의 **도구**로 사용되는 반면에, 충동의 행위가 **목적**으로서 **제시된다면**, 이 충동의 행위와 함께 '일관성'을 가져올 담론은 어떤 종류의 것일까? 그런데 우리는 **지성에 의해서만** 자의적인 비일관성에 대해 말할 수 있다.

니체는 비가지적 토대의 자의적 자유를 어떻게 **설득적** 강제로 번역할 것인가? 담론은 단지 자의적이고 강제를 결여하는 것이 아닐까? 개념 형식이 유지된다면 틀림없이 그럴 것이다. 그러므로 필요한 것은, 이 개념형식이 충동의 파동들이 이끄는 대로 아주 **산만하게** 지성의 일관성과 충동의 비일관성 사이에 개입하는 비연속성을 재현하고, 이 형식이 지성의 수준에서 개념의 탄생을 추구하는 대신에 그 개념을 해석하게 되는 것이다. 그것이 바로 아포리즘이라는 형식이다.

우리는 사유가 우연하게 우리를 찾아온다는 **사실**을 감추거나 망쳐서는 안 된다. 아마도, 가장 깊이 있고 끝없이 논의할 수 있는 책들은 언제나 파스칼의 『팡세』의 잠언적이고 **돌연한** 성격과 같은 것을 갖게 될 것이다. 숙성하는 힘들과 가치평가들은 오랫동안 표면 아래에 머물러 있다. 표면으로 드러나는 것은 그것들의 작용이다.[1]

담론이 **거짓된 일관성의 수준으로 다시 추락하는 것을 피하기** 위해서는 다음과 같은 사유를 스스로에게 부과해야 한다. 즉, 사유가 자기 자신으로(즉 지성으로) 되돌아오는 것은, 뒤이은 사유들의 어떤 건조물 안에서가 아니라 사유가 **스스로에게 종지부를 찍는** 한계점에서라는, 그러한 사유. 그런 사유가 유효한 것으로 드러나는 것은 더 이상 지성의 언표로서가 아니라 행위의 **선고찰**로서이다. 이 선고찰에서, 사유가 간직한 지성의 유일한 기능은 가능한 사건, 즉 이중적 의미에서의 (예상된) 행동을 표상한다는 것이다. 사유는 지성의 행위이므로, 이 **예상하는 행위**(새로운 지적 행위가 아니라 지성을 **정지시키는** 행위)는 하나의 사실을(그 안에서 스스로를) 생산하려고 한다. 이 사실로 사유는 더이상 사유로서 되돌아올 수 없지만, 이 사실은 사건으로서 사유에 **도래하고**, 사유 자체의 기원으로서 사유에 다시 한번 되돌아온다. 사유 안에서는 무언가가 저항을 하고, 그 무언가가 사유를 앞으로(출발점을 향해) 몰고 나간다.

이렇게 니체는 이 과정을 기원까지 거슬러 올라가서, 사유가 단지 그것의 그림자일 뿐인 그것, 즉 **저항하는 힘**을 발견한다. 사실 작인이 단지 표상할 수 있기 위해서 지성은 어떻게 구성되었는가?

모든 표상은 과거 사건의 재현재화이거나, 미래 사건의 재현재화적

---

1) KSA, Vol. 11, p. 522, 35[31], 1885 (『전집』 18권, 321쪽).

준비일 뿐이다. 그러나 사건은, 사실을 말하자면 단지 **연속체**의 순간[계기]일 뿐이다. 작인은 자신과의 관계에 따라서, 자신의 표상 안에서, 어떤 경우에는 **도달점**으로서 어떤 경우에는 **출발점**으로서 이 연속체의 순간을 고립시킨다. 그리고 작인이 그것을 숙고하자마자, 작인 자신이 무언가의 도달점이나 시작점에 지나지 않게 된다.

우리를 찾아오는 모든 사색은 우리 자신 안으로 일체화된 선고찰, 즉 우리를 구성한 후에 '**무용하게**' 된 행위들의 선고찰의 흔적일 뿐이다. 그러므로 우리의 표상행위는 우리의 고유한 조직화에 선행하는 사건들을 단지 **재현재화**할 뿐이다. 이것이 지성의 표상과 그 산물의 기원이고, 우리가 다시 **선고찰하는 것**을 단념시키는 사유들의 기원이다. 그러나 각자에게 **독특한** 조직화에는 아마도 다른 기원이 있을 것이다. 그 조직화 안의 무언가가 외부의 어떤 작용들에 **저항을 했다**. 따라서 우리 안의 무언가가 **지금까지 저항할** 수 있었다. 지성의 일관성이라는 수준에서가 아니라. 그것은 **앞으로 도래할 행위들**에 대한 새로운 선고찰이 아닐까?······[2]

그러므로 니체의 아포리즘은 **사유하는 행위** 자체에게 모든 '개념화'에 저항하는 힘을 되돌려준다. 그리고 그 행위를 지성의 '규범들' 앞에서 유지하고, 그런 식으로 니체가 **가치들**이라고 **부른** 것을 '개념들'로 대체한다. 모든 '개념'은 사유 자체를 위해서가 아니라, 어떤 힘의 승리를 위한 **유효한** 행위의 흔적 이외에 어떤 것도 아니므로.

* * *

엄밀하게 말해서, '일관성'과 '비일관성'이라는 용어들이 충동의 활동에 적용될 수 없다면, 그 대신에 **이 활동의 작용을 받는 작인과 충동** 사이에서, **충동이 작인에 대해 강제를 행사할** 때 하나의 **일관성이 성립한다**. 충동이 강제적이기 위해서는 충동의 해방에 대립하는 **억압적 힘**이 이 일관성을 작인에 대한 위협으로서, 따라서 이 **억압적** 힘에 대한 비일관성으로서 고발해야 한다. 그리고 이 억압적 힘이란 작인의 일관성을 다소 보증하는 **지성**에 다름 아니다. 억압적 힘이 작인의 일관성을 보증하는 것은, 작인이 이 억압적 힘(마찬가지로 충동적인 것이지만, 기원은 완전히 다른)으로부터 오는 **위협의 신호**를 받아들이는 한에서이다. 이 위협의 신호 없이는, 이 신호가 표상하는 침입에도 불구하고——따라서 이 침입 없이는——

---

2) "삶의 과정은 늘 많은 경험을 해야 하는 것이 아니라, 많은 경험이 그 어떤 형식으로 **일체화되어야 한다**는 사실을 통해 가능하다. 유기체에 있어서 본래의 문제는 '**경험은 어떻게 가능한가?**' 하는 것이다. 우리는 단 하나의 이해 형식을 갖고 있을 뿐이다. 개념, 그 안에 특수한 사례가 놓여 있는 일반적 사례 말이다. 어떤 경우 안에서, 일반적인 것, 전형적인 것을 본다는 것은 우리에게는 경험에 속하는 것으로 보인다. 그런 의미에서 살아 있는 모든 것은 단지 지성을 통해서만 우리에게 사유 가능하게 되는 것처럼 보인다. **하지만 이해에는 다른 형식도 있다. 아주 많은 작용에 대항해 스스로를 보존하고 스스로를 방어할 줄 아는 조직체들만이 존속한다.**"(KSA, Vol. 11, p. 190〔『전집』 17권, 250~1쪽〕)

"기억에 관해 우리는 생각을 바꿔야 한다. 그것은 질서를 이루는, 서로 형태를 부여하는, 서로 다투는, 단순화하는, 한곳에 모이는, 그리고 많은 단위로 변화하는 모든 유기적 삶의 모든 체험들의 살아 있는 총합이다. **개별 사례들로부터의** 개념 형성이 그렇듯이 어떤 과정이 있음이 분명하다. 기본틀의 추출과 그것을 한정하는 행위, 그리고 부수적 특징들을 삭제하는 행위. 어떤 것이 개별적 사실로서 여전히 환기될 수 있는 한, 이것은 전체 속으로 아직 용해되어 없어진 것이 아니다. 최근의 체험들은 아직 그 표면에서 떠나고 있다. 호감, 반감 따위의 감정들은 이미 단일성들이 형성되어 있다는 것에 대한 징후들이다. 이른바 우리의 '본능'이 그런 형성물이다. 사유들은 무엇보다 표면적인 것들이다. 이해할 수 없는 방식으로 와서 강요되는 가치평가가 한층 깊숙이 파고든다. 쾌와 불쾌는 본능에 의해 복잡하게 규제된 가치평가의 작용들이다."(KSA, Vol. 11, p. 175〔『전집』 17권, 230~1쪽〕)

이 두 개의 단편들은 처음에는 그렇지 않다가 나중에는 서로 긴밀하게 관련된다. 첫번째 단편은 보편성의 '개념'을 야기하는 체험의 일체화를 강조한다. 개념적 이해, 그것은 몇몇 체험들의 쇄신 불필요한 것으로 만드는 이해의 유일한 형식일 것이다. 하지만 니체는 **또 다른 이해의 형식**을 생각한다. 그것은 정확히 존속할 수 있는 유일한 조직체들의 기원이 될 것이다. 즉 외부로부터 그것에 행사되는 모든 작용에 대한 저항.

두번째 단편은 기억의 본성에 대해, 말하자면 일체화된 체험으로부터 첫번째 단편의 논의를 다시 다룬다. 개념형성의 방식으로, **더 이상 개념으로서가 아니라, 충동의 단위들의 형성으로**서 명령하고 배제하는 충동의 기억. 정확히 이렇게 집단화된 충동들(호감과 반감을 생성하는)로부터 가치평가(즉 가치의 판단)가 출현한다. 그 가치평가의 기원은 사유의 표면적 수준에서는 이해할 수 없는 것이다. 마침내, 이 두 단편은 니체의 아포리즘이라는 표현형식을 설명한다. 아포리즘은 활동적인 충동의 단위들, 그것들의 다툼과 혼합을 설명한다. 그것은 바로 저항하는 것의 언어이고, 지성의 매개 없이 일체화될 수 있는 것의 이해이다.——지은이 작인은 **자신과** 자신의 대립물인 **충동 사이에서** 강제적으로 **성립되는 일관성**을 '생각지도' 못할 것이다.

작인이 충동의 상태와 '자기 자신' 사이에서 느끼는 일관성은 **작인과 지성으로서의 작인 자신과의 일관성**을 희생하여 충동의 힘들을 재분배하는 것에 불과하다.

충동의 활동에는 '일관성'도 '비일관성'도 존재하지 않는다. 그럼에도 우리가 그것에 대해 말할 수 있는 것은 **지성이기도** 한 이 또 하나의 충동의 **힘** 덕분이다. 이제부터 충동과 작인의 일관성이 존재하고, 작인은 자신이 이 충동의 강제를 받고 있는 한에서, 자기 자신이 **목적**이라는 것을 인정한다. 그리고 다른 한편으로는 일관성이, **작인이 작인으로서 가지는 일관성**을 보증하는 한에서, 지성인 이 또 다른 충동과 **작인 사이에 일관성**이 존재한다. 이렇게 보증된 작인의 고유한 일관성과, 작인과 충동 사이의 일관성은 서로 **완전히 반목한다**. 때로는 지적 **반발**이 작인을 보존하기 위해 작인에 의해 행사되기 **때문에** 충동이 존재하는 것처럼 보이고, 때로는 이 충동을 고발하는 지성에게 이 **반발**이 등을 돌린다. 그러므로 지성은 다른 모든 충동의 **이면, 충동과 작인 사이의 모든 일관성의 이면**일 뿐이고, 그러므로 작인과 작인 자신과의 일관성에 대한 비일관성의 이면일 뿐이다. 하지만 지성이 충동의 이면이므로, 지성은 **반발**로서 **이 충동 자체에 대한 사유**이다. 이 사유는 충동과 관계를 유지하면서 **목적**으로서의 충동과 함께 일관성의 외부에서 **작인을 형성한다**. 작인은 충동을 사유할 때마다 자신의 반발을 이 **사유된 충동**으로 만드는데, 모든 충동의 힘에 대해서도 마찬가지이다. 그러나 작인과 작인 자신과의 이 일관성이 강제적인 것은, 그 일관성이 작인의 보존에 대응하기 때문이다. 지성은, **목적으로서, 일관성 안에서 동일성**을 보증하는 한에서, 그렇게 수단처럼 나타난다. 그로부터 **목적**으로서의 또 하나의 충동과 작인 사이에 일관성이 확립되자마자, 이 지성적 동일성은 충동과 반발의 조건에 의해 취약해진다. 왜냐하면 이 일관성이 작인에 대해 지성의 일관성보다 더 강제적인 것으로 느껴진다면(지성이 무력하므로, 또는 반대로 지성이 반발로서 충분히 이해되므로), 작인은 불모의 상태 안에서만 자신을 보존하는 이 후견인을 거부하기 때문이다. 한편 작인은 실은 충동의 운동 안에서 편안하다. 거기에서 발견한다고 생각하는 일관성이 너무나 환상적이라고 하더라도. 그러나 충동의 운동으로부터 발생하는 환영을 마주하고 작인이 편안함을 느낀다면, 작인은 이번에는 그 편안함을 표현하고 싶어 하는데, 그렇게 할 수 있는 것은 단지 지성과 관련해서이다. 그 편안함에 대해 작인은 **관념**에 대해서처럼 말해야 하고, 이 관념은 **다른 지성**에 대해서도 **유익할 것**이라고 인정해야 한다. '거짓' 관념의 토대에 있는 환영이 관념을 **거짓으로** 만드는 것은, 단지 **다른 지성에 의해 사유가능한** 것이 되기 위해 이 환영이 자신의 **고유한 반발**(즉 지성)이라는 수단을 **빌려야** 하기 때문이다.

실제로, 작인과 특정한 충동 사이의 일관성은, 지성에 대하여 어떤 의미로는 불륜을 범하는 이 일관성이 **작인으로서의 작인을 의문에 부칠** 때, 어떻게 다른 지성에게 **관념**으로서 전달될 수 있는가? **관념**이라는 말은, 지성이 그것을 (진짜 또는 가짜라고 판단하기 전에) 구상하고 재건하는 것을 뜻한다. 바로 그 전달의 순간에, 일관성은 다른 지성을 충동(동의) 또는 **반발**(부정, 반대)로서 일깨우고, 다른 지성 안에서 **작인으로서 자신의 지성의 일관성**을 구성하는 것을 곧바로 격렬하게 흔들어야만 하지 않는가? 그 일관성은 자신의 고유한 조직체를 **저항** 또는 **비저항**의 수준으로 되돌려야 하는 것이 아닌가?

환영(작인과 특정한 충동 사이의 환상적 일관성)이 생겨나는 것은 그러므로 이 충동이 되돌아가 **(이 충동의) 사유**가 되는, 즉 이 **불륜의 일관성**에 대한 **반발**이 되는 **한계점**에서다. 그리하여 이 충동은 지성의 수준에서

작인과 작인 자신과의 일관성에 대한 위협으로서가 아니라 오히려 반대로 합법적 일관성으로 나타나서 또 다른 지성에 의해 **사유가능한 성격**을 유지할 수 있다. 하지만 이렇게 전달된 **관념**, 또는 오히려 완전히 다른 차원들을 따라 창조된 **관념** 안에 환영은 조금도 남아 있지 않다.

기분(충동 또는 반발)으로부터 관념으로, 관념으로부터 그 발화적 언어화로, 이렇게 침묵하는 환영의 언어로의 변환이 이루어진다. 환영은 우리의 충동들이 왜 그것을 의지하는지를〔원하는지를〕우리에게 결코 말하지 않을 것이기 때문이다. 우리는 그것을 주위 환경의 강제 아래에서 해석한다. 이 강제는 그 자신의 기호들에 의해 우리 안에 깊숙이 뿌리박고 있어서, 우리는 이 기호들을 사용하여 우리 자신에게 끊임없이 말한다, 충동이 무엇을 의지할 수 있는가를. 이것이 환영이다. 그러나 그 환영의 고유한 강제 아래에서 우리는 우리의 발화에 의해 환영이 '의미하는' 것을 위장한다. 이것이 시뮬라크르다.

이러한 변환의 매개자인 언어는 무엇보다도 타자들의 외부적 저항 (우리가 타자들을 단순한 대상들처럼 마음대로 다룰 수 없다는 면에서)의 시뮬라크르이다. 외부로부터의 강제와 우리의 고유한 환영에 의한 강제 사이의 공정한 심판인 언어는 우리에게 **발화**의 영역을 마련해 주고, 그 영역에서 우리는 스스로가 **현실**의 저항으로부터 **자유롭다**고 믿는다. 그러나 다른 한편으로는, 언어는 우리의 환영의 완고한 특이성의 시뮬라크르다. 만약 우리가 언어에 호소한다면, 언어가 기호의 고정성에 의해 우리의 완고한 특이성과 등가적인 것을 또한 제공하기 때문이다. 그리고 기호의 고정성은 동시에 제도적 환경의 저항도 모방하기 때문에, 우리는 우리 자신에게 '거짓인' (그것의 유일한 '진실'은 우리의 환영을 어떤 제도적 관념과 교환하는 것에 대한 우리의 반발인) 관념을 언어를 통해 '참된 것'으로 믿게 할 수 있는 것이다.

만약 환영이 각자 안에서 각자를 특이적 사례로 만드는 것이라면, 무리적 집단이 부여하는 **제도적** 의미로부터 자신을 방어하기 위해 특이적 사례는 시뮬라크르(즉 자신의 환영에 **등가적인 것**, 동시에 **특이적 사례와 무리적** 보편성 사이의 기만적 교환에도 등가적인 것)에 호소하지 않을 수 없다. 하지만 이 교환이 **기만적인** 것은, 보편성과 특이적 사례가 **그렇게 원했기** 때문이다. 특이적 사례가 **자신의 있는 그대로를 의미하자마자**, 특이적 사례로서는 **소멸한다**. 개인 안에는 자신의 가지성을 보증하는 **종의 사례**만이 존재할 뿐이다. 특이적 사례는 자신의 환영을 자기 자신에게 언어화하자마자, 특이적 사례로서는 **소멸한다**. 왜냐하면 그러한 언어화는 **제도화된 기호들**에 의해서만 가능하기 때문이다. 하지만 특이적 사례가 이 기호들에 의해 재구성되는 것은, 자신 안에서 **가지적으로 되는 것**·교환 가능하게 **되는 것**으로부터 거리를 두면서이다.

니체의 모든 인용문은 유고의 단편들로부터, 특히, 최후의 10년 동안 (1880~1888)의 단편들로부터 뽑은 것이다.

옮긴이 후기

피에르 클로소프스키Pierre Klossowski는 1905년에 파리에서 태어났다. 아버지 에리히Erich는 폴란드계 프랑스인으로 화가이자 미술사가였고, 어머니 발라딘Baladine도 화가였다. 그의 남동생 발튀스Balthus도 나중에 유명한 화가가 된다. 이런 가족적 배경이 시사하듯이 클로소프스키는 예술가들과 작가들에 둘러싸인 환경에서 성장했다. 청소년기에 클로소프스키는 자신의 지적 성장에 결정적인 영향을 미친 두 인물(라이너 마리아 릴케Reiner Maria Rilke와 앙드레 지드André Gide)을 만난다. 특히 지드는 클로소프스키의 고등학교 시절 많은 지도를 했는데, 『배덕자』 L'Immoraliste의 저자인 지드와의 일상적 만남은 클로소프스키를 오랜 기간 동안 도덕적 딜레마에 빠지게 만들기도 했다.

이 둘과의 만남을 통해 그는 자신이 평생 동안 충실하게 간직할 서구 문화에 대한 어떤 사유를 발전시킨다. 그 사유는 클로소프스키의 번역작업(베르길리우스 · 횔덜린 · 하이데거 · 니체 · 벤야민 · 비트겐슈타인)과 라틴 문명에서 중세까지 서구의 사유를 관통하는 이미지에 대한 심미적 성찰을 매개로 나타난다.

1928년에 그는 횔덜린의 광기의 시들을 번역한다. 1934년에는 조르주 바타유Georges Bataille를 만나 죽을 때까지 깊은 우정을 나눈다. 1939년에는 도미니크 수도회의 신학교에 들어가서 스콜라주의와 신학을 공부하지만, 독일점령기에 신앙의 위기를 겪는다. 전쟁 중에는 레지스탕스에 가담하고, 해방이 되자 그는 세속으로 돌아와 1947년에는 결혼을 하고 사드 후작에 관한 연구인 『내 이웃 사드』*Sade mon prochain*라는 작품을 발표한다. 그리고 1950년에는 첫 소설 『유예된 소명』*La Vocation suspendue*을 출판하는데, 이는 그의 신앙의 위기의 체험을 작품으로 옮겨 놓은 것이다. 하지만 그의 소설작품의 정수는 『환대의 법칙들』*Les Lois de l'hospitalité*(「로베르트, 오늘밤」*Roberte, ce soir*, 「낭트 칙령의 폐지」*La Révocation de l'Édit de Nantes*, 「프롬프터」*Le Souffleur*를 모은 작품집)과 『바포메』*Le Baphomet*에 들어 있다. 첫 소설 발표 후 10년 동안 클로소프스키는 그의 가장 유명한 작품인 『환대의 법칙들』을 집필한다. 이 삼부작에서 그는 자신의 전 작품의 중심기호인 '로베르트'를 창조한다. 그리고 1965년에는 영원회귀의 우의적 판본인 『바포메』를 발표해서 갈망하던 '비평가상'을 수상한다. 이 시기 동안 그는 또한 수많은 독일어·라틴어 텍스트들을 불어로 번역한다. 그러나 1970년에 경제와 정서들에 대한 평론인 『살아 있는 화폐』*La Monnaie vivante*를 출판한 이후로 클로소프스키는 그림 그리기에만 전념한다. 프랑스와 세계 각지에서 열린 전시회들은 그의 화가로서의 명성을 증명해 주었고, 그 명성은 더욱 커져만 갔다. 그는 1981년에 '문학국가대상'을 받는다. 2001년 8월 12일에 96세의 나이로 클로소프스키는 파리에서 사망한다.

클로소프스키는 한마디로 규정하기 어려운 독특한 인물이다. 그는 전문적인 니체 연구자도 아니고, 엄밀한 의미에서의 철학자도 아니다. 그리고 그 자신이 단언적으로 '철학자'라는 호칭을 거부한다. 하지만 그는 소설가·평론가·번역가·화가·영화감독이었다. 이 모든 작업들을 통해 그는 거의 분류할 수 없는 특이한 인물로 남아 있다. 그는 말한다. "나는 기인奇人이다"Je suis un maniaque라고. 그의 놀랍고 수수께끼 같은 경력에서 니체의 연구는 단지 그 한 단면일 뿐이다.

클로소프스키의 『니체와 악순환』은 하이데거의 『니체』, 들뢰즈의 『니체와 철학』과 함께 니체에 관한 가장 영향력 있고 독창적인 해석으로 알려져 있다. 이 책이 1969년에 처음으로 출판되었을 때, 클로소프스키 의 저작으로부터 받은 부채의식을 종종 밝혔던("나에 관한 한, 나를 형성 했다고는 말하지 않겠지만, 내가 받은 교육으로부터 나를 벗어나게 해준 작 가들은 니체, 바타유, 블랑쇼, 그리고 클로소프스키이다.") 미셸 푸코Michel Foucault는 직접 펜을 들어 저자에게 다음과 같이 편지를 썼다 : "이 책은 내가 니체 자신과 함께 읽은 가장 위대한 철학책입니다."

『니체와 악순환』은 오랜 독서와 사색의 산물이다. 클로소프스키는 바타유의 영향으로 1934년부터 키르케고르와 니체를 읽기 시작했다. 이 후 30여 년에 걸쳐 니체에 대한 여러 편의 글들을 발표했다 : '니체와 파 시스트'의 문제를 다룬 잡지 『아세팔』(지혜가 없는 사람)Acéphale 특별호 기고문(1937), 칼 뢰비트Karl Löwith와 칼 야스퍼스Karl Jaspers가 쓴 니체에 관한 책들의 서평(1939), 자신이 직접 번역한 『즐거운 학문』의 서문 (1954), 그리고 가장 중요한 것으로 '니체. 다신론 그리고 패러디' (1957) 라는 제목으로 한 강연(Collège de Philosophie). 이 강연에 대해 질 들뢰 즈Gilles Deleuze는 후에 니체에 대한 해석을 새롭게 했다고 평가했다.

하지만 클로소프스키가 니체에 대해 깊은 관심을 보인 것은 1960년 대에 들어서이다. 『니체와 악순환』은 클로소프스키가 1964년 7월에 유명 한 루아요몽Royaumont 학술토론회에서 발표한 「동일자의 영원회귀의 체험 에 있어서 망각과 회상」이라는 제목의 논문으로부터 출발한 것이다. 그 후 수년에 걸쳐 클로소프스키는 추가로 여러 소논문들을 발표했고, 그 글 들이 결국 하나로 모여 1969년에 『니체와 악순환』이라는 이름으로 출판된 것이다. 이 책의 가장 중요한 혁신은 니체가 1881년 8월 질스-마리아에서 경험한 영원회귀에 부여한 중요성이다. 이 체험에 관해 클로소프스키는 독창적인 해석을 제공한다. 그리고 이 해석은 1970년경에 프랑스에서 일어난 니체에 관한 폭발적 관심을 촉발한 글들 중의 하나가 된다. 또한 이 책은 들뢰즈와 가타리의 『앙띠-오이디푸스』(1972)와 리오타르Jean-François Lyotard의 『리비도 경제』(1975)에 심대한 영향을 끼쳤다. 1972년 7월에 니체를 주제로 한 주요한 학술토론회가 두번째로 프랑스의 스리지-라-살Cerisy-la-Salle에서 열렸는데, 거기에서 발표한 사람들로는 들뢰즈, 데리다Jacques Derrida, 리오타르, 낭시Jean-Luc Nancy 등이 있었다. 클로소프스키는 「악순환」Circulus vitiosus이라는 제목의 논문을 발표했다. 그것은 그가 영원회귀의 '음모'라고 부르는 것을 분석한 글이었다. 이 글이 니체에 관해 그가 쓴 마지막 글이었다.

클로소프스키의 다양하고 화려한 이력들 중에서도 우리를 눈부시게 현혹하는 것은 니체와의 관계이다. 바타유의 뒤를 이어 니체에 관한 가공할 만한 해석(원환, 강도들의 세계, 충동의 기호들, 주체의 탈중심)을 해냈고, 그 정점에서 클로소프스키는 그 유명한 『니체와 악순환』이라는 절묘하고 독특한 해석에 이르게 된 것이다. 그로 인해 이 책은 들뢰즈의 니체 해석에 바쳐진 20세기의 주요한 저작이라는 평가를 받는다(이 책 자체가 들뢰즈에게 바쳐졌다).

클로소프스키와 푸코 그리고 들뢰즈는 서로 돌아가며 니체에 대한 새로운 독해를, 영원회귀와 모든 가치들의 전도에 대한 새로운 해석을 던지는 것처럼 보인다. 위대한 철학자들의 사유들에는 일종의 자연스러운 이행이나 유대가 존재한다. 사유의 대가들인 이 세 사람의 전복적 사유가 놀랍도록 서로 일치하는 것은 바로 이 니체에 대한 새로운 독해의 기반 위에서이다. 세 사람 모두는 이 원초적 충동을 해방시켜서, 마침내 철학사에서 사람들이 니체의 절대적 중요성에 주목하게 만들었다. 단 한 번의 회합이나 토론도 없이, 이 세 명의 트리오는 니체의 저작에 대한 우려의 시각들을 뒤집어 그 저작으로부터 진정으로 혁명적인 심연을 드러낸다. 이는 동시에 니체의 저작을 하이데거식의 거대한 유폐로부터, 그리고 반동적 사유들로의 집착으로부터 탈출시키는 작업이었다.

"악순환은 결정적인 한 번의 행위들의 의미작용을 동일성들과 함께 없애 버리고, 목적의 완전한 부재 안에서 그 행위들의 무한한 반복을 필요로 하므로, 그런 까닭으로 악순환은 음모 안에서 실험의 선별적 기준이 된다."(「악순환」Circulus vitiosus, 『오늘의 니체』*Nietzsche aujourd'hui*) 동일성의 상실·강도들·실험·음모·영원히 탈중심적인 원환이 니체의 세계에 대한 클로소프스키적 비전의 본질적 개념들이다. 이 개념들은 강도의 힘들·영원회귀·힘에의 의지에 대한 탁월한 발상에 근거한다.

들뢰즈, 푸코, 클로소프스키가 공들여 다듬은 '음모'라는 개념은 반동적이고 지배적인 사유에 대항하기 위한 것이다. 그들은 모두 강도들의 철학을 말한다. 이 공통의 성찰로부터 출발하여 클로소프스키는 값없음 Hors-de-prix과 환영의 사유를 작품화한다. 즉 모든 재현을 넘어선, 살아 있는 화폐La Monnaie vivante를. 모든 교환을 초과하는 힘들과 형식들 그리고 주권구성체들만이 자본주의에 맞설 수 있다. 값이 없는 것만이, 값을 넘어선 것만이 자본의 전체주의적 흐름들을 벗어나는 것을 시도할 수 있다. 환영은 재현의 영역에 속하지 않는다. 이는 또한 정신분석학의 환영도 아니다. 그것은 강도의 충동들의 기호론적 축약으로서의 현실의 구성 또는 리비도의 그림이다. 교환할 수 없는 것은 경제의 회로들로부터 빠져나온다. 그리고 힘만이 이 극단적 특이성을 요구할 수 있다.

클로소프스키는 니체를 '음모의 철학자'로 만들었다. 클로소프스키의 니체를 어떻게 사용할지는 우리의 몫이다. 하지만 표적만은 정확히 겨누어야 한다. 즉 모든 사물들을 상품화하고, 삶 자체를 이익의 유일한 원천으로 만드는 죽음의 권력들에 맞서는 음모를 일상화하는 것을, 그리고 강도들과 충동들의 춤을 긍정하는 것을.

모든 일이 그러하듯 이 책의 번역도 나만의 작업은 아니었다. 오랜 시간을 묵묵히 기다려 준 그린비의 여러분들에게 감사드린다. 끊임없는 관심과 격려를 아끼지 않은 '연구공간 수유+너머'의 동료들에게도 감사를 전한다. 특히 이 책의 산파 역할을 했고, 교정과 용어선정에 큰 도움을 준 고추장과는 이 번역물의 자그마한 성과라도 함께 나누고 싶다. 클로소프스키를 우리말로 처음 소개하는 이 책이 아무쪼록 이 땅의 독자들에게 그의 놀라운 사유에 대한 관심을 촉발하기를 기대한다. 독자들의 질정을 바란다.

2009년 5월 4일

옮긴이 조성천

찾아보기